21世纪经济管理新形态教材·创新创业教育系列

数字创新创业管理

李大元 ◎ 主　编
王　丁
傅颖竹 ◎ 副主编
张　樑

清华大学出版社
北京

内 容 简 介

本书是在数字经济时代背景下应运而生的，作为新形态课程思政系列教材，本书深入剖析了数字经济发展背景下创新创业活动的重要内涵、基本特征、时代意义与演进方向，系统阐述了创新创业的变与不变及其衍生，搭建起融合数字化的理论框架和概念体系，引导大学生在瞬息万变的技术迭代中，把握数字创新创业与管理的本质特征和发展规律，对高等学校开展就业创业指导工作、落实立德树人根本任务、发展具有中国特色的创新创业理论及其实践有重要意义。

本书主要作为普通高等学校创新创业教育的通用教材，也可作为企业继续教育的培训教材，或为创业者提供参考和帮助。

本书封面贴有清华大学出版社防伪标签，无标签者不得销售。
版权所有，侵权必究。侵权举报电话及邮箱：010-62782989，beiqinquan@tup.tsinghua.edu.cn

图书在版编目（CIP）数据

数字创新创业管理/李大元主编. —北京：清华大学出版社，2024.1
21世纪经济管理新形态教材. 创新创业教育系列
ISBN 978-7-302-65331-8

Ⅰ. ①数… Ⅱ. ①李… Ⅲ. ①创新管理–高等学校–教材 Ⅳ. ①F273.1

中国国家版本馆 CIP 数据核字(2024)第 038917 号

责任编辑：左玉冰
封面设计：汉风唐韵
责任校对：王荣静
责任印制：杨 艳

出版发行：清华大学出版社
网　　址：https://www.tup.com.cn, https://www.wqxuetang.com
地　　址：北京清华大学学研大厦 A 座　　邮　编：100084
社 总 机：010-83470000　　邮　购：010-62786544
投稿与读者服务：010-62776969, c-service@tup.tsinghua.edu.cn
质 量 反 馈：010-62772015, zhiliang@tup.tsinghua.edu.cn
课 件 下 载：https://www.tup.com.cn, 010-83470332

印 装 者：三河市少明印务有限公司
经　　销：全国新华书店
开　　本：185mm×260mm　　印　张：13.25　　字　数：262 千字
版　　次：2024 年 3 月第 1 版　　印　次：2024 年 3 月第 1 次印刷
定　　价：49.00 元

产品编号：092240-01

前言

面对新一轮科技革命和产业变革,以及以"逆全球化"为代表的新型全球化格局给中国带来的挑战,中国的经济增长动力正由"要素驱动""投资驱动"向"创新驱动"转变,中国企业亟须走上创新驱动发展的快车道。党的十八大首次明确提出创新驱动发展战略,将创新驱动摆在国家发展的核心位置。党的二十大报告指出,创新是第一动力,加快实施创新驱动发展战略,完善促进创业带动就业的保障制度。新一轮科技革命和产业变革的加速演进,呈现创新驱动创业的新范式,可见,创新驱动创业是创新驱动发展国家战略在企业层面的发展模式和路径。

数字化是我国经济高质量发展的核心赋能,也是当今社会转型发展的重要趋势,一个全新的数字经济时代正加速到来。以大数据、云计算、物联网、区块链、人工智能为代表的新一代信息技术突飞猛进,新技术、新业态、新平台蓬勃兴起,催生出社会生产生活方式的颠覆性变革。中国高度重视数字经济发展,习近平总书记多次指出,要抢抓数字经济发展机遇,推进数字产业化和产业数字化,推动数字经济和实体经济深度融合。数字经济在提升信息传输速度、降低数据处理和交易成本、精确配置资源等方面具有独特优势,能为创新驱动创业提供"新环境",数字技术也成为当下创新与创业的"新动能"。

社会经济与创业实践的深刻变革,对创业教育、创业课程、创业教材提出了全新的要求。因此,本书把握数字时代技术环境带来的变革与挑战,专门研究并讲述数字技术与创新创业管理的关系,将数字技术环境与传统创新创业管理、战略管理课程框架有机结合,重视合理吸收多学科的研究成果,使内容同时具备金课的高阶性、创新性和挑战性;将理论与实践相结合,跟踪全球前沿数字技术与创业变革理论,长案例、微案例相结合,帮助学生理解特定知识点。

本书可作为 MBA(工商管理硕士)、管理专业或非管理专业的本科生、硕士生数字经济时代创新创业教育的专业教材或通用教材,也可作为企业继续教育的培训教材或个人进行创新创业的自学教材。教师可根据教学对象和授课学时的不同,灵活选择相关内容进行重点讲授。

本书由中南大学李大元任主编,中南大学王丁、傅颖竹、张樑任副主编,厦门大学李国彪以及中南大学黄陈、李欣、韩扬帆等参与了本书的编写工作。全书共 9 章,由李大元教授总体策划。各章编写人员及分工如下:李大元、刘超、管中序编写第章；李大元、肖元英、田敬宇编写第 2 章；傅颖竹、黄陈、谢世策编写第 3 章；傅颖竹、韩扬帆编写第 4 章；傅颖竹、颜卓惠编写第 5 章；王丁、徐欢玉编写第 6 章；李大元、史旭冉编写第 7 章；王丁、唐殿雯、蒋妮鑫编写第 8 章；张樑、李欣编写第 9 章；李欣、李国彪、史旭冉、蔡思源、周慧敏等在资料整理等方面做了大量基础性工作。全书最后由李大元、王丁总纂。

数字时代的创新创业理论与实践仍在快速变化，本书立足祖国大地，力求展示全球前沿数字技术与创新创业理论，但仍存在诸多不足，期待读者的批评、反馈和建议，让我们一起以数字创新创业为着力点，在社会实践中助力深入推动创新驱动发展战略，建设创新型国家，为世界经济繁荣发展贡献中国力量。

本书系国家自然科学基金重大课题"数字创新驱动的新企业创业模式研究"（72091313）及教育部首批新文科研究与改革实践项目"数字经济下新商科创新创业教育研究与实践"（2021120032）的阶段性成果。本书在编写过程中，参考了有关的教材、论著和期刊等，限于篇幅，恕不一一列出，特做说明并致谢。

编者

2023 年 6 月

目 录

第1章 数字经济概论 ... 1

案例导读:数来运转:达飞集团的数字化转型之路 ... 1
1.1 走进数字经济时代 ... 3
1.2 解析数字时代新变化 ... 9
1.3 起航数字创新创业 ... 18
1.4 【案例分析】悠购智能的数字创业突围之路 ... 21
本章小结 ... 22
思考题 ... 23
延伸阅读 ... 23

第2章 数字创新创业思维 ... 29

案例导读:王军与小未科技的数字化创业之旅 ... 29
2.1 创新与创业的时代意义和"新动能" ... 31
2.2 创新与创新思维 ... 32
2.3 创业与创业思维 ... 38
2.4 数字创新创业思维 ... 42
2.5 【案例分析】三只松鼠:数字化转型赋能未来 ... 49
本章小结 ... 50
思考题 ... 51

第3章 数字经济时代的创业者与创业团队 ... 52

案例导读 ... 52
3.1 创业者和创业团队 ... 53
3.2 数字经济时代的创业新发展 ... 60
3.3 数字经济时代的创业团队管理 ... 65
3.4 【案例分析】星茂公司创业团队的发展历程 ... 68
本章小结 ... 69
思考题 ... 70

第 4 章 数字经济时代的创业机会与风险 · 71

案例导读：爱智慧科技——数字化赋能的弄潮儿 · 71
- 4.1 数字经济时代的创业机会识别 · 72
- 4.2 数字经济时代的创业机会评价 · 80
- 4.3 数字经济时代的创业风险识别与防范 · 85
- 4.4 【案例分析】"水掌柜"到"师便邦"的创业成长之路 · 89

本章小结 · 92

思考题 · 92

第 5 章 数字经济时代的创业资源 · 93

案例导读：科创企业安德科铭创业初期的融资之路 · 93
- 5.1 数字经济时代的创业资源概述 · 95
- 5.2 数字经济时代的创业融资 · 100
- 5.3 数字经济时代的创业资源管理 · 105
- 5.4 【案例分析】是深耕技术还是拥抱资源：初创企业如何选择 · 112

本章小结 · 114

思考题 · 114

第 6 章 数字商业模式 · 115

案例导读：Translai：语言服务行业的数字颠覆者 · 115
- 6.1 商业模式概述 · 117
- 6.2 数字经济时代的商业模式 · 129
- 6.3 【案例分析】易站智联：数字创业与船舶工业互联网实践 · 133

本章小结 · 135

思考题 · 136

第 7 章 数字经济时代的创业计划 · 137

案例导读：Airbnb：一个最烂创业想法的逆袭之路 · 137
- 7.1 创业计划要素 · 138
- 7.2 数字经济时代的创业计划书撰写与展示 · 148
- 7.3 【案例分析】GoPrint——多功能智能打印机先行者 · 150

本章小结 · 151

思考题 · 152

第8章　数字经济时代的新企业创建与成长 153

案例导读：初生牛犊不怕虎——大学生团队的线上课程创业之路 153
8.1　数字经济时代的新企业创办 155
8.2　数字创业的增长模式 163
8.3　数字经济时代的新企业生存管理 166
8.4　【案例分析】从"黑马"走向"绝境"：快陪练倒闭退场 176
本章小结 177
思考题 178

第9章　数字经济时代的创业伦理 179

案例导读：自动驾驶汽车中的新"电车难题" 179
9.1　商业伦理与创业伦理 180
9.2　数字经济时代的创业技术/算法伦理 184
9.3　数字经济下创业伦理的构建 193
9.4　【案例分析】FTX 破产风波 196
本章小结 197
思考题 198

参考文献 199

第 1 章

数字经济概论

数来运转:达飞集团的数字化转型之路

法国达飞海运集团(CMA-CGM,以下简称"达飞")创建于1978年,是全球第三大集装箱航运企业,主要经营远洋集装箱运输业务,也是法国著名的家族企业之一。截至2021年,达飞旗下共计566艘船舶、200多条航线,在全球雇用超过13万员工,设立了755家分公司和办事处,分布于160个国家和地区,服务范围覆盖全球五大洲超过420个港口。

近年来,达飞就已经开始感受到海运行业所面临的重重挑战,一方面,集装箱海运市场自身存在激烈的同业竞争,价格透明导致利润空间日益萎缩。另一方面,集装箱海运市场上订单操作及船舶跟踪等会涉及大量的单据、文件与证书的处理工作(即单证业务)。放眼整个运输行业,陆运服务已经普遍实现精准定位、货物追踪和监控,航空运输在物联网和先进分析方面走得更远。而海运行业却长期依靠人力以手工方式处理这些单证业务,业内企业,无论大小,工作效率一直没有明显提升。

同时,在海运行业,货物实时跟踪一直是一个未解决的难题。除此之外,还需要根据货物预计到达时间、是否存在延期风险等信息,进行销货、供应链管理等后续动作。因此,为了企业的生存和壮大,达飞决定利用数字化技术,学习行业内外的企业经验,逐步实现自我转型。

1. 搭建平台初试转型

达飞的数字化转型尝试始于建设数字化基础设施。海运业务的关键在于运输货物的装箱、抵港、交货必须安全准确,并且要有效追踪此过程并及时签发订单。这对于海运企业的信息化管理水平其实有相当高的要求。为了解决最基本的运单管理问题,达飞领衔马士基、地中海、赫伯罗特等多家航运巨头,创新性地斥资研发航运订舱平台INTTRA,旨在为海运业创建一个标准化的电子处理平台。2012年,INTTRA平台正式投入使用。

INTTRA的本质是一个共享的海运电子商务网络门户,为托运人、收货人、承运人等提供开放的业务信息。INTTRA可以为电子订舱、装船指示、提单跟踪查询等提供网络化的交易平台。通过电子数据交换系统,利益相关方可以在该平台上进行信息的查询和确认。INTTRA 平台的成功研发与应用大大优化了达飞原有的传统海运业务运营流程。

这是达飞初次进行数字化转型尝试，达飞的管理者迅速意识到，这一转型过程充满了重重挑战，想要实现转型并非易事。其中一个主要的挑战就是人的观念。彼时人们对数字化、IT（信息技术）等概念还存在很大的误解，认为其是公司某些部门在做的事情，与自己的工作并无关系。实际上，IT 团队所进行的数字化转型与达飞每一名员工都息息相关。为此，公司 CEO（首席执行官）鲁道夫·萨德决定在位于马赛的集团总部组织"数字日"，邀请从高管到基层员工，甚至是公司外部的合作伙伴和客户等人参加，帮助他们了解达飞在做什么、数字化转型对于他们而言意味着什么。这也是达飞数字化转型成功实施的重要保障。

2. 服务重构初具成效

随着达飞数字化水平的逐渐提高，达飞已经不满足于仅仅利用数字技术来改进、优化原有的业务流程，还希望利用数字技术提高服务能力和服务效率，从而创造新的收入增长点。2017 年开始构建的巴格达无水港就是达飞对这一数字化转型目标的典型尝试。

原本达飞的主营业务是"港到港"的集装箱海运业务，所有的业务均可以在港口完成。然而随着国际贸易的蓬勃发展，很多客户无法依靠单一的运输方式实现货物运输，更多可能要为长途运输货物分段安排不同的运输方式，也即"门到门"的运输。这就涉及不同运输方式的衔接问题。

瞄准这一痛点，达飞开始探究如何通过数字化技术实现综合利用海陆空运输技术的多式联运服务，从而提高服务能力和服务效率。巴格达无水港的建设主要基于达飞已经具备的一定数字化优势，利用数据进行航运与陆运、空运之间的产品和服务的资源优化整合，从而实现各类海上运输资源的优化与生态港口的发展。

3. 产品探索深化转型

借助上述创新性海运解决方案，达飞已经实现了一定水平的数字化运营。随着业务的拓展，达飞也注意到，企业现有的业务方式难以完全满足客户多样化的需求。达飞的高层决心进一步推动基于数字化技术的企业转型。从 2018 年至 2020 年，达飞陆续研发了多款数字化产品，用富有创新性的解决方案满足客户的需求，从而深化企业的数字化转型：如温控液体运输 REEFLEX，使达飞增加了液体产品的运输量，提高了运输质量，保证产品品质；时间敏感型货物运输 SEAPRIORITY，借助物联网技术和云计算技术，保证时间敏感性货物的快速运输等。

4. 协同演化行业领先

达飞意识到，数字化转型并不仅仅包含为企业自身创建优质的数字化系统和数字化服务模块。如何将达飞所在的整个商业生态中的各种利益相关方接入企业的数字化系统，使其高效协同、发挥最大优势服务于企业和客户，是达飞面临的又一个实际问题。

针对这一问题，达飞推出了电子解决方案 CMA CGM eSolutions，集成之前的数字化产品和服务，向客户提供 100%的"一站式数字化服务体验"。该生态系统平台利用电子数据交换和应用程序编程接口技术，可以有效接入各类在线代理和其他电子商务渠道，从而为客户提供电子报价、电子订舱、电子提单、电子追踪、电子支付、电子费用测算等功能。在为客户提供"一站式服务"的同时，基于区块链技术的全数字化提单也消除了原纸质正本提单邮寄过程缓慢、遗失风险大、环保性差的弊端。客户通过电子地图还可以实时获取货物所在海上位置以及更新的到达时间，并可以在线支付运费，以及进行包括滞期费、滞箱费等附加费用在内的实时成本估算等。

eSolutions 数字化生态系统平台的使用，实现了达飞与客户之间相关信息数据的数字化传输，大大提升了运营效率。这一系统的设计，也进一步促使达飞为其数字化商业生态系统吸纳、发展更多的成员，从单纯依靠运输服务换取利润，拓展到基于其数字化生态系统创造价值，不断扩大其商业版图。

资料来源：马文杰，陈婧，李晨溪，等. 数来运转：达飞集团的数字化转型之路[Z]. 中国管理案例共享中心案例库，2022.

案例思考题

1. 达飞为什么要进行数字化转型？
2. 达飞的数字化转型经历了几个阶段？
3. 结合《中华人民共和国国民经济和社会发展第十四个五年规划和 2035 年远景目标纲要》中有关建立数字中国的愿景，分析达飞的案例对中国企业成功实施数字化转型的启示。

1.1 走进数字经济时代

党的二十大报告指出，"推进新型工业化，加快建设制造强国、质量强国、航天强国、交通强国、网络强国、数字中国"。数字经济不仅是新的经济增长点，也是改造提升传统产业的支点。中国信息通信研究院发布的《全球数字经济白皮书（2022 年）》显示，2021 年，全球 47 个主要国家数字经济增加值规模达到 38.1 万亿美元，占 GDP（国内生产总值）的 45%。其中，中国数字经济规模达到 7.1 万亿美元，占 47 个国家总量的 18%以上，位居世界第二。2021 年 10 月 18 日，习近平总书记强调，"近年来，互联网、大数据、云计算、人工智能、区块链等技术加速创新，日益融入经济社会发展各领域全过程，各国竞相制定数字经济发展战略、出台鼓励政策，数字经济发展速度之快、辐射范围之广、影响程度之深前所未有，正在成为重组全球要素资源、重塑全球经济结构、改变全球竞争格局的关键力量"。

> **应用案例**
>
> **数字经济与生活**
>
> - 在杭州萧山国际机场,不同的乘客有不同的需求和情况紧急程度,移动式服务机器人"晓瑞"+固定式智慧问询终端"灵悉"打造360度无死角服务触达渠道,为机场智慧问询提供解决方案。
> - 灯光、窗帘自动联动,空调自动调整舒适温度,一键开启"回家模式",家庭成员可以通过智能设备控制电器、安防系统等,数智融合提升了家庭生活的便捷性和安全性。
> - 医疗机构通过健康测评、全平台用户行为分析等方式,为用户打造专属医疗健康档案,精准匹配用户诉求,形成有效基础信息的积累,满足用户医疗健康全生命周期的服务需求。
>
> 案例来源:也行,四月. 2022数字经济案例100[J]. 互联网周刊,2022(15): 18-26, 28, 29

一个全新的数字经济时代正加速到来,人工智能、大数据、云计算等数字技术正与产业深度融合。在人工智能方面,以机器学习、深度学习、知识工程为主的核心技术正成为创新发展的主要驱动力。在云计算方面,混合云、边缘计算等技术在产业数字化转型中,将彰显越发重要的作用。在大数据方面,分布式数据库、数字孪生等创新技术正在加速成熟,成为产业数字化发展的核心力量。数字经济将进一步迸发新可能,万亿级规模体量将保持高速增长。

大中小企业以及各个行业在进行数字化转型之后,生产方式以及办公系统的自动化极大地提升了企业的效率;数据打通了上下游平台,使得供给端与需求端的分析更加准确、便捷;更多企业可以参与平台建设,生态圈内资源共享,协同成长。"数字经济"反映了这个时代已经到来和正在到来的变革,也孕育着社会经济的未来走向。

1.1.1 什么是数字经济

中国信息通信研究院发布的《中国数字经济发展报告(2022年)》指出:数字经济是以数字化的知识和信息为关键生产要素,以数字技术为核心驱动力量,以现代信息网络为重要载体,通过数字技术与实体经济深度融合,不断提高经济社会的数字化、网络化、智能化水平,加速重构经济发展与治理模式的新型经济形态。

1. 数字经济的内涵

数字经济是互联网发展到成熟阶段后产生的经济形态,已经超越了信息产业范围与互联网技术范畴,具有越来越丰富的内涵。

数字经济的构成包括四大部分:一是数字产业化,即信息通信产业,具体包括电子信息制造业、电信业、软件和信息技术服务业、互联网行业等；二是产业数字化，即传统产业应用数字技术所带来的产出增加和效率提升部分，包括但不限于工业互联网、两化融合、智能制造、车联网、平台经济等融合型新产业、新模式、新业态；三是数字化治理，包括但不限于多元治理，以"数字技术＋治理"为典型特征的技管结合，以及数字化公共服务等；四是数据价值化，包括但不限于数据采集、数据标准、数据确权、数据标注、数据定价、数据交易、数据流转、数据保护等。

数字经济是一种经济社会形态。数字经济目前在基本特征、运行规律等维度上出现了根本性变革。对数字经济的认识，需要拓展范围、边界和视野，使之成为一种与工业经济、农业经济并列的经济社会形态；需要站在人类经济社会形态演化的历史长河中，全面审视数字经济对经济社会的革命性、系统性和全局性影响。

数字经济也是一种基础设施，不仅停留在技术层面和工具层面，更是一种网络化的基础设施，像工业时代建立在电力、交通等物理基础设施网络之上一样，未来经济社会发展会建立在数字基础设施之上，传统基础设施在物联网（internet of things）技术支撑下也会全面实现数字化，进入万物互联时代。数字基础设施与传统基础设施相比，具有公共性、共享性、泛在性等共性特征以及融合性、生态性、赋能性等独特性特征。

数字经济还是一种技术经济范式。从科学技术发展史看，数字技术是与蒸汽机、电力同等重要的"通用目的技术"（GPT），必然重塑整个经济和社会，数据将成为最重要的生产要素，重构各行各业的商业模式和盈利方式。

2. 数字经济的基本特征

数字经济受到三大定律的影响：第一个是梅特卡夫法则（Metcalfe's law）：网络的价值等于其节点数的平方。所以网络上联网的计算机越多，每台电脑的价值就越大，"增值"以指数关系不断变大。第二个是摩尔定律（Moore's law）：计算机硅芯片的处理能力每 18 个月就翻一翻，而价格以减半数下降。第三个是达维多定律（Davidow's law）：进入市场的第一代产品能够自动获得 50%的市场份额，所以领先企业在本产业中必须第一个淘汰自己的产品。实际上达维多定律体现的是网络经济中的马太效应。以上三大定律决定了数字经济具有以下基本特征。

（1）快捷性。在空间上，互联网突破了传统地域的障壁，使整个世界紧密联系起来；在时间上，其极高的传输速度使人们的信息传输、经济往来可以在更小的时间跨度上进行，大大减少了等待时间，时间和空间两个维度的突破使得数字经济提高了人们信息沟通的效率，使人与人之间的联系更加便捷。同时，现代信息网络高速传输信息，数字经济可以接近于实时的速度收集、处理和应用信息，使效率快速提升。

（2）高渗透性。数字技术能够广泛渗透到生产、分配、交换和消费的各个环节，数字经济与实体经济深度融合,持续赋能和扩展现代经济的增长空间。如在工业生产中,数字技术能完善车间的信息处理过程,通过数据采集可以全方位深入了解劳动对象的可塑性,并提升工业机器人、流水线设计与所形成器物的匹配度。又如交换过程,诸如直播、VA(虚拟应用)、AR(增强现实)、到家业务等新的方式如雨后春笋般呈现出来,人、货、场线上线下全网全渠道融合的结构模式愈加成熟,买卖逐渐超越了时间和空间的限制,能够做到端到端的全链路高效、精准匹配。

(3)自生长性。数字经济的价值等于网络节点数的平方,反映了网络产生和带来的效益将随着网络用户的增加而呈指数形式增长。在数字经济中,由于人们的心理反应和行为惯性,在一定条件下,优势或劣势一旦出现并达到一定程度,就会不断加剧而自行强化,出现"强者更强,弱者更弱"的"赢家通吃"局面。

(4)边际效益递增性。边际效益递增是指随着知识与技术要素投入的增加,产出增多,生产者的收益呈递增趋势明显。出现边际效益递增的主要原因:一是规模扩大和技术发展使得数字经济边际成本递减;二是信息使用具有传递效应。在成本几乎没有增加的情况下,信息的使用会带来不断增加的报酬,这种传递效应也使数字经济呈现边际收益递增的趋势。

(5)外部经济性。数字经济的外部经济性主要体现在两个方面:一是部分数字产品在使用时自身存在外部经济性特点。例如,为了吸引用户访问,所有的互联网内容提供商在提供收费服务的同时,均提供额外的免费数字服务;二是部分数字产品的使用者越多,则每个用户从使用该产品中得到的效用就越大。例如,对于电子商务网站而言,使用者越多,商家与顾客的选择余地就越大,在实际交易中双方就更容易实现整体效用的最大化。

(6)可持续性。数字经济在很大程度上能有效改善传统工业生产对有形资源、能源的过度消耗,以及造成的环境污染、生态恶化等危害,实现社会经济的可持续发展。

(7)连接性。网络及数字技术的发展对信息流、物流、资金流之间的关系进行了历史性重构、压缩甚至取消不必要的中间环节,交易成本降低。处于网络端点的生产者与消费者可绕过传统中间商直接联系,经济组织结构趋向扁平化。

1.1.2 数字经济发展历程

厘清数字经济发展历程是把握数字经济发展规律的基础,是在数字经济全球化背景下抢抓数字经济发展机遇,进一步打造我国数字经济新优势的前提。从发展阶段来看,数字经济大致经历了大型机时代、计算机时代、网络经济时代、移动互联网时代和人工智能时代,如图1-1所示。

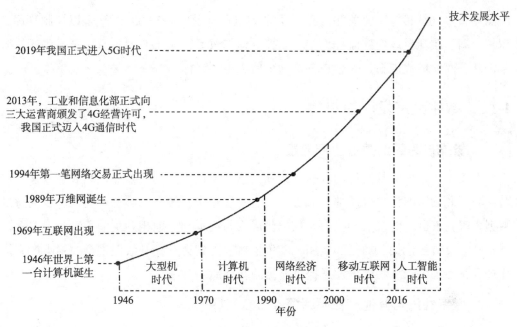

图 1-1　数字经济发展历程

计算机的出现开启了数字经济时代。1946 年，世界上第一台通用计算机埃尼阿克（ENIAC）诞生，宣告数字经济时代的开启，这也是大型机的时代。这一时期数字经济的主要特征为计算机软硬件一体化运行及管理。

随着集成电路技术的出现，20 世纪 70 年代至 90 年代初小型机和个人电脑（PC）的广泛使用开启了计算机时代。在计算机时代，传统制造业高效准确生产问题、制造业高效研发与经营管理现代化等问题都得到了很好的解决。

网络技术在 20 世纪 90 年代快速发展，腾飞的互联网产业极大地促进其他领域的产业数字化转型，人们步入网络经济时代。在这一时期，经济主体的生产、交换、分配、消费等经济活动及经济行为越来越依赖互联网，人们不仅可以从网络上获取大量信息，依靠网络进行预测和决策，还可以直接在网络上进行许多交易行为。

21 世纪初，手机芯片和操作系统划时代的升级开启了移动互联网时代。随着智能手机成为移动互联网时代的核心产品，数字化转型加速发展，互联网及移动互联网支撑的电子商务平台解决了生产和消费的对接问题，打通了流通阻隔，极大地降低了市场信息不对称程度。

2016 年之后，云计算、人工智能等新一代数字技术开始引领数字经济发展方向。其特征主要表现为产业的数字化转型向纵深发展，工业互联网、医疗物联网、智慧农业等新业态不断创新融合发展。

另外值得注意的是，数字经济也经历了从信息技术 IT（information technology）时代到数字技术 DT（data technology）时代的转变。DT 时代下的数字创新意味着关注产品创新，这将其与主要关注过程创新的 IT 创新区别开来，IT 时代是以控制管理、积累数据、改变企业内部流程为主，以提升运作效率；而 DT 时代是以产品创新、服务创新、商业模式创新、为客户创造新价值为主要目标。

1.1.3 数字经济发展趋势

1. 数据成为新的关键生产要素

人类生产、生活及治理的数据基础和信息环境正在得到大幅加强和显著改善，移动互联网和物联网持续普及部署，人、机、物逐步交互融合，源源不断地产生的海量数据，蕴含着巨大的价值和潜力。数据已成为与资本和土地相并列的关键生产要素，被不断地分析、挖掘、加工和运用，其价值持续得到提升，有效促进全要素生产率优化提升，为国民经济和社会发展提供充足的新动能。

2. 数字经济与其他产业不断深度融合发展

以先进制造业为代表的实体经济将继续作为主要增长点，大量的融合性产业不断出现，在与数字经济的深度融合中不断焕发新的动力。数字经济主要以互联网为载体，电子商务、网络商城的不断发展使得很多实体经济以网络为平台，以数据为驱动力，数实融合、数实共生不断加深。

3. 平台化、共享化引领经济发展新趋势

企业之间的竞争重心正从技术竞争、产品竞争、供应链竞争逐步演进为平台化的生态体系竞争。同时，飞速发展的新一代信息科技、高频泛在的在线社交以及渐趋完善的信用评价体系，为大量未能得到完全有效配置的资源提供了成本趋近于零的共享平台，吸引了共享者数量的指数级集聚，弱化了生产生活资料的"所有权"而强调"使用权"，创造出新的供给和需求。

4. 全球创新体系以开放协同为导向加快重塑

创新仍是推动经济数字化发展的源动力，受技术开源化和组织方式去中心化的影响，知识壁垒开始显著消除，创新研发成本持续大幅降低，创造发明速度明显加快。创新主体、机制、流程和模式发生重大变革，不再受到既定的组织边界束缚，资源运作方式和成果转化方式更多地依托互联网展开，跨地域、多元化、高效率的众筹、众包、众创、众智平台不断涌现，凸显全球开放、高度协同的创新特质，支撑构造以数据增值为核心竞争力的数字经济生态系统。

5. 基础设施加速数字化、网络化、智能化升级

万物互联和人、机、物共融将会成为网络架构的基本形态，各国信息基础设施的规划与部署都面临扩域增量、共享协作、智能升级的迫切需求。同时，电网、水利、铁路、港口等传统基础设施也正在逐步开展与互联网、大数据、人工智能等新一代信息技术的深度融合，向着智能电网、智能水务、智能交通、智能港口转型升级，显著提升能源利用效率和资源调度能力。

6. 数字技能和素养推动消费者能力升级

新兴的数字化产品、应用和服务大量涌现，已形成规模巨大的消费市场，对消费者提出了新的能力要求。消费者只有具备一定的数字化技能和素养，才能更好地发掘数据价值、使用数字化产品和享受数字化服务。消费者所具有的对数字化资源的获取、理解、处理和利用能力，将成为影响数字消费增长速率和水平的重要因素，直接关系到数字经济的整体发展质量与效益。

7. 元宇宙和 Web 3.0 一体两面，蓬勃发展

随着信息技术的进步，互联网经历了从 1.0 到 3.0 的发展，Web 3.0（第三代互联网）以区块链共识系统和智能合约技术为核心，强调以用户为中心的"自主权"，赋予用户数字身份、掌控自身数据、监督算法应用的自主权，以此重塑互联网参与者的信任与协作关系。而元宇宙则是整合多种新技术而产生的新型虚实相融的互联网应用和社会形态，它基于扩展现实技术提供沉浸式体验，以及数字孪生技术生成现实世界的镜像，通过区块链技术搭建经济体系，将虚拟世界与现实世界在经济系统、社交系统、身份系统上密切融合，并且允许每个用户进行内容生产和编辑。

元宇宙赋予了 Web 3.0 向上生长的动力，而 Web 3.0 则为元宇宙提供了持续发展的根基。两者均代表互联网的未来，Web 3.0 代表了技术发展方向的未来，元宇宙则代表了应用场景和生活方式的未来，二者之间相辅相成、一体两面、相互依存，共同蓬勃发展，是数字经济未来发展的重要方向。

1.2 解析数字时代新变化

从 20 世纪 90 年代互联网经济在中国萌芽，到如今数字经济蓬勃发展，我们已经进入一个全新的时代——数字经济时代，这是一个发生翻天覆地大变革的时代。作为数字经济落地发展加速器的数字技术，在数字时代中得到了飞速发展和应用；与此同时，人类所处的环境也在技术的影响下发生了巨大的变化。

1.2.1 数字时代技术新变化

进入 21 世纪，以大数据、云计算、物联网、区块链、人工智能为代表的新一代信息技术突飞猛进，催生了社会生产生活方式颠覆性变革，驱动数据资源指数级增长和裂变式衍生，数据由原来的不可直接利用转变为可直接利用，推动了数字时代的到来。

随着数字技术的不断迭代、多项科技的不断集成，一场将技术与意识形态紧密结合的数字革命——第三代互联网，也随之而来。

1. "大数据"——数字化生产的能源

对于"大数据"（big data），研究机构 Gartner 给出了这样的定义："大数据"是需要新处理模式才能具有更强的决策力、洞察发现力和流程优化能力来适应海量、高增长率和多样化的信息资产的数据集合。麦肯锡全球研究院给出的定义是：一种规模大到在获取、存储、管理、分析方面大大超出了传统数据库软件工具能力范围的数据集合。其具有数据规模大、数据流转快、数据类型多和价值密度低四大特征。

"大数据"是数字化时代生产最为重要的能源，具有巨大价值，依托于大数据，能够开发出丰富的、适用于各个行业的应用。

应用案例

NASA（美国航空航天局）如何能提前预知各种天文奇观？风力发电机和创业者开店如何选址？如何才能准确预测并对气象灾害进行预警？在未来的城镇化建设过程中，如何打造智能城市？等等，这一系列问题的背后，其实都隐藏着大数据的身影。

NOAA（美国国家海洋和大气管理局）早就在使用大数据业务。每天通过卫星、船只、飞机、浮标、传感器等收集超过 35 亿份观察数据。收集完毕后，NOAA 会汇总大气、海洋以及地质数据，进行直接测定，绘制出复杂的高保真预测模型，将其提供给 NWS（国家气象局）作为气象预报的参考数据。目前，NOAA 每年新增管理的数据量高达 30 PB（1 PB=1 024 TB）。由 NWS 生成最终分析结果，呈现在日常的天气预报和预警报道上。

案例来源：腾讯研究院. 大数据社会的十三大具体应用场景[Z]. 腾讯云，2018.

---

2. "云计算"——能源的存储、调用手段

"云计算"（cloud computing）指的是通过网络"云"将巨大的数据计算处理程序分解成无数个小程序，然后，通过多部服务器组成的系统处理和分析这些小程序得到结果并返回给用户。通过这项技术，可以在很短的时间内（几秒钟）完成对数以万计的数据的处理，从而形成强大的网络服务。

狭义上讲，"云计算"就是一种提供资源的网络，使用者可以随时获取"云"上的资源，按需求量使用，并且可以看成无限扩展的，只要按使用量付费就可以。从广义上说，"云计算"是与信息技术、软件、互联网相关的一种服务，这种计算资源共享池叫作"云"，"云计算"把许多计算资源集合起来，通过软件实现自动化管理，只需要很少的人参与，就能快速提供资源。

应用案例

Google 是最大的云计算技术的使用者。Google 搜索引擎就建立在 200 多个站点、超过 100 万台的服务器的支撑之上,而且这些设施的数量正在迅猛增长。Google 一系列成功应用的平台,包括 Google 地球、Google 地图、Gmail、Docs 等也同样使用了这些基础设施。采用 Google Docs 之类的应用,用户数据会保存在互联网上的某个位置,可以通过任何一个与互联网相连的终端十分便利地访问和共享这些数据。

目前,Google 已经允许第三方在 Google 的云计算中通过 Google App Engine 运行大型并行应用程序。Google 值得称赞的是它不保守,它早已以发表学术论文的形式公开其云计算三大法宝——GFS(谷歌文件系统)、MapReduce 和 Bigtable,并在美国、中国等高校开设如何进行云计算编程的课程。相应地,模仿者应运而生,Hadoop 是其中最受关注的开源项目。

案例来源:详细叙述云计算中心的发展史. 51CTO 技术博客官网. https://www.51cto.com/article/188552.html,2010.

3. "物联网"——能源多场景触达手段

"物联网"是指通过各种信息传感器、射频识别技术、全球定位系统、红外感应器、激光扫描器等装置与技术,实时采集任何需要监控、连接、互动的物体或过程,采集其声、光、热、电、力学、化学、生物、位置等各种需要的信息,通过各类可能的网络接入,实现物与物、物与人的泛在连接,实现对物品和过程的智能化感知、识别和管理。"物联网"是一个基于互联网、传统电信网等的信息承载体,它让所有能够被独立寻址的普通物理对象形成互联互通的网络。

用一句话理解概括"物联网"就是:通过信息传感设备,按约定的协议,将任何物体与网络相连接,物体通过信息传播媒介进行信息交换和通信,以实现智能化识别、定位、跟踪、监管等功能。

应用案例

在施耐德电气"2022 绿色能效全球创新案例挑战赛(Go Green 大赛)"中,来自上海电力大学的大学生团队凭借提出的"未来智能家居系统"方案,成功跻身中国赛区前 10 强。

项目概述:未来智能家居系统利用先进的物联网、计算机、嵌入式系统和网络通信技术及现代控制技术,将家中的各种设备通过家庭网络连接在一起。它们能够根据不同的环境状态相互协作,从而给用户带来最大程度的高效、便捷、舒适与安全,构成一个致力于为用户提供安全、便捷、环保服务的智能家居系统。

案例来源:施耐德电气官方公众号,施耐德电气 2022GoGreen 大赛中国区决赛十强战队. https://vip.kongxuan.com/2022/gogreen-2022/playback.html,2022.

4. "区块链"——能源使用过程的保障机制

"区块链"（block chain）起源于中本聪（Satoshi Nakamoto）的比特币，作为比特币的底层技术，其本质上是一个去中心化的数据库，指通过去中心化和去信任的方式集体维护一个可靠数据库的技术方案。区块链技术是不依赖第三方、通过自身分布式节点进行网络数据的存储、验证、传递和交流的一种技术方案。

"区块链"技术依靠密码学和数学巧妙的分布式算法，在无法建立信任关系的互联网上，无须借助任何第三方中心的介入就可以使参与者达成共识，以极低的成本解决信任与价值的可靠传递难题。

应用案例

从2016年阿里巴巴集团控股有限公司（以下简称"阿里巴巴"）就开始引进区块链技术，最先是蚂蚁金融发布区块链应用运用于付款爱心捐赠服务平台，这开展了区块链应用的第一次试水；2017年，蚂蚁金融技术性实验室公布对外开放区块链应用，适用进口的食品卫生安全、产品真品追溯；2018年，菜鸟和天猫全球购公布，开启区块链应用用以追踪、核实跨境电商进口产品的货运物流信息内容，这种数据信息包含产品的原产地国、起运国、装车港、运输工具、进口的港口、保税区仓库检验检测运单号、海关申报单号等。

货运物流和产品追溯是区块链技术进驻移动电商行业一个有效的突破口。在2017年，北京京东世纪贸易有限公司（以下简称"京东"）宣布创立"京东品质溯源防伪联盟"，协同各个政府机构根据联盟链的方法，构建京东区块链技术防伪标识追溯平台；同年12月，其与沃尔玛、IBM（国际商业机器公司）、清华大学电子商务交易技术国家工程实验室一同宣布创立中国第一个安全食品区块链溯源联盟。

案例来源：区块链的应用和应用成功的例子有哪些？搜狐新闻，https://www.sohu.com/a/510506227-100172124，2021.

---

5. "人工智能"——能源使用的技术科学

人工智能（artificial intelligence）是研究、开发用于模拟、延伸和扩展人的智能的理论、方法、技术及应用系统的一门新的技术科学。人工智能是计算机科学的一个分支，它试图了解智能的实质，并生产出一种新的能以与人类智能相似的方式作出反应的智能机器，该领域的研究包括机器人、语言识别、图像识别、自然语言处理和专家系统等。

应用案例

无人驾驶汽车，是智能汽车的一种，也称为轮式移动机器人，主要依靠车内以计算机系统为主的智能驾驶控制器来实现无人驾驶。无人驾驶涉及的技术包含多个方面，如计算机视觉、自动控制技术等。

2005 年，一辆名为 Stanley 的无人驾驶汽车以平均 40 km/h 的速度跑完了美国莫哈维沙漠中的野外地形赛道，用时 6 小时 53 分 58 秒，完成了约 282 千米的驾驶里程。Stanley 是由一辆大众途锐汽车改装而来的，由大众汽车技术研究部、大众汽车集团下属的电子研究工作实验室及斯坦福大学合作完成，其外部装有摄像头、雷达、激光测距仪等装置来感应周边环境，内部装有自动驾驶控制系统来完成指挥、导航、制动和加速等操作。

案例来源：人工智能的十大应用. 博客园，https://www.51cto.com/article/631864.html，2020.

6. "Web 3.0"——技术变革的未来方向

尽管"Web 3.0"至今还没有一个明确定义，但是在基本层面已达成共识。即"Web 3.0"搭建了基于区块链技术的去中心化在线生态系统，融合区块链、加密货币和 NFT（非同质化代币）等概念，实现无服务器、开放的、去中心化的互联网，不依赖任何第三方来管理和保护用户的个人数据和金融资产，将数据的所有权归还给用户，允许用户控制自己的数据，在保障安全性的前提下，实现数据的互操作性和跨生态交互。

"Web 3.0"也称为"智能互联网"，是一种使得互联网从静态信息网络向智能信息网络转变的新技术。"Web 3.0"的核心技术是基于区块链的智能合约，分布式计算、智能数据分析也是"Web 3.0"的重要技术，"Web 3.0"还将支持虚拟现实和增强现实技术。

使用区块链技术的智能合约是一种可以自动执行的电子合同，其使得用户在不受中心化机构控制的情况下能进行更安全可靠的交易。分布式计算是一种将计算任务分解到多个计算节点上进行处理的技术，能实现更快、更安全的计算任务处理。智能数据分析使用机器学习和人工智能技术，可以帮助用户更好地理解和分析数据、预测未来趋势并作出更好的决策。最后，虚拟现实和增强现实技术可以让用户在虚拟环境中更加自由地进行交流和交易，满足其需求。

应用案例

数字钱包。MetaMask 小狐狸是 Web 3.0 领域的区块链数字钱包，是 Web 3.0 经济的关键参与者。简单来说，可以将 MetaMask 理解成 Web 3.0 时代的支付宝，二者同样具有支付属性。不同之处在于，MetaMask 还承载了独立的数字身份功能。

浏览器。Brave 不同于目前市面上主流的 Web 2.0 浏览器存在着售卖用户信息给广告商的泄露隐私问题。Brave 浏览器主打隐私保护，其最大特色就是拥有广告拦截功能，用户使用期间不会受到广告轰炸的困扰。

社交媒体。APPICS 是一个 Web 3.0 社交媒体应用，在其中用户对自己喜爱的账户点赞不再仅仅是表达喜好的数据反馈,而是一个有实际价值的赞。因为 APPICS 提供了一个由项目原生代币所构成的奖金池,奖金池会根据用户贡献的价值,为用户提供参与平台的代币。通过投票,用户可以决定用何种方式将奖励池中的代币分配给谁。

线上交易所。Uniswap 去中心化交易所,Uniswap 不在浏览器上存储用户资金和个人数据,而是通过区块链上的智能合约执行所有操作,交易者无须中介即可在平台上实现点对点交易。

案例来源:Web 3.0 十大应用,颠覆现有商业格局[EB/OL]. (2023-06-12). https://zhuanlan.zhihu.com/p/636527848.

1.2.2 数字时代环境新变化

1. 数字赋能"绿色发展"

(1)"碳中和"应对全球气候变暖,推动低碳绿色发展。全球气候变化正在对人类社会构成巨大威胁,温室气体是气候变化的罪魁祸首。康奈尔大学气候学家纳塔莉·马哈瓦尔德(Natalie Mahowald)指出:如果地球平均温度再上升 2 摄氏度,人类将走向灭亡。碳中和的目的,就是减少人类生产、生活排放的二氧化碳,保持地球平均温度不再上升。

"碳中和"是指人类经济社会活动产生的碳通过植树造林、循环利用及技术手段进行捕集与封存等,使排放到大气中的碳净增量为零,从而实现碳的"零排放"。目前,碳达峰、碳中和已是全球各国的共识,我国也提出了力争 2030 年前实现碳达峰、2060 年前实现碳中和的目标。

不过,相较于发达国家,我国的碳中和目标时间紧、任务重。我国经济高速发展,依赖于"高碳经济",而要不断降低二氧化碳排放量尽早实现碳达峰,同时要实现包括二氧化碳在内的七种温室气体的"零排放"以实现碳中和,势必影响经济发展的速度。虽然各国的情况各异,经济和社会发展程度也不尽相同,但以数字技术创新推动碳达峰、碳中和是平衡环境与发展的关键策略。目前,数字技术促进碳中和落地取得了一定成效。

数字技术促进碳中和落地案例

低碳社区供需侧能源系统优化项目

2022 届 Go Green 大赛再度由全球能源管理和自动化领域的数字化转型专家施

耐德电气携手 AVEVA 剑维软件共同发起,不仅沿用了多年来的经典赛制,还与清华四川能源互联网研究院展开合作,在中国区特别开辟了全新赛道——"双碳挑战赛"。在"双碳挑战赛"中,由同济大学和高丽大学学子共同组成的"零脂零碳战队"脱颖而出,其提出的低碳社区供需侧能源系统优化项目斩获"碳路者"奖。

项目概述:全球气候变暖、能源危机等问题日益突出的今天,绿色低碳、可持续发展等无疑成为世界各国的共同关注。项目团队运用人工智能技术、结合大数据与云计算,优化供需侧能源系统,助力建筑能源管理,致力于构建低碳绿色社区,共享新生活。

案例来源:施耐德电气官方公众号,2022 Go Green 大赛冠军揭晓 | 绿色创想再集结,向"双碳"起航. 2022-04-28.

(2)"绿色能源"推动和实现经济、社会和生态可持续发展。传统能源的使用既带来了经济的增长,也使得环境污染问题加重、生态环境受到破坏,全球对生态环境的关注越来越多。优化能源结构、使用绿色清洁新能源、减少环境污染是当下的重要议题。

"绿色能源"也称"清洁能源",是指不排放污染物、能够直接用于生产生活的能源,它包括核能和"可再生能源"。可再生能源是指原材料可以再生的能源,如水能、风能、太阳能、生物能(沼气)、地热能(包括地源和水源)、海潮能等。可再生能源不存在耗竭的可能,因此,可再生能源的开发利用日益受到许多国家的重视,尤其是能源短缺的国家。

大力推进绿色清洁能源的使用可以有效降低能源消耗过程中对环境的污染,同时减少温室气体的排放,减缓气候变暖,保护生态环境,在发展经济的同时,又兼顾生态环境的可持续发展。目前,数字技术的创新可从能源生产、供给、管理、服务等方面全方位推进能源绿色转型,助推清洁能源生产。

数字技术助推能源绿色转型案例

华为零碳智慧园区

零碳智慧园区以"管理精益智慧化、能源互补高效化、运营低碳绿色化和碳能交易在线化"为目标,利用数字技术,通过边缘智能网关采集园区内能源、交通、碳排放及其他全要素数据,基于园区统一数字平台,以及能源管理、零碳管理、碳能交易和综合管理应用模块,实现园区的碳排流、能量流、信息流和价值流互动互融、协同优化,推动园区零碳转型、能源转型和数字化转型。

华为零碳智慧园区在能源转型方面的价值主张:①绿色能源替代传统化石能

源，智慧能源系统实现多种能源互济互补、多能联供；②边缘计算、云、大数据、AI（人工智能）等新型信息技术支持源-网-荷-储-用全域协调控制、调度，助力能源高效转换；③能源系统智慧运营分析，在能源大数据的基础上实现综合能效可视、可管、可控，为节能增效提供决策支持。

案例来源：德勤. 全球能源转型及零碳发展白皮书[R]. 2021.

2. 数字赋能"乡村振兴"

自改革开放以来，城市日臻富强且人口数量呈等比级数提升，然而农村的发展却与此形成鲜明对比，呈现巨大反差。基于我国基本国情，党的十九大作出重要战略部署——乡村振兴战略。

乡村振兴战略是习近平总书记在党的十九大报告中提出的。报告指出，农业、农村、农民问题是关系国计民生的根本性问题，必须始终把解决好"三农"问题作为全党工作重中之重。实施乡村振兴战略，是解决新时代我国社会主要矛盾、实现"两个一百年"奋斗目标和中华民族伟大复兴中国梦的必然要求，具有重大现实意义和深远历史意义。

随着新一代数字技术的蓬勃发展，以新兴技术推动现代化新农村建设正成为助力乡村振兴的重要手段。以数字化建设为起点，推动农业农村数字化转型，是实现农业农村现代化的重要途径，也是全面推进乡村振兴的应然之举，有助于完善农村基础信息设施建设，推动城乡资源和基本公共服务的均等化，加快构建农村现代治理体系，提升农业农村信息化和智慧化水平。

数字技术赋能乡村振兴案例

"我知盘中餐"大数据精准助农平台

"我知盘中餐"大数据精准助农平台由厦门大学师生创业团队创建，针对农产品盲目跟风生产问题、生产技术问题、精准营销问题以及食品安全溯源问题，利用先进的移动互联网技术、大数据、物联网以及人工智能等核心关键技术，研发了农产品价格行情指数平台、农业专家系统、病虫害识别系统、精准营销系统和食品安全溯源系统，全面提升农产品附加值，助力精准扶贫和乡村振兴。

通过电商培训，农民学会使用"我知盘中餐"电商平台，通过大学生帮助入驻、上架农产品，然后进行运营，有效解决了农村电商缺乏人才的问题。每种产品都是厦门大学跟当地政府直接线下实地对接，使产品更加可靠、放心，实现全程可追溯。

案例来源："我知盘中餐"大数据精准助农[EB/OL]. (2021-10-28). https://www.baidu.com/link?url=QEfmSedKMZzOLarviCbcEhQ9r5v-TVknY9eYfirrqzWTsM3QBs53npRS1d7CFe6cXZ_PpLAX1ha85Zpyjp_xoK&wd=&eqid=b43e269b00003ced000000056572a7e9.

3. 数字赋能"健康管理"

数据显示，2021年我国超重及肥胖人口高达5.1亿人，高血压人口达到4.2亿人，血脂异常人口有2亿人，糖尿病人口有1.2亿人，脂肪肝人口有1.2亿人，每天确诊癌症人数1万人，国民健康形势较为严峻。我国"十三五"之后提出"大健康"建设，把提高全民健康管理水平放在国家战略高度。

"健康管理"指通过采用现代医学和现代管理学的理论、技术、方法和手段，对个体和群体整体健康状况及其影响健康的危险因素进行全面检测、评估、有效干预与连续跟踪服务的医学行为及过程，其目的是以最小的投入获取最大的健康效益。

随着现代科技的发展日新月异，生命科学正进入数字化时代。在数字智能化时代，健康管理领域逐步与物联网、大数据等技术相融相交，呈现出数字化的特征，即通过采集个体相关数据，为人们提供个性化的健康建议，定制一套专属的健康管理方案。人工智能和大数据等新兴信息技术的迅猛发展，为数字化健康管理行业注入了澎湃动力。

数字技术助力健康管理案例

数字健康管理平台

目前中国数字健康管理主要有三大功能布局，分别是食物营养管理、运动健康管理和健康社交。这三个功能构成了普遍用户的核心使用诉求。

食物营养管理：目前中国数字食物营养管理平台的主要呈现模式是以食谱为核心展开的电商类平台，结合定制食谱、体型体脂管理和社交等模块。以"薄荷健康"为代表的是"定制食谱+社区+商城"，以"哥本哈根"为代表的是"明星食谱+报告+社区+商城"。

运动健康管理：目前中国数字运动管理平台模式相对多元化，以"Keep"为代表的是"课程+运动+社交"模式，以"小米健康"为代表的是"智能设备+运动监测"模式。"瘦吧App"的一套以脂20科学减脂技术为核心，结合"体脂监测+运动教育+定制食谱"和社交平台的解决方案以独特方式切入中国数字运动健康管理领域中。

健康社交：目前中国数字健康管理平台普遍使用社交模块，但不同的平台基于自身业务的重点方向，在社交互动板块针对的人群有不同的差异。从社交维度和场景的角度，主要分为以"丁香园"和"新氧"为代表的"干货社交论坛"、以"Keep"和"瘦吧"为代表的"多元化社交场景"及以"小米运动"为代表的"智能运动跟踪社交"。

案例来源：艾媒咨询. 2021年中国数字健康管理行业发展研究报告[R]. 2021.

4. 数字赋能"食品安全管理"

近年来食品质量安全事故不断，不仅影响了人民的生命健康，也让众多食品企业遭遇了严峻的信任危机，经营效益日益下滑，部分严重涉事企业甚至最终被市场抛弃出局，国家和个人也对食品安全问题格外关注。如何把好食品质量安全大关，做好食品追溯，提升企业品牌信誉度，重新赢回消费者信任，成为当下食品企业亟须解决的难题。

大数据、人工智能、物联网、区块链等技术的出现，成为食品行业内政府监管、企业内控和社会监督十分重要的手段，能有效从供应链全过程、产业链全主体层面防控食品安全问题。借助数字化力量，可以真正实现前端可溯源、生产加工可监控、后端可追溯，降低食品安全风险。

数字技术保障食品安全案例

长威科技"一品一码"产业服务平台

长威科技"一品一码"产业服务平台以政府、企业和消费者的诉求为出发点，以云计算、大数据、物联网等为代表的新一代信息技术手段为基础：

- 通过建设产业认证中心充分发挥第三方权威机构认证能力，加快"一品一码"食品全供应链的信息化进程；
- 通过搭建服务撮合中心实现供需对接、线上撮合线下交易的无缝衔接，提供给企业端、公众端优质便捷高效的信息咨询、需求查询服务；
- 通过打造规范化数据流通中心助力现有平台资源之间数据的互联互通，完成"数据沉淀、再利用"。

三者结合食品安全 App 形成"一品一码"产业服务平台，应用于食品供应链管理、食品安全预测、食品质量追溯等行业场景，推进政府、企业数字化转型，形成平台、用户、合作方多主体互利共赢、深度融合的食品安全服务生态圈，打造数据驱动型食品安全监测与控制新模式。

案例来源：自贸港智慧产业发展研究院. 长威科技打造数据驱动型食品安监测与控制新模式[R]. 2022.

1.3 起航数字创新创业

1.3.1 把握数字创新创业机遇

数字经济的核心是通过将一切商业元素数字化、信息化的方式（从思维到技术，再到应用全部实现数字化），改变原有社会生产方式和商业模式，提高企业商业活动（包括企业内部）的运行效率，并尽可能让数字生产力和传统的生产关系形成和谐共存的"关系"，进而整体提升经济活动对人类社会的综合价值。

1. 数字经济加速企业应用创新

为了跟上市场的变化，各行各业都在改变新产品、新应用的开发和发布方式。在传统模式下，数据收集、设计、制造需要很长时间，而且要预先对更新、测试、发布进行规划，完成这一系列工作需要数月甚至数年的时间。现在越来越多的企业转而采用敏捷设计、制造与发布，在速度和质量之间实现了更好的平衡，能够快速撤回不成功的新产品或新服务，而不影响关键服务和系统的持续运行。为了建立更加敏捷的工作流程，企业必须实现更紧密的团队协作，以及无缝的系统集成，同时还要能够实时监控协作与集成的效果。

2. 大数据增强企业创新洞察力

只有弄懂了数据的含义，才能将信息转化为竞争力。事实上，每个企业都拥有相当多的客户、竞争对手以及内部运营的数据，因此需要采用合适的工具和流程，去挖掘数据的真正含义，才能快速作出明智的决策促进创新，如利用客户行为数据分析其消费偏好、根据生产数据制订更合理的生产方案等，并依据数据分析结果制订具有前瞻性的发展计划。

3. 数字化工具提供创新工作空间

移动设备的增多导致如今企业员工的工作环境流动性远大于从前，工作空间的概念已经发生根本性变化。工作将不再受时间、地点的限制，为了吸引和留住优秀人才，企业必须建立能够适应该新型工作方式的环境和文化。合适的数字化工具和政策尤为重要，利用它们，员工即可高效应对职场中的各种复杂情况。

4. 数字经济推动产业边界变革

随着数字技术嵌入创新过程，数字化环境下企业运营管理、企业目标导向、价值整合和价值传递等发生变革，尤其是在跨边界的开放创新过程中，数字技术嵌入使得创新合作者之间的信任程度增加，产品边界、组织边界和产业边界变得更加模糊且具有动态性，创新的过程也变得更加具有动态性。

5. 数字化助力突破行业壁垒

深度数字化会降低部分关键领域、目标导向型突破性创新的难度。例如，在基础软件类的突破性创新中，开源社区的运作模式显著提高了行业内知识的可获得性，进而降低该领域的突破性创新门槛，极大地便利了创业企业获取技术知识，显著减少了新产品市场国际竞争，同时有助于突破行业壁垒。

1.3.2　应对数字创新创业挑战

数字经济浪潮席卷而来，人类生产和生活翻开新的篇章。数字技术变革不仅正在成为社会发展的主旋律，也正掀起一波新的创新创业浪潮。尽管数字技术给个体、企业和生态系统层面的创新创业活动带来了一定积极影响，但在把握数字创新创业机遇的同时也需要应对一些挑战。

1. 数字创新创业过程管理困难

数字技术具有动态性和再塑造性的特点，数字创新创业产品在完成后可以不断迭代更新。这种迭代创新的模式和传统创新有很大差别。传统创新结果具有一定的确定性，而数字创新创业结果具有可扩展性、可再演化性，导致数字创新创业开始的节点和实现的空间变得更加不可预测，给传统线性创新创业过程的管理带来挑战。

2. 数字创新创业主体多元复杂

由于数字技术让信息搜索和分享成本降低，让创新创业各主体的知识分享和合作变得更加高效，因此创新创业的参与者变得更加多元化和复杂化。数字化背景下的创新创业不仅需要个体努力，更强调整个创新创业生态成员的共同发展。企业需要建立基于创新创业生态思维的全新管理机制，来管理分散的创新创业生态成员。

3. 数字创新创业竞争不可预知

数字创新创业过程中，产业间的边界变得不甚清晰。跨界创新创业改变了传统的产业竞争格局，加深了竞争的不可预知性。比如以往根据波特的产业竞争战略分析，可以在企业所在产业找到潜在的竞争对手，而现在竞争对手可能来自其他产业，难以预测。

4. 数字创新创业生态打造维艰

中国在打造引领全球并保障自主的数字创新创业生态方面还存在困难。因为数字技术将全球网络连接变得更紧密，更加强调与全球价值链和创新创业生态体系的连接。中国想要打造自己的数字创新创业生态，需要进一步研究自身与美国等领先国家主导的数字生态之间的关系。

5. 数字创新创业技术卡脖子困境

数字创新创业的发展需要科学技术作为基础。然而，中国在一些核心技术领域依然落后于发达国家，存在"卡脖子"现象。以功率半导体为例：在硅基时代和以400V电动平台体系为主流的时期，硅基IGBT（绝缘栅双极型晶体管）的缺芯情况制约了新能源车的产能扩张，而英飞凌、得州仪器等海外企业寡头的垄断亦是新能源汽车供应链的潜在风险。随着第三代半导体应用，800V 平台催生碳化硅需求，碳化硅 Mosfet 有望取代硅基 IGBT，但当前仍以海外企业如 Cree 等为主，国内与海外企业尚存在代际差异。

1.4 【案例分析】悠购智能的数字创业突围之路

自从 2016 年亚马逊（Amazon）开设第一家无人体验店，"无人"服务便成为消费者生活中一个新场景。2018 年 3 月，马小丁成立北京悠购智能科技有限公司（简称悠购智能）。悠购智能是一家集设计研发与运营为一体的平台型智能零售产业技术服务品牌，是国内最先成功落地的实战无人零售领域的领军企业。截至目前，悠购智能智慧解决方案已落地 130 家城市，涉及 AI 智慧超市、AI 未来社区、数字乡村等众多场景，落地项目包括数字农村、数字政务等诸多方面，得到了政府、企业、消费者的大力支持。短短几年，马小丁已带领悠购智能在风起云涌的无人零售市场站稳脚跟，在无人零售行业中一枝独秀。

2017 年 5 月，初次创业失败后的马小丁正在休养生息，经营着"小菜娃"冷链社区生鲜店的一位好友找上门来求助，坦言店铺正面临扩张困难、发展缓慢的问题，甚是烦恼。二话不说，热心的马小丁答应为他出谋划策。在小菜娃实地考察后，马小丁发现当前阻碍小菜娃发展的最大问题是"人"，招人难、成本高。在小型零售企业扩展之路举步维艰的时刻，马小丁大胆设想：既然人工成本限制了规模扩张，那何不去掉人工？广泛调研后，马小丁决定仿照亚马逊，对小菜娃进行无人化升级。

彼时，整个市场的无人零售已经渡过了资本蜂拥的风口浪尖，无人零售从"疯长"到趋向冷静，无数创业企业浮浮沉沉，腾讯等大厂也纷纷布局，行业体系在激烈竞争和迅速发展中。马小丁明白，此时进入市场必然面临巨大的市场风险，但是如果可以开发出来真正满足客户需求的好产品，不仅能解决小菜娃的问题，乘借行业利好的大趋势，规避风险并成功实现商业化也不是没有可能。

解决方案的研发并没有想象中的容易，麻雀虽小五脏俱全。在经历了四个多月的研发，申请了 6 项专利之后，无人店改造的整体解决方案主框架终于完成，其中包括 IoT（物联网）硬件设备（智能门锁、支付系统）、AI 软件算法（人脸识别、防盗）以及 24 h 的数字运维服务（SaaS 系统）等，费心尽力创造出来的产品实际性能如何呢？为获得真实市场环境的反馈，找到产品升级方向，马小丁毅然决定把试点门店的位置定在环境更复杂、更容易发现问题的小县区。

偷盗问题最为严重，熊孩子们竟让试点店铺的偷盗率达到了 2.6‰。面对这一尴尬处境，马小丁及其团队开始在优化系统上下功夫：从单纯按钮进出到扫描面容获得临时 ID（身份标识号），再到扫码进出……经历了多代测试和提升后，无人店铺的盗窃率终于得到控制。除此之外，孩子们活泼好动的特性也在督促着马小丁团队进行技术优化。经过多次的迭代才形成了较完备的解决方案。例如，孩子们总喜欢去按按钮，导致按钮损坏率极高。马小丁创业小队"见招拆招"，将系统升级为面容识别和扫码进出等。这些经验，为悠购智能未来商业模式的规划和市场的推广奠定了基础。

在县区的测试取得成功后，悠购智能开始尝试不同的应用场景，如医院、校园、银行、景区等。为了推广技术和产品，悠购智能团队通过广告、借助人脉进行营销。在不同场景的尝试和试点范围的延伸中，马小丁对于悠购智能未来的发展和定位愈加清晰。马小丁发现团队在供应链方面并不擅长，不如果断地放弃，专注于无人零售店的 AI 技术服务。

2020 年初，全国疫情越发严重，工信部科技司发布倡议书，鼓励用 AI 为抗疫赋能，加大科研攻关力度。为助力疫情，马小丁把升级门店疫情防控系统作为当下的首要任务。为了做到技术的快速迭代与升级，马小丁直接把温感芯片寄到工程师家中，以尽快完成测试。很快，"不去口罩的人脸识别＋无接触测温"正式开放外测，无人零售小店开始在疫情中发光发热。在这一场让人措手不及的疫情中，悠购智能"脱颖而出"。

目前，越来越多的城市逐渐步入"智慧新基建"的浪潮中，无人化将会越来越普及。回顾过去的 4 年，马小丁越来越坚信，自己的战略方向是正确的。一路走来，悠购智能始终不忘初心，利用 AI 科技和数据赋能传统行业。如今，再次乘着"智慧城市""乡村振兴"等政策的东风，悠购智能携手丽水城投等全国 30 多家企业参与近 50 个未来社区项目的落地与运营。2022 年，悠购智能参与了浙江省乡村振兴第一批乡村的试点项目，大大提高了乡村的数字化建设和服务体系水平，将乡村的特色与数字化结合，通过数字产业助力乡村振兴和共同富裕。

资料来源：冯元粤，李小娜，段烈珍，等. 乘势而起，顺势而为：UGOHOUS 的数字创业突围之路[Z]. 中国管理案例共享中心案例库，2022.

案例思考题

1. 在无人新零售行业强竞争格局下，马小丁是如何抓住数字创业机遇的？
2. 在悠购智能的数字创业之路中，马小丁是如何不断突围取得成功的？
3. 结合众多新零售竞争者的现状，请探讨悠购智能的未来发展方向。

本章小结

数字经济是以数字化的知识和信息作为关键生产要素，以数字技术为核心驱动力量，以现代信息网络为重要载体，通过数字技术与实体经济深度融合，不断提高经济社会的数字化、网络化、智能化水平，加速重构经济发展与治理模式的新型经济形态。

数字经济由数字产业化、产业数字化、数字化治理、数据价值化四部分构成，具有快捷性、高渗透性、自我膨胀性等七大基本特征。从发展阶段来看，数字经济大致经历了大型机时代、计算机时代、网络经济时代、移动互联网时代和人工智能时代。

在数字时代下，大数据、云计算、物联网、区块链、人工智能、Web 3.0 等新技术不断涌现，催生了新的创新创业机遇，包括通过数字经济加速企业应用创新、利用大数据增强企业创新的洞察力，通过数字化工具拓宽创新工作空间、利用数字经济推动产业边界变革并助力突破行业壁垒。

在把握数字创新创业机遇的同时也需要应对一些挑战，包括数字创新创业过程管理困难、数字创新创业主体多元复杂、数字创新创业竞争不可预知、数字创新创业生态打造维艰以及数字创新创业技术卡脖子等困境。

思考题

1. 什么是数字经济？数字经济有哪些基本特征？
2. 理解数字经济不同发展历程间的差别。
3. 数字经济有哪些核心技术？你的生活中是否存在相关技术的应用？
4. 基于现实生活，你觉得还存在哪些数字创新创业机会可以便捷你的生活？

延伸阅读

盘点：2022 年国家及地方层面数字经济发展相关政策、目标一览

1. 国家层面

2022 年，多个相关文件密集出台。1 月，国务院发布《"十四五"数字经济发展规划》，对充分发挥数据要素价值作出重要部署，形成了数据要素市场的顶层设计和方向性指引；同月月底，中央网信办、农业农村部等 10 部门印发《数字乡村发展行动计划（2022—2025 年）》，明确指出要着力发展乡村数字经济，坚持统筹协调、城乡融合，共部署了 8 个方面的重要行动；4 月，中共中央、国务院印发《中共中央 国务院关于加快建设全国统一大市场的意见》，进一步明确加快培育数据要素市场，建立健全数据基础制度和标准规范；12 月 19 日，《中共中央 国务院关于构建数据基础制度更好发挥数据要素作用的意见》（又称"数据二十条"）出台，构建了数据产权、流通交易、收益分配、安全治理等 4 项制度，共计 20 条政策措施，初步形成了我国数据基础制度度的"四梁八柱"；这一系列战略部署表明，数据已上升为国家基础性战略资源。相关汇总见表 1-1。

表 1-1 国家层面 2022 年数字经济发展相关政策、目标一览

时间	政策	目标
2022 年 1 月 6 日	《要素市场化配置综合改革试点总体方案》	聚焦数据采集、开放、流通、使用、开发、保护等全生命周期的制度建设，推动部分领域数据采集标准化，分级分类、分步有序推动部分领域数据流通应用

续表

时间	政策	目标
2022年1月12日	《"十四五"数字经济发展规划》	以数据为关键要素，以数字技术与实体经济深度融合为主线，加强数字基础设施建设，完善数字经济治理体系，协同推进数字产业化和产业数字化，赋能传统产业转型升级，培育新产业新业态新模式，不断做强做优做大我国数字经济，为构建数字中国提供有力支撑
2022年1月26日	《数字乡村发展行动计划（2022—2025年）》	共部署了8个方面的重点行动：一是数字基础设施升级行动，二是智慧农业创新发展行动，三是新业态新模式发展行动，四是数字治理能力提升行动，五是乡村网络文化振兴行动，六是智慧绿色乡村打造行动，七是公共服务效能提升行动，八是网络帮扶拓展深化行动；同时，还设立了乡村基础设施数字化改造提升工程等7项重点工程，作为落实上述行动的重要抓手
2022年4月10日	《中共中央 国务院关于加快建设全国统一大市场的意见》	从强化市场基础制度、推进市场联通、打造统一的要素市场等多方面要求加快建设高效规范、公平竞争、充分开放的全国统一大市场，全面推动我国市场由大到强转变。在数字经济领域体现出推动数据要素进一步优化的意义
2022年12月14日	《扩大内需战略规划纲要（2022—2035年）》	把加快培育新型消费作为重点，支持线上线下商品消费融合发展，培育"互联网＋社会服务"新模式，促进共享经济等消费新业态发展，发展新个体经济，将极大地激发市场活力，释放消费潜力，营造良好消费环境和氛围，对促进消费提质升级、带动消费较快反弹起到明显的积极正向作用
2022年12月19日	《中共中央 国务院关于构建数据基础制度更好发挥数据要素作用的意见》	"数据二十条"提出构建数据产权、流通交易、收益分配、安全治理等制度，初步形成我国数据基础制度的"四梁八柱"；首次提出了探索数据产权结构性分置制度，建立数据资源持有权、数据加工使用权、数据产品经营权"三权分置"的数据产权制度框架，构建了中国特色数据产权制度体系。"数据二十条"的出台，有利于充分激活数据要素价值，赋能实体经济，推动高质量发展

2. 地方层面

随着全球数字化和信息化的加速发展，数字经济日益成为经济复苏和经济增长的新引擎。"十四五"规划纲要草案将"加快数字发展建设数字中国"作为独立篇章，国家加快发展数字经济的步伐，使得全国各地也迎来数字经济竞争优势的全面重构。目前，上海、广东、浙江等沿海地区已开始规划数字经济的管理、健全数字领域法规及政策体系，而部分数字产业起步较晚的地区仍以相关数字基建为主。具体2022年地方层面31个省份数字经济发展相关政策、目标见表1-2。

表1-2 地方层面31个省（区、市）2022年数字经济发展相关政策、目标一览

序号	地区		目标及政策
1	北京市	目标	2022年，数字经济增加值占地区GDP比重达到55%。"十四五"期间，数字经济成为发展新动能，数字经济增加值年均增7.5%左右。2030年建设成为全球数字经济标杆城市
		政策	《北京市数字经济全产业链开放发展行动方案》6个方面、22条改革措施，努力打造数据驱动的数字经济全产业链发展高地
2	上海市	目标	到2025年底，上海数字经济发展水平稳居全国前列，增加值争达到3万亿元，占全市生产总值比重大于60%；2035年，成为具有世界影响力的国际数字之都。打造万亿级数字终端产品和器件、材料制造基地，加快形成具有国际影响力的数字经济制造业集群
		政策	《上海市数字经济发展"十四五"规划》

续表

序号	地区		目标及政策
3	天津市	目标	2023年，建成10个市级生产性服务业数字化集聚区、10个市级生活性服务业数字化集聚区、20个市级标志性特色数字化园区和一批专业化数字主题楼宇，引育10家左右数字服务业创新型头部企业和领军企业、50家左右高成长性数字服务业企业。电子信息产业规模达到2400亿元；2025年，数字经济核心产业增加值占地区生产总值比重达到10%
		政策	《天津市加快数字化发展三年行动方案（2021—2023年）》数字经济"1+3"政策体系
4	重庆市	目标	2022年，集聚"100+500+5 000"数字经济领域市场主体，打造千亿级数字经济核心产业集群，创建10个国家级数字经济应用示范高地。数字经济总量达到万亿元级规模，"十四五"期间，数字经济发展走在全国前列，数字经济增加值占地区生产总值比重提升至35%
		政策	《重庆市数字经济"十四五"发展规划（2021—2025年）》围绕六方面部署了重点工作任务，统筹推进"十四五"时期全市数字经济发展
5	广东省	目标	2022年，数字经济规模达6万亿元，占全省GDP比重接近55%。"十四五"期间，数字经济核心产业增加值占地区生产总值比重达到20%，加快推进数字产业化和产业数字化，推动数字经济和实体经济深度融合，建设具有国际竞争力的数字产业集群，建设全球领先的数字化发展高地
		政策	《"十四五"数字经济发展规划》《广东省数字经济促进条例》《广东省数据要素市场化配置改革行动方案》等，其中2022年7月发布的《广东省数字经济发展指引1.0》是全国首个数字经济发展指引1.0，支持搭建供应链金融服务平台
6	江苏省	目标	2025年，数字经济强省建设取得显著成效，数字经济核心产业增加值占地区生产总值比重超过10%；到2025年，新建省级智能制造示范工厂50个，新建省级数字农业基地100个，建成一批国家级、省级数字科技创新载体，DCMM（数据管理能力成熟度评估模型）贯标企业数达到200家，建设2~3家数据资源流通交易机构
		政策	《江苏省"十四五"数字经济发展规划》
7	浙江省	目标	2022年，浙江省数字经济增加值将在4万亿元以上，占全省GDP比重超过55%。"十四五"期间，数字经济增加值占全省GDP比重为60%左右。深入实施数字经济5年倍增计划，大力建设国家数字经济创新发展试验区，打造数字强省、云上浙江
		政策	《浙江省数字经济发展"十四五"规划》
8	安徽省	目标	"十四五"期间，数字经济增加值占地区生产总值比重明显上升。大力发展数字经济，推进数字产业化和产业数字化，打造数字科技创新先行区和数字经济产业集聚区。做大做强"中国声谷"。到2030年，安徽省全面步入数字时代，"数字江淮"成为现代化五大发展美好安徽的重要标志
		政策	《"数字江淮"建设总体规划（2020—2025年）》
9	山东省	目标	2022年，山东数字经济占全省GDP比重由35%提高到45%以上，年均提高2个百分点以上。到2025年实现一、二、三产业重点行业领域数字化改造全覆盖，高水平建成山东半岛工业互联网示范区，规模以上工业企业智能化改造覆盖面在90%以上，打造具有全球重要影响力的产业数字化创新发展策源地。全省数字经济总量年均增幅达到11%，数字经济核心产业增加值占全省GDP比重力争超过10%
		政策	《山东省"十四五"数字强省建设规划》
10	河南省	目标	通过建设三级一体化省大数据中心、建设国家（郑州）数据枢纽港等措施，助力我省在2022年底建成数字政府建设国家标杆省。"十四五"期间，数字经济核心产业增加值占地区生产总值比重年均增长2.5%。打造具有竞争力的数字产业集群，建设数字经济新高地
		政策	《河南省"十四五"数字经济和信息化发展规划》

续表

序号	地区		目标及政策
11	河北省	目标	"十四五"期间，深化数字经济和实体经济融合发展，加快数字产业化、产业数字化。深入推进"上云用数赋智"行动，构建生产服务+商业模式+金融服务的数字化生态体系。到2025年，全省电子信息产业主营业务收入突破5 000亿元。雄安新区成为我国信息智能产业创新中心和数字经济创新发展引领区
		政策	《河北省数字经济发展规划（2020—2025年）》规划提出实施7项主要任务，着力构建从多元归集、整合共享、开放流通到社会应用的产业链条
12	湖南省	目标	2022年，湖南省力争数字经济增长15%以上。到2025年，全省数字经济规模进入全国前10强，突破2.5万亿元，"十四五"期间，推动数字产业化。充分发挥数据新要素的重要作用，培育壮大数字经济核心产业，建设全国数字经济创新引领区、产业聚集区和应用先导区。到2025年，数字经济核心产业增加值占地区生产总值比重达11%
		政策	《湖南省数字经济发展规划（2020—2025年）》
13	湖北省	目标	"十四五"期间，加快建设数字湖北，培育3~5家数字经济全球知名企业，出现一批全国知名的数字经济领军企业，到2025年湖北省数字经济核心产业增加值占全省GDP的比重达到10%，重点建成"四区两中心"
		政策	《湖北省数字经济发展"十四五"规划》
14	江西省	目标	2022年，数字经济增加值年均增速26%以上，在1.5万亿元以上，建成4万个5G基站。"十四五"期间，实施数字经济"一号工程"，加快数字化发展，推进数字产业化和产业数字化，推动数字经济和实体经济深度融合。打造全国数字经济发展新高地
		政策	《江西省"十四五"数字经济发展规划》
15	山西省	目标	2022年，全省数字经济创新发展基础进一步筑实，数字经济规模突破0.5万亿元。到2025年，全省数字经济迈入快速扩展期，数字经济规模达到0.8万亿元。培育2~3个具有国际影响力、若干具备国内牵引性、一批区域竞争力强的数字经济领域企业
		政策	《山西省加快推进数字经济发展的实施意见》围绕"网、智、数、器、芯"五大领域统筹布局全省数字经济发展体系
16	辽宁省	目标	"十四五"期间，推进数字产业化和产业数字化，推动数字经济和实体经济深度融合，加快发展智慧政务、智慧教育、智慧医疗、智慧物流、智慧交通、智慧金融，深植"数字基因"，加快辽宁"数字蝶变"
		政策	《数字辽宁发展规划（2.0版）》提出到2035年，高水平建成网络强省，跻身创新型省份前列，高质量建成数字辽宁、智造强省
17	贵州省	目标	"十四五"期间，大力推动数字产业化，实施数字经济万亿元倍增计划，深入开展大数据"百企引领"行动。到2025年，数字经济规模占地区生产总值比重33%。数字经济核心产业增加值占地区GDP比重达10%
		政策	《贵州省"十四五"数字经济发展规划》
18	黑龙江省	目标	到2025年，引培国内一流企业50家以上，培育"瞪羚"企业20家，"独角兽"企业5家。到2025年，数字经济核心产业增加值占全省GDP比重达到10%，数字经济实现跨越式发展，成为东北地区数字经济发展新龙头
		政策	《黑龙江省"十四五"数字经济发展规划》明确8方面重点任务，以厚积薄发之势构建形成龙江特色数字经济产业发展体系
19	海南省	目标	"十四五"期间推进数字产业化和产业数字化，推动数字经济和实体经济深度融合，构筑开放型数字经济创新高地
		政策	《智慧海南总体方案（2020—2025年）》

续表

序号	地区		目标及政策
20	陕西省	目标	2022年，全省数字经济总量接近0.5万亿元。"十四五"期间，深入贯彻网络强国、数字中国国家战略，实施网络强省建设行动，推进数字产业化和产业数字化，培育数据要素市场，推动数字经济和实体经济深度融合。到2025年，数字经济核心产业增加值占地区生产总值比重达5%
		政策	《陕西省"十四五"数字经济发展规划》
21	四川省	目标	2022年，全省数字经济总量超2万亿元。"十四五"期间，加快建成全国领先的数字经济发展高地。到2025年全省数字经济总量超3万亿元，占全省GDP比重达到43%。数字经济核心产业增加值占全省GDP比重达到全国平均水平
		政策	《四川省"十四五"数字经济发展规划》提出七大发力方向、21项重点任务，并设置17个专栏、57项重点工程
22	吉林省	目标	"十四五"期间，"数字吉林"建设取得重大突破，经济社会运行数字化、网络化、智能化水平大幅提升，大数据、云计算、"互联网+"、人工智能成为产业转型重要支撑，信息化带动力持续增强，数字社会、数字政府建设深入推进，数字红利进一步释放。到2025年，数字经济核心产业增加值占地区生产总值比重达10%
		政策	《"数字吉林"建设规划》
23	青海省	目标	立足青海省信息化发展现状，完善数字基础设施建设：深入实施"网络强国"战略、全面推动网络设施迭代升级、充分发挥数据中心支撑作用。加强数字技术创新应用：提升数字科技创新能力、加快关键数字技术攻关、打造优质创新创业生态
		政策	《青海省"十四五"工业和信息化发展规划》
24	福建省	目标	2022年，全省数字经济增加值在2.6万亿元以上，年均增长15%以上，占全省GDP的比重达50%。到2025年，全省数字经济增加值超过4万亿元，成为数字中国建设样板区。数字经济核心产业增加值占全省GDP比重提高3个百分点，年均提高0.6个百分点
		政策	《福建省做大做强做优数字经济行动计划（2022—2025年）》实施八大行动，部署27项工程，做大做强做优数字经济
25	云南省	目标	到2024年，全省数字经济核心产业主营业务收入较2020年翻一番，达到3 160亿元。到2025年，数字经济核心产业增加值占地区生产总值比重达6.5%
		政策	《云南省数字经济发展三年行动方案（2022—2024年）》
26	甘肃省	目标	2025年，实现"一年显成效、三年上台阶、五年树标杆"，数据要素市场基本建立，数字产业化发展活力不断增强，产业数字化水平有效提升，打造东西部算力资源调度先导区、全域经济数字化转型样板区、社会治理创新应用示范区。数字经济规模总量突破0.5万亿元，数字经济增加值占全省GDP的比重上升15个百分点
		政策	《甘肃省"十四五"数字经济创新发展规划》
27	内蒙古自治区	目标	2025年，全区数字技术融合创新及信息产业支撑能力显著增强，数字经济核心产业增加值占地区生产总值比重在2.5%左右。为"东数西算"工程提供有力支撑，打造面向欧亚的21世纪数字丝绸之路重要战略枢纽
		政策	《内蒙古自治区"十四五"数字经济发展规划》
28	宁夏回族自治区	目标	2025年，数字基础设施基本完善，数字产业化体系初步形成，特色农业、新型材料、绿色食品、清洁能源、文化旅游等重要领域和重点行业数字化转型基本完成，数字经济发展生态体系基本形成，数据资源价值进一步释放，全力建设"西部数谷"，努力建设西部数字经济创新发展新高地
		政策	《宁夏回族自治区数字经济发展"十四五"规划》重点突出八大主要任务，精准实施5项专项行动

续表

序号	地区		目标及政策
29	广西壮族自治区	目标	加快数字广西建设。以共建数字丝绸之路为引领，依托中国-东盟信息港，实施大数据战略，加快数字产业化、产业数字化，推动数字经济和实体经济深度融合。到2025年，数字经济规模占地区生产总值比重达35%
		政策	《广西数字经济发展三年行动计划（2021—2023年）》从11个方面提出40项加快数字经济发展的重点任务
30	新疆维吾尔自治区	目标	2025年，数字经济增加值占地区生产总值比例达35%。推进"天山云谷"等应用服务，推动数字产业化和产业数字化，促进数字经济和实体经济深度融合。提升全民数字技能，实现信息服务全覆盖。提高网络安全防护能力，打造数字经济网络安全保障体系
		政策	《新疆维吾尔自治区国民经济和社会发展第十四个五年规划和2035年远景目标纲要》
31	西藏自治区	目标	2025年，数字基础设施完善。实现骨干网与全国重要城市直接联通，算力网络国家枢纽节点建设初见成效；5G基站数量达4.5万个，万物互联、人机交互、天地一体的网络基本形成，数据中心规模、技术水平和服务能力达到国内一流，建成支撑全国、辐射亚欧的数字基础设施基地。数字经济核心产业增加值占地区GDP比重在2.5%左右
		政策	《西藏自治区"十四五"信息通信业发展规划》

第 2 章

数字创新创业思维

王军与小未科技的数字化创业之旅

2003年,出于少年时代对计算机技术的浓厚兴趣,18岁的王军考入广东科学技术职业学院,成为计算机网络技术专业的一名学生。不满足于课堂上按部就班的知识传授,他凭借过人的自学能力和探索精神,短短数月就掌握了网站开发的技能。

彼时,"非典"的暴发证实了数字移动技术和互联网的有效性,中国互联网行业正式迎来了春天。王军注意到,在头部公司的示范效应下,无数小公司开始搭建自己的官方网站来开展业务,但它们缺乏相关的人才储备,一时间社会上对于计算机方面的人才需求激增。这让王军嗅到了一丝机会,他开始承接起为企业搭建网站的业务。渐渐地,"广科院一个叫小王的学生"的名气不胫而走,王军赚到了他人生中的第一桶金。2007年底,王军和几位志同道合的同学成立了工作室,继续做网站开发、软件开发、网页游戏等业务。然而这一次,王军没能延续单打独斗做网站的"好运"。初出茅庐的大学毕业生,空有一身技术和满腔热情,没有足够的管理经验和社会阅历,很快便体会到了创业的残酷。资金缺乏,拓客困难,让誓要做出一番事业的合作伙伴开始对创业产生怀疑。

2009年,王军和伙伴们不忍心看着一手建立起来的工作室以解散而告终,更不甘心自己的创业梦想才刚刚起步就夭折。考虑到当时社会上能做网站开发的人才已经很多,很多传统企业也纷纷建立起了互联网技术人才储备库,所以他们一致认为,很难继续在这个竞争激烈的赛道中分得一杯羹,于是,他们痛定思痛,开始思考企业转型的问题。

当时,正值手机市场从功能机向智能机过渡的关键一年。王军注意到,市面上逐渐流行起智能机真机试用体验的营销模式,营业厅和卖场对于手机防盗器的需求远大于国内市场的供给。而他们所拥有的技术能力,完全可以胜任手机防盗器的设计与开发。于是王军和合作伙伴成立了珠海佰誉电子科技有限公司(以下简称"佰誉电子"),注册了"灵灵狗"品牌,专注于手机防盗展示支架的研发、设计、生产,这也是日后小未科技的前身。随后,通过为运营商营业厅和3C(计算机、通信、消费电子产品)卖场提供高品质的开架体验式营销整体解决方案,佰誉电子很快成为专业的集成设备供应商,占据了国内70%的市场份额,年产值超2亿元人民币。多款产品以"BAIYU"

为品牌，销往美国、澳大利亚、日本、印度等60多个国家。

但是，在开架体验式营销的快车道上驰骋了几年之后，王军逐渐察觉到，市场的风向又变了。4G技术破除了移动上网网速的瓶颈制约，移动应用场景得到了极大丰富，无数基于移动互联网的服务模式和商业模式如雨后春笋般涌现。越来越多的人开始通过移动端App办理业务和购买子产品，营业厅和卖场对于防盗展示支架的需求开始减少。随之而来的是市场不断萎缩，公司发展陷入停滞。王军知道，就像当年他们从网站开发转型到防盗支架一样，想要再次扭转局面，必须找到新的商业机会。然而这一次，他们面对的困难比5年前大得多。在探索了多个领域的创业机会仍未果后，王军冷静了下来。他和团队一起坐下来，深入剖析了自身优劣势，复盘了防盗支架的成功经验，决定要扬长避短，在团队熟悉并擅长的技术领域内继续寻找机会。

随后，王军注意到了"智能家居"，直觉告诉他：下一个机会似乎已经来了。此前在手机防盗支架方面的经验，让王军他们将目光瞄准了智能门锁这一细分市场。2017年，在佰誉电子的技术底子上，王军和合作伙伴正式成立了小未科技，专攻自主品牌的智能门锁。凭借过硬的技术优势和人才储备，公司旗下"灵灵狗"品牌系列中第一款兼具安全性、便利性、美观性的复合型智能锁具在这一年诞生。随后，小未科技不断挖掘智能门锁新场景，拓宽产品线，实现功能叠加，除了家居场景外，逐渐进入公租房、学校宿舍、工业园区等场景中，打通了与个人消费者之间的联系，真正成为连接起OEM（原始设备制造商）和消费者这两"点"的一条"线"。

王军不甘于此，他认为打造数字化平台，与客户建立更广泛、更频繁的"数智"连接是未来的发展趋势。疫情的暴发，加剧了消费者对家居生活的美好向往，进一步催生了人们对智能家居的需求。这也坚定了小未科技以此为契机重塑商业模式的决心。小未科技技术团队开发了一系列相关的智能安防类家居产品，借助"小未智能"App实现产品间的数据共享与互联互通，逐步架构起智能家居产业互联网。在基础设施方面，其建立开放式数字平台实现不同品牌、不同品类的智能家居硬件产品间的协同。在软件层面（SaaS），其囊括了多种产品硬件组合和解决方案。王军相信，"智能单品之间的协同与场景化的构建才是智能家居的核心需求"。在云计算服务方面（PaaS），其通过与阿里云深度合作实现数据在小未平台和产品硬件之间的互联互传，以及在小未科技和硬件厂商之间的共通共享。此外，小未可以通过算法来协同和打通不同硬件产品的数据，串联并优化多种通信协议下的智能家居产品。如此"数字"赋能，进一步吸引了更多传统制造商加入小未打造的生态系统中。

王军认为，小未科技是一家由"终端、服务、平台"组合而成的企业，"核心硬件＋差异化平台"是小未的竞争优势所在。眼下，小未科技正和珠海市政府、珠海市公交集团合作推进电子学生证和老年证项目。同时，其与中国澳门特别行政区正在计划打造一项智慧养老公寓项目。做自己的云计算平台——小未云也在筹备中，王军指出，在未来，智能家居硬件产品仍然有广阔的市场等着小未科技去开发。

资料来源：汪玥琦，赵子溢，胡辰光.藏器于身，侍时而动：王军与小未科技的数字化创业之旅

[Z]. 中国管理案例共享中心案例库，2021.

案例思考题

1. 数字化背景下，王军在创立小未科技的过程中遇到了哪些创业机会？
2. 请结合佰誉电子到小未科技的发展过程，谈谈你对数字创业的理解。
3. 你认为数字技术是如何帮助小未科技实现商业成功的？请总结这个过程中王军作为创业者提供的创新创业思维。
4. 作为智能家居领域平台型企业，小未科技的实践能够为其他企业提供什么样的借鉴经验？

2.1 创新与创业的时代意义和"新动能"

2.1.1 创新与创业的时代意义

随着技术变革与进步，创新与创业正在对经济和社会的发展产生重要且深远的影响，特别在当下，创新和创业具有重要的时代意义。

习近平总书记指出，创新是一个民族进步的灵魂，是一个国家兴旺发达的不竭动力，也是中华民族最深沉的民族禀赋。在激烈的国际竞争中，唯创新者进，唯创新者强，唯创新者胜。只有坚持开拓创新，才能在国际竞争中立于不败之地，才能让国家立于世界强国之林，早日实现中华民族伟大复兴中国梦。

就业是民生之本，是人民改善生活的基本前提和基本途径。近年来，在全球金融危机，地缘政治冲突，新冠疫情的影响下，企业尤其是中小企业经营阻力加大，而我国又是一个人口大国，在这个重大社会转型期就业矛盾较为突出。2022年高校毕业生规模首次超千万，规模和增量均创历史新高，就业形势严峻复杂。所以需要充分发挥创业带动就业的作用，激活我国的人力资源市场，实现就业倍增效应。

创业可以有效解决社会问题。创业的本质是发现问题并解决问题，通过解决问题为客户创造价值。而问题的大小，决定着创造出价值的大小。有理想的创业者会不断追求解决社会问题，为经济和社会创造出巨大价值，并从中获取超额收益。只有不断地进行价值创造，才能让创业之路充满活力。

创业可以促进科技成果转化。创业作为科学技术最终转化为现实生产力的桥梁，有利于提升科技创新和产业发展活力。随着科技型创业的加快发展，产学研用更加协同，能有效提升科技成果转化率，并创造优质供给和扩大有效需求，增强经济发展的内生动力。同时科技型创业也有利于提升科技创新能力，为创新型国家的构建和提高国家竞争力提供有力支撑，以科技强国支撑现代化强国。

创业可以促进产业结构调整。随着我国经济的发展和改革的深入，产业机构的调整已经加快步伐，当下国家大力发展数字经济，新经济的蓬勃发展需要更多市场主体的参与，而创业可以为新经济的发展注入新鲜血液，有利于社会资源的合理配置，促进知识向资本的转化，在国家的指导方针下推动经济结构的战略性调整。

2.1.2 创新与创业的"新动能"

习近平总书记指出，世界正进入数字经济快速发展的时期，5G、人工智能、智慧城市等新技术、新业态、新平台蓬勃兴起，深刻影响全球科技创新、产业结构调整、经济社会发展。近年来，中国积极推动数字技术同经济社会发展深度融合，数字技术成为当下创新与创业的"新动能"。

数字技术是指改进了的信息通信技术或系统，既包括数字硬件等物理部分，也包括网络连接、访问和操作等逻辑部分，还包括数据、产品、平台和基础设施等结果部分。[①]

数字技术推动了创新计划的实施和创新资源的交换。数字技术不仅能扩大企业可获得的资源范围，减少市场中的信息不对称，降低创新实施的资源门槛，还能突破时空限制，通过数字平台对接全球创新资源，推动资源的交换。

数字技术的发展提供了更多的创业机会。数字技术有利于企业了解客户的需求和不断变化的环境，从而识别有价值的新机会。例如，以抖音等为代表的企业在创业实践中，并非从需求预测和供给组合的角度发现新机会，而是从反映用户行为的大数据中挖掘新机会。

数字技术的发展为创业活动提供了资源和技术支持。大数据、云计算、人工智能等数字技术为传统企业进行再创业或数字化转型提供了技术支持。并且数字技术颠覆了资源不可再生性等假设，使得数字创业企业在满足顾客需求的过程中能够生成新的数字资源。基于数字平台的开放性和自生长性，数字技术还能降低创业资源的获取门槛，提升资源交换的效率。

数字技术的发展丰富了创业团队的形式。由于数字技术不受物理空间的限制，创业者可借助数字平台建立虚拟团队、人机组合团队等多种形式的创业团队。

2.2 创新与创新思维

2.2.1 创新的概念

创新，英文是"innovation"，起源于拉丁语，原意是更新、创造新的东西或者改变。

创新从社会学角度可被解释为，人们为了发展的需要，运用已知的信息，不断突破

[①] 郭海，杨主恩. 从数字技术到数字创业：内涵、特征与内在联系[J]. 外国经济与管理，2021, 43(9): 3-23.

常规，发现或者产生某种新颖、独特的有社会价值或个人价值的新事物、新思想的活动。

创新也能从经济学角度进行解释，1912年，美国学者约瑟夫·阿洛伊斯·熊彼特在其著作《经济发展理论》[①]中首次提出"创新理论"，认为创新是"建立一种新的生产函数"，即"生产要素的重新组合"，将生产要素和生产条件进行新组合并产生新价值。熊彼特还界定了创新的五种形式，包括引进新产品、采用新生产工艺和方法、开辟新的市场、发掘新的原材料供给、实现新的管理。熊彼特的创新概念包含范围很广，不仅涉及技术性变化的创新，还涉及非技术性变化的组织创新，对后世影响深远。

随着社会与经济的发展，"创新"一词被赋予更多的含义。"现代管理学之父"彼得·F.德鲁克将创新引入管理，提出创新是组织的一项基本技能，是管理者的一项重要职责。2000年，经济合作与发展组织提出，创新的含义比发明、创造更为深刻，它必须考虑到经济上的运用，实现其潜在的经济价值。只有当发明创造引入经济领域，它才成为创新。因此本书认为创新在概念上应强调其在经济领域的价值，从而与其他相似概念区分开来。

2.2.2 创新的分类与层次

1. 创新的分类

虽然创新的种类和分类标准是无穷尽的，但是基于不同视角，可以把创新分为以下主要类型。

（1）根据创新的表现形式分为知识创新、技术创新、服务创新、制度创新、组织创新、管理创新。知识创新是指通过科学研究，包括基础研究和应用研究，获得新的基础科学和技术科学知识的过程；技术创新是以创造新技术为目的的创新或以科学技术知识及其创造的资源为基础的创新；服务创新是指新的设想、新的技术手段转变成新的或者改进的服务方式；制度创新是社会政治、经济和管理等制度的革新；组织创新是指组织所进行的一项有计划、有组织的系统变革过程；管理创新则是指组织形成创造性思想并将其转换为有用的产品、服务或作业方法的过程。

制度创新案例

中国实行改革开放

1978年12月党的十一届三中全会后，中国开始实行**改革开放**，安徽省凤阳县小岗村实行"分田到户，自负盈亏"的**家庭联产承包责任制**，拉开了中国对内改革的大幕。在城市，国有企业的自主经营权得到了明显改善。1979年在部分沿海城市

[①] 熊彼特. 经济发展理论[M]. 北京：中国人民大学出版社，2019：252.

试办经济特区，80年代中期各个领域的改革也开始启动。1993年建立了**社会主义市场经济体制**。改革开放以来，我们党和国家取得了社会主义现代化建设举世瞩目的成就，创造和积累了丰富的实践经验。如今，我国已成为全球第二大经济体，最大的发展中国家。由此可见，制度创新作用之大。

（2）根据创新的程度分为渐进性创新、突破性创新。渐进性创新是指组织针对工艺或产品进行的局部或改良性的创新。突破性创新是指有根本性重大技术变化的创新。

渐进性创新与突破性创新案例

苹果智能手机

以手机行业为例，2007年苹果公司（Apple）推出的第一款智能手机iPhone一代，采用的是点控操作技术，对于以诺基亚手机为代表的键盘式手机而言，就属于**突破性创新**。在之后的智能手机时代，智能手机屏幕越来越大，机身越来越薄，则属于**渐进性创新**。

（3）根据创新的方式分为自主创新、改进型创新、合作创新。自主创新是指在自主掌控下，利用一切可利用资源，形成原创的产品以及技术上的竞争力，并形成持续创新能力。改进型创新是指在模仿基础上进行创新的模式。其有两种方式：一种是完全模仿创新，即对现有市场上产品的完全仿制；另一种是改进式的模仿，通过改进被模仿对象的某些特征或技术性能而进行创新。合作创新是指各创新主体合作开展创新的模式。

2. 创新的层次

在上述创新分类的基础上，创新又可分为基础性创新、支撑性创新、应用性创新三个层次。基础性创新指文化创新、社会制度创新和重大科学理论创新。支撑性创新指技术创新、产业创新和组织创新。应用性创新指产品创新、商业模式创新和管理创新等。

2.2.3 创新的特点

（1）新颖性。"新"是创新的本质特征，创新就是扬弃现有的不合理事物，确立新的事物。具体而言，新颖性又分为绝对新颖性、局部新颖性和主观新颖性三个层次。

（2）目的性。创新强调创造新的价值，可以是经济价值或者社会价值。因此创新活动通常带有一定的目的，例如，更好地解决客户问题、更好地满足客户需求。

（3）超前性。创新就是相对于他人的首创行为，因此社会认知必然滞后于创新，创新总是超前的。

（4）风险性。由于创新的超前性和新颖性，在特定情境中没有可参考的对象，实现创新的过程和方法都需要探索，创新既可能成功也可能失败，这种不确定性导致了创新的风险。

2.2.4 创新的过程

创新的过程一般分为三阶段，即准备阶段、探索阶段、实施阶段，三个阶段循环进行。

1. 准备阶段

共情，即接纳、认同对方的情绪，并从对方的角度去理解他。创新者通过搜集和整理资料以及调查来更好地了解创新的受众，并理解和收集受众的真实需求；确定问题，创新者在共情的基础上，根据受众的需求提炼出当前需解决的问题，厘清创新的方向。

2. 探索阶段

形成想法，创新者开始寻找解决问题的突破口并有所顿悟，通过头脑风暴获得创新性的解决方案；制作原型，通过动手把想法制作成可视化、可触摸的实体原型，实现对想法的真实可靠的展示。

3. 实施阶段

测试，与受众一起制作测试模型，重新审视制作出的模型，并根据受众的反馈对模型进行迭代，优化和完善解决方案；实施，记录最终的解决方案并付诸实施，完成创新并投入新一轮创新中去。

2.2.5 创新思维的概念及本质特征

1. 创新思维的概念

创新思维，又称为创造性思维，就是突破常规思维方式的约束，思考并产出新成果的思维。简而言之，其就是通过思考并决定采用一种新方式来解决某件事的思维过程。它是一个相对概念，是相对于常规思维而言的。创新思维是在现有科学认知基础之上产生的，是一种具有开创意义的思维活动，即开拓人类新的认知结构，而不是天马行空的想象。

2. 创新思维的本质特征

（1）求异性。创新思维的本质是求异、求新，具有前所未有的特征。创新思维本身就是一个求异性的思维方式。求异性又称为新颖性、原创性和突破性。所谓求异性，是指在认识过程中着力于发掘客观事物之间的差异性、现象与本质的不一致性、已有知识与客观实际相比具有的局限性，是对常见现象和人们已有的习以为常的认识持怀疑、分析、批判的态度，在怀疑、分析和批判中去探索符合实际的客观规律。换句话说，求异性就是学会用"新眼光"去看待问题，突破思维的惯性。

（2）求实性。创新思维的求实性就是发现社会的需求，发现人们在理想与现实之间的差距，并从满足社会需求，缩小理想与现实的差距的角度出发，拓展思维，强调其目的性。

（3）探索性。创新思维是一种具有开创意义的思维活动，即开拓人类认识新领域、新成果。在思维的开拓过程中，必定对新的信息和未知事物进行探索，一项创新思维成果往往要经过长期的探索、刻苦的钻研，甚至多次的挫折方能取得。

（4）合作性。任何事物都是作为系统而存在的，都是由相互联系、相互依存、相互制约的多层次、多方面的因素，按照一定结构组成的有机整体。这就要求创新者在思考过程中多多合作，通过对已有智慧、知识的碰撞和融合，进行全方位、多层次、多方面的分析，在不同知识和背景合作的基础上去思考，而不是孤立地观察事物。

（5）灵活性。创新思维的灵活性是指遇到难题时在短时间内迅速调动思维能力，善于巧妙转变思维方向，随机应变，调整思路不拘泥于某一种模式，从而产生适宜的解决办法。

2.2.6 常用的创新思维方式

1. 发散思维与聚合思维

发散思维是指大脑在思考时呈现的一种扩散状态的思维方式，它表现为思维视野广阔，思维呈现多维散发状。发散思维能从仅有的信息中扩散开，并从这种辐射式的思考中求得多种不同的解决办法，衍生出不同的结果。数学中常用的一题多解就是运用发散思维。发散思维包括联想、平面、立体、逆向、侧向、横向思维等非逻辑思维形式。

聚合思维，又称求同思维、收敛思维，是指从已知条件和既定目标中寻求唯一答案的一种思维方式。聚合思维包括分析、综合、归纳、演绎、科学抽象等逻辑思维和理论思维形式。数学中常用的综合法、归纳法、反证法等证明方法均属于聚合思维的范畴。公安人员破案时，要从各种迹象、各类被怀疑人员中发现作案人和作案事实等，这也是运用聚合思维。

发散思维和聚合思维都是创新思维的重要组成形式，两者相互联系，密不可分。只有发散，没有收敛，必然导致混乱；只有收敛，没有发散，必然导致呆板僵化，抑制思维的创新。因此，创新必然经过由发散到聚合，再由聚合到发散，多次循环往复的思维过程，直到问题的解决。

2. 灵感思维与直觉思维

灵感思维是灵感的产生过程，即经过大量的、艰苦的、长期的思考之后，受到某些事物的启发，或在转换环境时，突然得到某种特别的创新性设想的思维方式。正如美国发明家爱迪生所说，"天才，就是百分之一的灵感加上百分之九十九的汗水"，没有百分之九十九的汗水，就不可能产生那百分之一的灵感。例如，德国化学家凯库勒长期从事苯分子结构的研究，一天由于梦见蛇咬住自己的尾巴形成环形而突发灵感，得出苯分子的六角形结构式。所以灵感的产生是建立在长期的实践摸索基础之上的。

直觉思维是人们对一个问题未进行逐步分析，仅依据内因的感知，而迅速对问题作出判断，突然对问题产生顿悟的一种思维方式。要注意的是，直觉是以经验为基础的，越是熟悉的事物，越容易产生直觉，而经验是有限的，这一有限性会导致创新者凭直觉得出的结论出现错误。

直觉思维能力小故事

爱迪生测量灯泡容积

阿普顿刚到爱迪生的研究所工作时，爱迪生想考考他的能力，于是给了他一只实验用的灯泡，叫他计算灯泡的容积。一个小时过去了，爱迪生回来检查，发现阿普顿仍然忙着测量和计算。爱迪生说："要是我，就往灯泡里灌水，将水倒入量杯，就知道灯泡的容积了。"毫无疑问，普林斯顿大学数学系毕业的阿普顿，他的计算才能及逻辑思维能力是令人钦佩的，然而，这个问题表明，他所缺少的恰恰是爱迪生那样的直觉思维能力。

资料来源：王茜. 方法的重要性——爱迪生趣事[J]. 物理教学探讨，2009(8): 52.

直觉与灵感联系密切，二者都属于非逻辑性思维，表现出不连续的跨越的特点，但二者又有区别，如表2-1所示。

表2-1 直觉思维与灵感思维的区别

序号	区别	直觉思维	灵感思维
1	时间	在很短的时间对问题作出迅速而直接的判断	在产生之前长时间对课题进行顽强探索
2	思考对象	对出现在面前的事物或问题能给予迅速而直接的判断	常常出现在思考对象不在眼前，或在思考别的对象时
3	主体状态	主体意识清楚时产生	主体意识清楚时或主体意识模糊时都可以产生
4	产生原因	为了迅速解决当前的课题	在某种偶然因素的启发下顿悟使问题得以解决
5	出现方式	不是突然，在人的意料之中	带有突发性，使人出乎意料
6	结果	对该事物作出直接的判断和抉择	与解决某一问题相联系

资料来源：李伟. 创新创业教程[M]. 北京：清华大学出版社，2019：51.

3. 逻辑思维与形象思维

逻辑思维，也称抽象思维，是思维的一种高级形式，是符合某种人为指定的思维规则和思维形式的思维方式。我们常说的逻辑思维主要是遵循传统形式逻辑规则的思维方式。逻辑思维是确定的，而不是模棱两可的；是前后一贯的，而不是自相矛盾的；是有条理、有根据的。

形象思维就是用直观形象和表象解决问题的思维。形象思维的原理是神经结构与外部事物建立一一映射关系，只要激活了这群细胞，我们就会产生与看到、听到外部对象一样或类似的心理感受。

形象思维是原生的，逻辑思维主要靠后天的培养。人类的逻辑思维是建立在形象思维的基础上的。形象思维对信息的加工是平行加工，从整体上把握住问题；而逻辑思维对信息的加工是系列加工，需要一步一步、首尾相接地、线性地进行。所以形象思维常用于问题的定性分析，逻辑思维用于抽取事物的本质和共性，给出精确的定量关系，在实际的思维活动中巧妙结合二者，协同使用。

4. 正向思维与逆向思维

正向思维就是人们在创造性思维活动中，沿袭某些常规逻辑去分析问题，按事物发展的进程进行思考、推测，是一种从已知到未知，通过已知来揭示事物本质的思维方法。

逆向思维就是让思维向对立面的方向发展，从问题的相反方向进行深入的探索。人们常顺着事物发展的正方向去思考问题，从而寻求解决问题的办法。但对于某些问题，从结论倒推，从求解顺利回到已知条件时，或许会使问题简单化。正向思维常常用来解决问题，而逆向思维则使问题获得创造性的解决。

2.3 创业与创业思维

2.3.1 创业的概念

创业是一种长期且普遍存在的社会现象，有广义和狭义之分。广义上的创业是指创造新的事业的过程，狭义上的创业是指创建新的企业。

"创业"一词的英文是"entrepreneurship"，源于"企业家"（entrepreneur），这体现出"企业家"与"创业"密不可分的关系，而企业家又和创业精神联系在一起，它也被逐渐赋予"企业家精神"这一概念。

随着创业领域研究的不断发展，不同学者对创业的内涵有着不同的理解。美国学者迈克尔·H.莫里斯等通过考察创业定义中出现的关键词频数，提出了一个综合性的认知观点：创业是一个活动过程，它一般包括机会、一个或更多的超前性创业者个体、组织情景、风险和创新、资源等，通过这个过程可以产出新企业或新事业、价值、新产品或过程、利润或个人利益及增长等。[①]对于创业的定义，学者们给出的定义有很

---

① MORRIS M, LEWIS P, SEXTON D. Reconceptualizing entrepreneurship: an input-output perspective[J]. SAM advanced management journal, 1994(1): 21-31.

多,本书采用英国学者霍华德·H.史蒂文森的定义：创业是不拘泥于当前资源条件的限制下对机会的追寻,组合不同的资源以利用和开发机会并创造价值的过程。[①]至于创业未来会怎样变化,荷兰学者马可·范·格尔德伦等对2030年的创业进行了预测,并归纳出24个不同的主题,如表2-2所示。

表2-2 未来创业可能涉及的主题

序号	创业的主题	一阶编码个数	序号	创业的主题	一阶编码个数
1	什么不会改变,什么会改变	79	13	投资—金融	36
2	零工经济	70	14	财富不平等	34
3	人工智能—自动化	63	15	速度	33
4	数字化-技术	59	16	利润—混合	32
5	政府	58	17	发展中—发达经济体	31
6	人口统计资料	56	18	企业创业	31
7	环境	56	19	企业家精神的重要性	27
8	大众创业	49	20	必要性	24
9	位置	45	21	协作—伙伴关系	20
10	行业	42	22	创业知识、教育与培训	18
11	统治—两极分化	41	23	客户理解	17
12	社会创业	37	24	幸福	15

资料来源：VAN GELDEREN M, WIKLUND J, MCMULLEN J S. Entrepreneurship in the future: a Delphi study of ETP and JBV editorial board members[J]. Entrepreneurship theory and practice, 2021, 45(5): 1239-1275.

2.3.2 创业的类型

随着创业活动的活跃,创业活动的类型也呈现多样化的趋势,从不同角度可以分为以下不同类型。

1. 生存型创业、机会型创业、成就型创业和创新驱动型创业

按照创业者的创业动机,创业分为生存型创业、机会型创业和成就型创业。生存型创业是指没有比进行创业行为更好的选择,为了谋生不得不或不完全自觉地走上创业之路。不少下岗职工的创业行为便属于这种类型。机会型创业是指创业行为的动机出于个人抓住现有机会并实现价值的强烈愿望,创业有更好的机会。创业者由于有强烈的创业意愿,往往敢于开拓新市场、创造新需求,更容易做大、做强。成就型创业是指为追求卓越或渴望在竞争环境中取得成功而进行的创业活动。这类创业者通常想获得高收入、杰出的社会地位或他人认可。

在新经济时代,以科技创新为核心的全面创新为创业提供了动力源泉。陈晓红院士等[②]认为创新驱动型创业是指,以新兴技术开发或应用为基础,以制度创新

[①] STEVENSON H, GUMPERT D E. The heart of entrepreneurship[J]. Harvard business review, 1985, 63(2): 85-94.

[②] 陈晓红,蔡莉,王重鸣,等.创新驱动的重大创业理论与关键科学问题[J].中国科学基金,2020,34(2): 228-236.

为条件,以创造新价值或探索价值创造新方法为基本逻辑的创业活动。蔡莉等[1]认为,创新驱动创业是国家战略在企业层面的发展模式和路径,具有跨层面、多主体和迭代性三大特征。

2. 个体创业与公司创业

按照新企业创建的渠道,创业可以分为个体创业和公司创业。个体创业主要是指创业者个人或团队不依托于某一特定组织,白手起家开展的创业活动。公司创业主要是指已有组织发起的创业行为。虽然在创业本质上,公司创业和个体创业有许多共同点,但是由于起初的资源禀赋不同、组织形态不同、战略目标不同等,在创业的风险承担、成果收获、创业环境、创业成长等方面也有很大的差异。两者的主要差异如表 2-3 所示。

表 2-3 个体创业和公司创业的主要差异

个 体 创 业	公 司 创 业
• 创业者承担风险	• 公司承担风险,而不是个体与相关的创业生涯风险
• 创业者拥有商业概念	• 公司拥有概念,特别是与商业概念相关的知识产权
• 创业者拥有全部或大部分事业	• 创业者或许拥有公司的权益,可能只是很小部分
• 从理论上而言,对创业者的潜在回报是无限的	• 在公司内,创业者所能获得的潜在回报是有限的
• 个体的一次失误可能意味着创业生涯结束	• 公司拥有更多的容错空间,能够吸纳失败的经验与教训
• 受外部环境波动的影响较大	• 受外部环境波动的影响较小
• 创业者具有相对独立性	• 公司内部的创业者更多受团队的牵扯
• 在过程、试验和方向的改变上具有灵活性	• 公司内部的规则、程序和官僚体系会阻碍创业者的策略调整
• 决策迅速	• 决策周期长
• 低保障	• 高保障
• 缺乏安全网	• 有一系列安全网
• 在创业主意上,可以沟通的人少	• 在创业主意上,可以沟通的人多
• 至少在初级阶段,存在有限的经营规模和范围经济	• 能够很快地达到规模经济和范围经济
• 严重的资源局限性	• 在各种资源的占有上都有优势

资料来源:MORRIS M, KURATKO D. Corporate entrepreneurship[M]. Fort Worth: Harcourt College Publishers, 2002: 63.

3. 基于商业模式的分类

依据商业模式对创业进行分类也是一种常见的分类形式,在这方面,阿密特和佐特依照商业模式设计的中心,把创业分为以创新为商业模式设计中心的创业和以效率为商业模式设计中心的创业。[2]

---

[1] 蔡莉,张玉利,蔡义茹,等. 创新驱动创业:新时期创新创业研究的核心学术构念[J]. 南开管理评论, 2021, 24(4): 217-226.

[2] ZOTT C, AMIT R. Business model design and the performance of entrepreneurial firms[J]. Organization science, 2007, 18(2): 181-199.

其中，以创新为商业模式设计中心的创业是指，通过创新不同参与者之间进行经济交流的方式来开展的创业活动。这类创业的商业模式设计以创新为中心，如通过连接以前未连接的各方、以新的方式连接事务参与者或设计新的事务机制。

以效率为商业模式设计中心的创业是指通过商业模式能实现交易效率的创业活动。这类创业活动旨在降低所有交易参与者的交易成本，商业模式设计以效率为中心。例如，相较于传统的线下购物，常见的电子商务平台京东、淘宝等就降低了买卖双方的交易成本。

2.3.3　常用的创业思维方式

所谓创业思维，就是指如何利用不确定的环境创造机会的思考方式。在面对高度不确定性时，唯一可采取的措施就是开展行动，开展行动之前，应明确如何行动，本书介绍以下常用的创业思维。

1. 因果思维

因果思维是指创业者先决定一个预定的目标，然后选择实现该目标的方法。①因果思维下的创业流程如图 2-1 所示②，创业者先进行机会的识别和评估，从而建立目标，并利用已识别的机会制订计划来实现目标。然后，企业家筹集资源来开发解决方案；反过来参与创造东西的过程去抓住已识别的机会。最后进入市场，并根据市场反馈进一步完善产品或服务。

2. 效果思维

由于创业环境往往是高度动态的、不可预测的和模棱两可的，创业者在利用机会之前并不总是有足够的信息来迅速识别和评估机会，所以效果思维也能发挥重要作用。

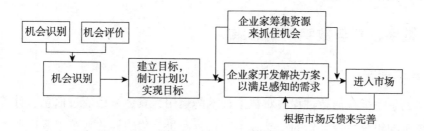

图 2-1　因果思维下的创业流程

资料来源：SHAH S K, TRIPSAS M. The accidental entrepreneur: the emergent and collective process of user entrepreneurship[J]. Strategic entrepreneurship journal, 2007, 1(1-2): 123-140.

---

① SARASVATHY S D. Causation and effectuation: towards a theoretical shift from economic inevitability to entrepreneurial contingency[J]. Academy of management review, 2001, 26(2): 243-288.

② SHAH S K, TRIPSAS M. The accidental entrepreneur: the emergent and collective process of user entrepreneurship[J]. Strategic entrepreneurship journal, 2007, 1(1-2): 123-140.

效果思维是指创业者不是专注于目标,而是专注于控制可用的一系列措施。[1]效果思维下的创业流程如图 2-2 所示[2],创业流程是从评估创业者所拥有的方法开始的,"我是谁""我知道什么"和"我认识谁",创业者对自身可用的方法进行评估,这使创业者可以考虑自己能做什么。然后创业者通过与他人的互动和与利益相关者的接触,发现新的方法,并建立新的目标,从而重新评估方法和可能的行动方案。最后,在确定最终的方法和行动方案后进入市场。

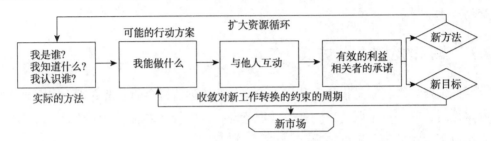

图 2-2　效果思维下的创业流程

资料来源:SARASVATHY S D, DEW N. New market creation as transformation[J]. Journal of evolutionary economics, 2005, 15(5): 533–565.

2.4　数字创新创业思维

随着大数据、云计算、人工智能等技术的爆发,以数字技术与创业活动交叉融合为特点的数字创新、数字创业领域迅速发展。作为创新、创业发展的新形态,数字创新、数字创业正在深刻地改变经济增长方式、实体经济形态和产业布局。多家市值数十亿美元的数字企业在过去几十年中掀起了数字创新的主要浪潮,例如,阿里巴巴和 Airbnb(共享经济)、京东和亚马逊(电子商务)、百度和谷歌(搜索业务)、腾讯和 Facebook(社交媒体)等。

2.4.1　数字创新与数字创新思维

1. 数字创新

数字创新是指在创新过程中对数字技术的运用,具体来说通过信息、计算、沟通和连接技术的组合,带来新的产品、生产过程改进、组织模式变革以及商业模式的创建和改变等。[3]数字创新包括三个核心要素,分别是数字技术、数字过程和创新产出。

---

[1] SARASVATHY S D. Effectuation: elements of entrepreneurial expertise[M]. Cheltenham: Edward Elgar Publishing, 2008.
[2] SARASVATHY S D, DEW N. New market creation as transformation[J]. Journal of evolutionary economics, 2005, 15(5): 533–565.
[3] NAMBISAN S, LYYTINEN K, MAJCHRZAK A, et al. Digital innovation management: reinventing innovation management research in a digital world[J]. MIS quarterly, 2017, 41(1): 223–238.

数字技术[①]：是指信息、计算、沟通和连接技术的组合，例如，大数据、云计算、区块链、物联网、人工智能、虚拟现实技术等。企业利用数字技术触发创新主要是依靠数字组件、数字平台和数字基础设施。例如，苹果 iOS 或谷歌 Android 通过为应用程序开发者提供数字平台来开发和迭代产品。

数字过程[②]：强调在一般创新过程中对数字技术的应用。数字技术的数据同质性、可重新编程性和可供性，使数字创新具有收敛性和自生长性。收敛性是指数字创新对时间和空间的限制降低，使得组织边界、部门边界甚至产品边界等变得模糊。例如，3D（三维）技术的使用让不同的参与者在不同时间和地点可以参与创新过程。自生长性指由于数字技术是动态的、可延展的、可编辑的，数字创新可以持续地不断改进、变化。最典型的例子是诸如手机 App 等数字产品可以根据用户的反馈及运营过程中出现的各种问题进行衍生创新，迭代创新等。

创新产出[③]：常用的创新产出包括产品创新、流程创新、组织创新和商业模式创新等。数字创新产出是在传统创新上的深入和拓展，根据创新产出的类型可以把数字创新进一步分为数字产品创新、数字过程创新、数字组织创新和数字商业模式创新，如表 2-4 所示。

2. 数字创新思维

思维决定行为，行为决定结果。数字化时代，一切都变得越来越不确定，要想实现价值创造，企业要以更灵活的思维、更包容的文化去应对不确定的环境。企业应该

表 2-4 数字创新的分类：基于创新产出的类型

类　　型	概　念　理　解
数字产品创新	• 是指对特定市场来说非常新的产品或服务 • 主要包含两大类：纯数字产品（例如，各类手机软件）；数字技术与物理部件相结合的产品（例如，智能家居产品）
数字过程创新	• 指数字技术（即信息、计算、沟通和连接技术的组合）的应用改善甚至重构了原有创新的流程框架 • 例如，物联网技术对企业生产流程各环节的支持
数字组织创新	• 是指数字技术（即信息、计算、交流和连接技术的组合）改变了组织的形式或者治理结构。 • 例如，阿里巴巴在 2015 年为适应数字经济而启动了中台战略，重构了组织模式和运行机制
数字商业模式创新	• 是指数字技术（即信息、计算、沟通和连接技术的组合）的嵌入改变了商业模式。 • 例如，永辉超市借助数字技术实现智慧零售商业模式创新

资料来源：刘洋，董久钰，魏江. 数字创新管理：理论框架与未来研究[J]. 管理世界，2020, 36(7): 198-217, 219.

[①] BHARADWAJ A, EL SAWY O A, PAVLOU P A, et al. Digital business strategy: toward a next generation of insights[J]. MIS quarterly, 2013, 37(2): 471-482.

[②] CIRIELLO R F, RICHTER A, SCHWABE G. Digital innovation[J]. Business & information systems engineering, 2018, 60(6): 563-569.

[③] 刘洋，董久钰，魏江. 数字创新管理：理论框架与未来研究[J]. 管理世界，2020, 36(7): 198-217, 219.

与时俱进，发展和明确与数字时代相契合的观念和思维模式。

（1）顾客思维。其要求在价值链各个环节中都以用户为中心，围绕用户考虑问题，包括与用户建立持久的关系，让用户参与产品研发的各个环节，收集用户反馈来改进产品的设计等。创新的核心是回归到顾客价值，只有这样，才有机会真正创造在不确定环境下的价值空间。我们要知道顾客最想要的是什么，最需要的是什么，其中著名的 4C 理论就是以顾客为中心，包括顾客、成本、方便、沟通四个方面，可以说抓住这四点，就简单理解了用户思维。

（2）长期思维。长期思维强调对世界的贡献，帮助改善每个人，实现长期发展。数字化时代，企业与环境的关系是一种共生关系。企业要以整体论的方式认识世界，要能与周边、与整个环境、与其他的伙伴产生价值。组织的使命是追求向善的力量，其实就是有能力跟外部环境做互动，并寻求力量的持久来源。

长期思维案例

腾讯公司的使命愿景

2019 年 11 月 11 日，是腾讯成立 21 周年纪念日。腾讯董事会主席兼首席执行官马化腾、腾讯总裁刘炽平及全体总办成员向 4 万多名员工发出全员邮件，正式公布腾讯全新的使命愿景为"用户为本，科技向善"，并将公司价值观更新为"正直、进取、协作、创造"。这是腾讯成立 21 年来第三次发布使命愿景。

科技是一种能力，向善是一种选择。选择科技向善，不仅意味着要坚定不移地提升我们的科技能力，为用户提供更好的产品和服务、持续提升人们的生产效率和生活品质，还要有所不为、有所必为。具体到行动，我们要"一切以用户价值为依归，将社会责任融入产品及服务之中"，更要"推动科技创新与文化传承，助力各行各业升级，促进社会的可持续发展"。

传承"正直"与"进取"，迈向"协作"与"创造"。企业鼓励员工继续"坚守底线、以德为先，坦诚公正不唯上"。强调"无功便是过，勇于突破有担当"的同时，赋予"进取"更高的标准和内涵，倡导员工不断追求卓越，并对管理干部有了更高的指引与要求。协作是指"开放协同，持续进化"。对内要求大家放大格局、打开边界，以开源的心态与各组织协同，用符合互联网思维的方法和工具进行协作；对外要广泛协同伙伴和生态力量，共创更大价值。创造意味着"超越创新，探索未来"。这就需要我们不断突破现有思维，保持对前沿和未来领域的关注和投入，以更有分量、更具结果的导向去创造更大的价值。

资料来源：腾讯成立 21 周年更新价值观，新愿景为"用户为本科技向善"[EB/OL]. (2019-11-11). https://www.thepaper.cn/newsDetail_forward_4924832.

（3）迭代思维。迭代思维是极致思维的前置，没有任何产品一开始就能做到完美，而是在初代版的基础上，不断迭代，追求极致。"小步试错，快速迭代"，无论是小米的雷军还是腾讯的马化腾，在行业大会中都多次提到这句话。而数字环境的变化日新月异，组织更需要持续扫描和更新数字环境以识别新的创新机会。

（4）开放性思维。开放性思维是指要打破传统思维定式和狭隘眼界，多视角、全方位看待问题。拥有开放性的思维方式，就能够不断地有所发现、创造和前进。互联网使商业活动网络的各个点互联互通，成为一个有机的生态圈，开放、合作、共享是互联网组织形态的基本生存法则。

应用案例

2014 年 6 月 12 日，电动车公司特斯拉的创始人兼 CEO 伊隆·马斯克（Elon Musk）在其博客上发布文章，宣布"特斯拉将不会对任何出于善意使用我们技术的人发起专利诉讼"，即刻掀起轩然大波。这与苹果、三星及谷歌安卓系统在法庭展开专利大战的头条新闻形成鲜明对比。

网络回应集中在"为什么？"，为什么这家电动车领头公司自愿向竞争者开放技术？这就揭示了特斯拉专利开源的底层逻辑：技术储备和做大蛋糕。特斯拉开源所有专利，表面上看是让竞争对手占了便宜，却无形中提高了特斯拉技术的普适性，使得它在未来标准制定中抢占了有利的地位。特斯拉专利开源一旦达到一定规模，其技术盟友成长到一定体量之时，它们不得不兼容特斯拉的充电标准。这时特斯拉不仅是一个电动汽车的制造者，更是上游核心电池资源的掌控者。同时，特斯拉欢迎其他汽车商进入电动汽车行业，形成"电动汽车的矩阵"，在市场培育、政策突破、技术积累、电动汽车产业链的形成等方面，形成群体的生态效应，增大电动汽车体量。特斯拉是个很好的例子，告诉我们通过开放与合作的形式，可以获得一个产业生态圈的发展，从而带动整个电动汽车行业的创新。

资料来源：NUNES P, BELLIN J. 特斯拉专利开源揭示三大战略真相[Z]. 哈佛商业评论，2014.

2.4.2 数字创业与数字创业思维

数字创业企业和传统型企业为适应数字经济变革，必须进行数字革新，采取数字创业行动，通过寻找和把握新的数字创业机会，汇集必要的数字创业资源，摆脱传统的资源困境，实现数字技术创新和数字用户价值，创建数字创业企业。

1. 数字创业

数字创业是数字创业者和数字创业团队为适应数字经济变革，通过识别和开发数字创业机会,以领先进入或跟随进入的方式进入数字市场,创造数字产品和数字服务的创业。[1][2]现有的数字创业研究主要包含六个方面:数字商业模式;数字创业过程;平台战略;数字生态系统;创业教育和社会数字创业,比如新零售、工业互联网、线上创业等。数字创业主要包含六个要素,分别是数字创业主体、数字创业动因、数字创业情境、数字创业时机、如何开展数字创业以及数字创业特征。

谁是数字创业主体?数字创业者和数字创业团队是数字创业活动的能动主体,在数字创业过程中发挥着关键执行作用。数字创业者利用自身数字创业知识和数字创业能力开展数字创业活动,是数字创业最基本的创业主体。数字创业团队是由对新企业数字战略决策和新企业数字化运营负主要责任的个体所组成的团队。数字创业者和数字创业团队凭借强大的数字创业思维和数字创业能力,对数字创业机会保持高度敏感性,能够快速识别数字需求,开发数字创业机会,整合数字创业资源,推动数字创业企业的创建与发展。

数字创业动因是什么?这是直接决定数字创业者和数字创业团队开展数字创业活动的关键,包括内在动因和外在动因。内在动因主要指实现自我价值,自我价值实现程度越高的数字创业者,越具有数字创业的决心和非同一般的数字战略眼光,越容易采取数字创业行动。外在动因主要指适应社会数字变革,数字创业企业和传统型企业为适应数字经济变革,必须进行数字革新,采取数字创业行动。

数字创业情境是什么?数字创业主要发生在数字创业生态系统和数字创业宏观环境中,二者对数字创业企业的作用机制不同。数字创业生态系统是由数字基础设施、数字市场、数字用户和数字创业企业等主体构成,并通过主体之间的交互作用,实现系统内部资源共享、系统更新和协作的自组织系统,具有"多孔边界",使数字创业生态系统与外界时刻进行创业要素的交换。数字创业宏观环境是数字政治环境、数字经济环境、数字社会环境和数字技术环境的有机组合,能够为数字创业企业提供所需的创业资源。

数字创业时机是什么?根据数字创业企业进入市场的时间,数字创业时机可以划分为数字化领先进入与数字化跟随进入。数字化领先进入指数字创业者率先开发数字创业机会,先行占领数字创业市场,通过主导数字市场成为目标行业的独角兽。数字化跟随进入指在领先进入市场的数字创业者的示范和标杆作用下,跟随型数字创业企业为降低数字创业风险,先观察和等待创业时机,再选择最佳时机模仿领先数字创业者的进入行为,进入已有的数字创业市场。

如何开展数字创业?数字创业机会开发和数字创业资源开发是支撑数字创业过程

---

[1] 朱秀梅,刘月,陈海涛. 数字创业:要素及内核生成机制研究[J]. 外国经济与管理, 2020, 42(4): 19-35.
[2] 郭海,杨主恩. 从数字技术到数字创业:内涵、特征与内在联系[J]. 外国经济与管理, 2021, 43(9): 3-23.

的关键活动。数字创业机会开发过程包括数字创业机会识别、评估和利用过程。受数字技术的影响，创业机会开发能够更加精准地匹配市场需求，从而促进数字创业过程的开展。数字创业资源是数字创业机会得以发挥功效的工具和手段。数字创业资源指在信息化和智能化的时代中，所有以虚拟化和实体化形式存在和存储的创业资源。数字资源在不同的创业过程之间持续地流动、传递和吸收，但唯有在数字创业者和数字创业团队的支配和整合下，才有可能实现数字创业的成功。

数字创业特征是什么？数字技术塑造了创业实践的新特点，从创业过程看，数字技术强化了创业活动的灵敏性、互联性与开放性；而从创业结果来看，数字技术提高了创业活动的创造力和颠覆性。具体特征可以概括为以下几部分。

（1）数字性。创业过程中数字技术与载体的开发与应用，突出了数字创业的技术性特征。数字技术提供了更多的手段和途径来分析和识别用户需求，使得产品和服务的定位更加精准。例如，在海量数据分析的基础上，总结顾客的消费能力、消费偏好以及消费行为，能够帮助创业者细化产品开发和营销手段，以动态地适应顾客需求。

（2）创新性。创业过程中对于新产品、新技术、新流程和新模式的开发、改进或应用，突出了数字创业的创新性特征。开源社区、数字创业生态系统等开放平台也逐渐成为数字创业者获取创意、挖掘机会和降低风险的重要载体。例如，阿里巴巴通过平台的开放，从创新生态系统中获取独特创意，并通过外部资源的协同丰富企业自身的知识库，进而提高开放式创新的能力。

（3）开放性。企业决定参与者、输入要素、创业过程以及创业结果方面的开放程度、规模和范围。数字技术帮助企业更好地实现开放式协作和网络连接，使创业者和企业能够获取分散的数据，充分利用外界知识和资源服务。数字开放式平台的搭建能够拓宽创新渠道，这种开放式创新模式也能够帮助企业挖掘创业机会，提高创新效率，降低创新风险。这既有大企业的数字化转型，也有基于社交媒体、直播平台等数字平台的个体创业。

（4）灵活性。企业感知环境、识别机会、评估机会并利用机会的灵敏度，是数字创业的重要过程特征。传统创业往往是对单一产品创意的挖掘和识别，而数字创业过程则在多样化创业主体互动的过程中不断发现新的创业机会，以识别和满足更加碎片化和个性化的用户需求。

（5）价值性。数字创业过程中价值的创造、分配与获取，是数字创业的重要结果特征。数字时代，价值创造与分配网络的参与者（例如创业者与客户）之间能够直接交流，用户价值和用户需求可以直接引导创业方向。例如，韩国数字视频领域"边播边拍"的新模式就是用户主动引导价值创造方向的典型案例。另外，可复制与可扩展的数字技术还直接为创业者提供了低成本的数字资源，提高了创造和获取高价值回报的可能性。

2. 数字创业思维

为了在数字化带来的不确定性中创造价值，最重要的就是改变商业理念，学习和运用契合数字化情境的商业思维创造价值。

应用案例

直播带货作为直播电商发展的新风口，引领直播电商进入爆发式增长阶段，拉动社交、内容、电商等各平台的流量势能，直播带货几乎成为各大平台的标配。未来，直播电商还有很大的发展空间。各种主播带货神话吸引了众多网红，越来越多的公众人物也涌入直播间，"明星＋网红"成为直播电商屡试不爽的招数。

2020年5月10日，央视新闻联合天猫、淘宝进行了"小朱配琦第二季国货正当潮"带货直播，近6 000万名网友观看，销售额超7 000万元。"腾讯直播"的推出，更是让公众号的内容承载形式趋向多元化。社交电商服务平台正式接入"腾讯直播"工具开发接口，联合时尚类头部自媒体"她读"，在微信生态内打造了首个小程序直播电商案例。小程序电商直播为内容变现拓宽了边界，成为自媒体新的变现场景。

资料来源：黄楚新，吴梦瑶.我国直播带货的发展状况、存在问题及优化路径[J]. 传媒，2020(17): 11-14.

（1）连接思维。互联网的本质是连接，突破空间限制和时间限制，实现了人与人、人与物、物与物的连接。你连接的能力决定了市场竞争力和赚钱能力。一个企业连接的用户越多，连接的产品越多，企业就越值钱，发展得越好。同样，一个人在互联网拥有越广泛的号召力、影响力，那么这个人就越能赚钱，发展得更快。

（2）协同思维。分享经济、共享经济、社群经济、直播经济、网购经济，本质上都建立在网络协同的基础上。以分享经济为例，分享经济包括两方面，一方面是协同消费，另一方面是协同创业。协同消费是在互联网上兴起的一种全新商业模式。在这个过程中，消费者可以通过合作的方式来和他人共同享用产品或服务，并在享用产品或服务的过程中进行创业。

应用案例

2021年，Facebook正式更名为Meta，希望人们将其视为"元宇宙公司"，暗示了Facebook对元宇宙的雄心。Meta认为人与人之间的虚拟互动和协同创业将会成为互联网的未来。因此 Meta 在过去 5 个月的时间中，在办公领域投资了一系列能提高远程办公效率的技术，其中包括各种视频会议和企业软件工具。如今的 Meta 也开始比以往任何时候都更热衷于远程办公。在国内互联网大厂进入紧缩调整期纷纷裁员的当下，Meta 认为 2022 年仍然会是 Meta 的发展扩张期，公司计划将设在西班牙的马德里办事处规模扩大一倍，在未来 5 年内增加 2 000 名员工。

资料来源：公司高管遍布各地，热衷元宇宙的 Meta 将远程办公发挥到了极致[EB/OL]. (2022-03-24). https://www.163.com/tech/article/H37PTO2N00097U7R.html.

（3）数据化思维。数据化思维是以数据为特色的一种思维，一切皆可数据化，一切皆可量化，为思维赋予了新的内容。用数据化思维解决问题，就是从数据的角度和用数据的语言来解决问题，也就是说从发现问题、分析问题到解决问题都要以数据为线索来贯穿，要用数据的原理、方法和技术来处理问题。数据已经顺理成章地成为人类认识和解读世界的通用语言，为我们提供了一种新的思维方式，在现实场景中有广阔的应用空间。

应用案例

亚马逊公司是美国最大的一家网络电子商务公司，如果全球哪家公司从大数据发掘出了最大价值，答案可能是非亚马逊莫属。亚马逊拥有海量的交易数据，不仅从每个用户的购买行为中获得信息，还将每个用户在其网站上的所有行为都记录下来：页面停留时间、用户是否查看评论、每个搜索的关键词、浏览的商品等。长期以来，亚马逊一直通过大数据分析，尝试定位客户，提供数据预测、信息推送等服务。这种对数据价值的高度敏感和重视，以及强大的挖掘能力，使亚马逊获得了巨大的运营价值。

资料来源：大数据价值 49 式之第一式：亚马逊的"信息公司"[EB/OL]. (2014-06-06). https://bbs.pinggu.org/thread-3079065-1-1.html.

2.5 【案例分析】三只松鼠：数字化转型赋能未来

"三只松鼠"这个名字来源于章燎源，用"松鼠老爹"的话："小松鼠既可爱名字又很好记，而且最初我们也就是通过卖坚果起家的。至于为什么是三只，那是因为三生万物……"

2012 年 2 月，以章燎源为首的 5 个创始人在安徽省芜湖市正式创立了三只松鼠股份有限公司，最开始主营业务就是坚果类零食。同年 6 月 19 日，三只松鼠登陆淘宝试运行。上线7天便售出1 000单,上线65天就实现了天猫坚果日销量排名第一的成就。自公司成立以来,公司大力发展电商销售渠道并持续取得惊人的成绩。2017年3月29日,三只松鼠正式提交招股说明书进行首次公开募股,拟登陆深交所创业板。2019年7月,三只松鼠在深交所创业板正式完成上市。就在前不久,三只松鼠的销售额超过预期,率先达到100亿元规模,正式领跑坚果零食行业,开启零食3.0的时代。

作为起步于互联网的数字原生企业,三只松鼠在尽享互联网流量红利、率先打造出百亿元销售的"松鼠奇迹"背后,迎来了红利消失,互联网零售市场趋于饱和、增长乏力的现实危机。章燎源意识到:三只松鼠最大的失误便是没有布局线下门店,由此三只松鼠开始了轰轰烈烈的"补课运动"。在意识到线下手机市场的巨大潜力和自身线下布局的短板后,三只松鼠开始了数字化战略转型:构建线下线上一体化的数字新生态体系,扭转三只松鼠颓势,力争再度崛起。于是,三只松鼠将此前定位为售后服务网点的门店基于云计算、大数据、人工智能、物联网等前端科技布局的零售业态构建进行战略升级,将其改造为线下零售门店——松鼠之家。通过数字化赋能,松鼠之家实现了对人、货、场的重新定义。松鼠之家线下零售布局开始后,形成了以硬件、互联网服务和新零售为核心的新商业模式,通过线上、线下渠道的融合完善了整体的松鼠生态链。三只松鼠以数字化赋能线下零售,引爆了新零售格局。

资料来源:花冯涛,汤睿.三只松鼠:借力好风八年发展,数字化转型赋能未来[Z].中国管理案例共享中心案例库,2022.

案例思考题

1. 三只松鼠的商业模式变革背景是什么?成功的关键是什么?从创新创业角度谈谈你的看法。

2. 三只松鼠新的商业模式具有什么特点?其体现出什么样的数字创新思维?

3. 三只松鼠的商业成功是数字化和传统零售业结合的结果,这给传统行业带来什么影响?这给其他企业带来什么启发?

本章小结

在当下,创新与创业具有重要的时代意义,数字技术成为创新与创业的"新动能",推动我国创新与创业深层次发展。创新的过程包含三个阶段,分别是准备阶段、探索阶段和实施阶段。常用的创新思维方式包括发散思维与聚合思维、灵感思维与直觉思维、逻辑思维与形象思维、正向思维与逆向思维。创业的类型可以从创业动机、创业渠道和商业模式三个角度进行不同的划分。常用的创业思维方式包括因果思维和效果思维。创新与创业既有所不同,又密切联系。

在云计算、大数据、人工智能等数字技术的赋能下,数字新企业不断创立和快速发展,成为数字经济新价值创造的源泉。数字创新包括三个核心要素,分别是数字技术、数字过程和数字结果。数字创业包含六个核心要素,分别是数字创业主体、数字创业动因、数字创业情境、数字创业时机、如何开展数字创业以及数字创业特征。基于此，数字创新和数字创业也有其独特的思维方式。数字创新思维可以分为顾客思维、长期思维、迭代思维和开放性思维。数字创业思维可以分为连接思维、协同思维和数据化思维。在数字化时代，企业需要转变思维、改变现状，以客户为导向，建立数字化的生存之路。

思考题

1. 创新与创造有什么区别？
2. 创新的过程是什么？请举例说明。
3. 创业思维中的因果思维与效果思维有什么异同？
4. 数字创新、数字创业内涵是什么？
5. 数字创新和数字创业思维有哪些？请举例说明。

第 3 章

数字经济时代的创业者与创业团队

奥天公司创立前,牛刚是皖南地区某大型建筑设备代理公司的老总,金辉是跟了他4年的业务主管,也是他的表弟。2016年房地产市场开始下滑导致他们的业务日趋惨淡,牛刚开始考虑公司的转型。金辉有一次跟牛刚聊到目前无人机市场的一些情况,提出可以成立无人机销售或服务方面的公司,牛刚很感兴趣,觉得是个很好的商机。考虑到他们二人对这个领域缺乏专业知识,金辉想到了在某无人机公司任市场总监的朋友——何铭,邀其来一起商讨。何铭对无人机农业应用领域有着丰富的经验,技术精湛,业务熟悉,并有一定的客户资源,也正有创业的打算。三人相见恨晚,马上着手合作创业。

在公司经营方向方面,牛刚主张代理销售无人机,利润大;金辉提出做无人机应用服务,风险小;何铭则认为目前销售无人机的市场时机还不成熟,不如先从他擅长的无人机农业服务下手,以优质的服务带动后期的无人机销售。这个提议最后得到了大家的一致认可。

2016年10月,三人开始起草"合作协议",将农业服务作为切入点。2016年11月,奥天公司正式注册成立。2017年8月中旬的一次例会上,金辉听取了何铭关于2017年下半年作业情况预测后,意识到一个问题:农业服务具有很强的季节性,下半年农业服务旺季一结束就会进入几个月的淡季,公司营收会下滑。于是他提出拓展测绘业务,这类业务不受季节影响,而且附加值较高,会是公司利润新的增长点。没想到,何铭听了马上反对,认为农业服务业务正蒸蒸日上,就应该趁热打铁,继续扩张队伍,年末的淡季,我们可以做人员培训、设备维护保养及市场推广,为来年继续抢占市场做准备,不同意开展新业务。金辉则认为农业服务是重资本运营,资本占用较大,公司要想发展,就应该扩展新领域。为此,两人争得面红耳赤,最终由大股东牛刚出面定夺,牛刚赞成金辉的提议,于是公司正式成立了测绘部。何铭非常不高兴,但自己只是占股5%的小股东,在决策上没有话语权,只能服从公司决定。

2017年年底,奥天公司总赢利80万元,三人兴高采烈地探讨着2017年的利润分配。金辉激动地说道:"今年是咱们创业的第一年,公司顺利赢利是个好兆头,应按照协议约定根据每人的股份进行分配,但同时也应该考虑工作性质和服务类工作辛苦程度，予以多一些的奖励。"对此，何铭也点头表示同意。牛刚同意拿出一部分利润单独分配给其他人作为奖励，但考虑到应该继续扩大公司规模，尤其是销售渠道的规模，因此决定拿出利润的 30% 用作第二年的发展资金。对此，金辉和何铭强烈反对，他们都认为应该少留些发展资金，多分摊些利润，毕竟大家辛苦一年了，在年关上还是需要金钱来关照下家人。但是，牛刚仍然坚持自己的想法。这时，何铭再次提起了增股 5% 的事，没想到牛刚却再次找借口拒绝了，对此，何铭气愤至极。2018 年 3 月，何铭提出撤股并离开了公司。不久后，奥天公司销售部的一名业务员和两名植保组队长也纷纷离职。

资料来源：戴强，韩志新，金帅哲，等. 创业公司团队冲突：奥天公司能否破镜重圆?[Z]. 中国管理案例共享中心案例库，2018.

案例思考题

1. 奥天公司的创业团队是如何组成的？
2. 试列出奥天公司创业过程中的几次冲突，并描述三人对待冲突的态度。
3. 结合案例，奥天公司创业团队冲突产生的原因是什么？

3.1　创业者和创业团队

3.1.1　创业者的概念与特征

1. 创业者的概念

创业者指组织管理一个企业并承担其风险的人，有两个基本含义：一是指企业家，即在现有企业中负责经营和决策的领导人；二是指企业创始人，通常理解为，即将创办新企业或者是刚刚创办新企业的领导人。

"创业者"一词由法国经济学家坎蒂隆 1755 年首次引入经济学，1800 年法国经济学家让·巴蒂斯特·萨伊首次给出定义，他将创业者描述为将经济资源从生产率较低的区域转移到生产率较高区域的人，并认为创业者是经济活动过程中的代理人。奈特赋予了创业者不确定性决策者的角色，认为创业者要承担由于创业的不确定性所带来的风险。目前，创业者有两种含义：广义的创业者是指参与创业活动的全部人员；狭义的创业者是指参与创业活动的核心人员，包括创业领头人及其管理团队。

2. 创业者的心理特性

（1）成就动机。创业者具有明显的"促进定向"人格特质，喜欢追求积极的结果，成就动机比一般人高，而成功的创业者大多具有高度的成就动机。他们乐意接受适度的风险与挑战，喜欢设定预期目标，愿意主动解决问题，努力达到自己所预期的效果。在不断地尽自己所能追求成功的过程中发挥自己的长处，体会克服困难的乐趣。他们并不看重成功所带来的物质上的奖励，更满足于得到他人、社会的充分肯定和认可，追求内心的成就感与精神上的获得感。

（2）内控倾向。根据控制点的不同，人格特征可以分为内部控制倾向和外部控制倾向两种人格特征。其中，内部控制倾向表明一个人相信自己能够控制自己的命运和未来的程度；而外部控制倾向则表明一个人相信自己受到其他人或外部事件（经常是机会）控制的程度。内控倾向的人主动、自主和积极，内控性能够帮助他们追求创业角色、承担创业风险、实现创业理想，有利于个人增强获得成功的动机，这对于创业者来说是重要的；相反，外控倾向的人则较为依赖、相信命运，态度消极。如果一个人相信自己不能控制商业结果，那么，让他去积极改变所处的环境是难以想象的。因此内控者比外控者更具有创业精神，更适合创业。

（3）风险偏好。愿意承担合理的、估计过的风险，是创业者成功的要素之一。商业社会风云变幻、形势莫测，随着市场、消费者、供应商与环境等因素的变化，商机与危机也会不断更迭。创业过程存在着各种难以预测的风险，创业者想要实现理想和奋斗目标，就要敢于承担风险，这样才能获得更高的利润与巨大的成功。承担风险并非盲目冒进，也并非为了追求风险。成功的创业者不但敢于接受风险挑战，更会在创业或决定创业前进行深入的市场调查，充分做好风险的比较分析，制订应对计划，以尽量规避高风险从而获得最高的回报。相关研究指出，风险倾向与创业家有正相关的关系，创业家具有更高的风险倾向，因为他们对市场形势的判断更为积极肯定，更多地把它们看作"机会"，而不是"风险"。

（4）善于拥抱不确定性。创业并非易事，面对高度紊乱及快速变革的环境，创业者所要面对的创业内容、业绩与期望等都并不明朗。相比而言，那些不能忍受不确定性的个体，在应对来自组织与环境的变革时显得更为乏力。这些人容易感受到外部的压力，情绪也容易受外部环境的影响而起伏不定，变得固执易怒，甚至还会产生一种挫折感。而对不确定性容忍力强的个体，在困难条件下和情景模糊条件下能够对自己的行为决策充满信心，保持积极的心理状态和乐观的情绪。因此，他们更能适应并自如地应付来自组织与环境的各种变革。

3. 创业者能力素质

管理学者罗伯特·卡茨认为有效的管理者应当具备三项基本技能：概念、人际和技术。考虑到创业者本身也是创业团队的管理者，参考以上定义，我们认为创业者所需要的技能可以划分为以下三项。

（1）概念技能。创业者需要的概念技能强调对机会的挖掘和对新规律的感知。创业者如何识别机会？对人类认知的研究提出的一种可能性是，他们通过使用由经验获得的认知框架来感知外部世界中看似无关的事件或趋势之间的联系。换句话说，他们使用他们拥有的认知框架来"连接技术、人口统计、市场、政府政策和其他因素的变化"。然后，他们在这些事件或趋势中感知到的模式表明了新产品或服务的想法——这些想法可能成为成功创业的基础。

这种关于机会识别的模式识别视角在几个方面是有用的：①有助于将已在机会识别中发挥重要作用的三个因素纳入一个基本框架：积极寻找机会；对机会的警觉性；行业或市场的先验知识。②有助于解释这些因素之间的相互关系（例如，当警觉性非常高时，可能不需要主动搜索）。③有助于在识别特定机会方面区分创业者与非创业者。④模式识别框架提出了一些具体的方法，可以培训当前或未来的创业者更好地识别机会。

（2）人际技能。人际技能就是与人打交道的能力，包括联络、处理和协调组织内外人际关系的能力。对创业团队内部而言，人际技能要求创业者了解创业团队成员的个性、思考方式、对创业团队的态度以及团队成员的需求和动机，这样才能与团队成员更好地交换意见、充分调动团队成员的积极性和创造性并最大限度地统一成员的个人目标以及团队目标。对创业团队外部而言，人际技能要求创业者在平时注重广交朋友、多交益友，充分积累人脉资源，以便在创业过程中争取到强有力的合伙人或者得到他人的投资帮助。

（3）技术技能。技术技能是指运用某一特定领域的工艺、技术和知识的能力。如在创业过程中涉及的财务知识、产品生产工艺、相关法律解读等，都属于技术技能。创业者不一定是技术专家，但在创业过程中所选择的行业有行业相关的专业技术，需要创业者具备一定的知识技能以便提供产品和服务。高科技具有更新迭代速度快的特点，创业者需要把握行业专业技术发展情况以便采取正确措施，所以技术技能对于在高科技行业开展创业活动的创业者尤为重要。

4. 创业者认知和情绪

（1）创业警觉性。学术界对创业警觉性概念内涵的认识和理解在不断深入，但创业警觉性定义仍没有得到统一。总体来看，多数学者赞同伊斯雷尔·柯兹纳提出的定义：一种不进行搜寻就注意到此前一直被忽略的机会的能力，创业警觉是一个"关注但不搜寻"的过程，同时也是企业家积极构想未来的一种倾向。机会发现是创业的核心问题，创业者依靠自己（他人不具备）的识别和察觉能力来发现并开发商业机会。创业警觉性越高，创业者发现和开发创业机会的成功概率就越高。

（2）创业自我效能感。创业自我效能感是把自我效能理论应用于创业研究的产物，指创业者相信自己能够胜任不同创业角色和任务的信念。创业自我效能感与风险倾向关系的研究则表明个体的风险倾向越明显，创业自我效能感就越强烈，并且越有可能实施创业。个体的创业自我效能感越强烈，对成功创业的自信心就越高，也就越不可能出现创业愿望衰退的情况。同时，个体的创业自我效能感在一定程度上会强化其对创业行为结果的可控感，从而提高对行为结果作出正面判断的可能性。因此，采取创业行为的可能性也会相应得到提高。也就是说,在个体感知到的创业风险、创业行为不确定性以及创业可能遇到的阻力大致相同的情况下,创业自我效能感比较强烈的个体会认为自己有较大的可能性胜任创业任务,从而更可能采取创业行为并成为创业者。

(3)创业激情。卡顿等提出了三种创业激情,即创新的激情、创建的激情和发展的激情。创新的激情反映了创业者对与识别和探索新机会相关的活动的激情;创建的激情反映了创业者对参与建立一个企业及对机会进行利用的活动的激情;发展的激情反映了他们对新建企业的培育、发展和壮大等活动的激情。随着创业情绪理论研究的深入,从情绪视角解读创业激情越来越得到认可。

应用案例

1974年,刘强东出生在江苏宿迁的一个农村里。刘强东从小就有很强的自学能力,上大学以后他更是把这种能力发挥到了极致,那个时候互联网刚刚兴起,计算机这种高级产品只有一些有钱人家才有,而刘强东对各种新鲜的事物都充满着好奇,完成学业的同时将所有课余时间都用来学习编程。刘强东在读书期间就展现出不甘平凡、勇于创业的精神,他"不安分"地承包了餐厅,却以失败告终,然而失败并没有阻挡他前进的脚步,1998年,他怀着一颗永不言弃的心,来到中关村,开始第二次创业。在"非典"期间,他让京东成功由线下转为线上销售,真正拥抱"B2C(企业对客户)"平台。在京东做得顺风顺水的时候,刘强东又不顾管理层反对,作出将3C转为一站式服务平台的正确战略决策。而在京东一步步强大的路上,刘强东丝毫没有满意当下取得的成果,他又作出了国际化的抉择,让京东不断强大。

资料来源:李海涛,王新惠. 草根创业者刘强东[Z]. 中国管理案例共享中心案例库, 2019.

3.1.2 创业团队的概念与组成要素

1. 创业团队的定义

创业团队是创业的关键要素,构建一支优秀的创业团队对创业的成功起到决定性作用。狭义的创业团队指的是有着共同目的,共担创业风险和共享利益的一群经营新成立的营利性组织的人。而广义的创业团队则不仅包括创建企业的人,还包括后续创业过程中所有利益相关者,例如,风险投资商、专家咨询群体等。

2. 创业团队的组成要素

每一个创业团队都包括关键的五个要素,简称"5P",即目标(purpose)、人员(people)、定位(place)、职权(power)、计划(plan)。创业团队应该明确团队中的这五个基本要素的具体内容,以加强团队的凝聚力和抵御风险的能力。

（1）目标。创业团队应该有一个既定的创业目标，该创业目标应成为团队的共同奋斗理想。共同、远大的目标可以使创业成员振奋精神，与企业的政策和行动协调、配合，充分发挥个人潜能，创造创业团队的最大价值。目标是将人们的努力凝聚起来的重要因素，从本质上来说组建创业团队的目的就是实现团队的共同目标。

（2）人员。团队成员是决定创业能否成功的关键因素，只有合理的成员结构，才能推动创业团队的整体发展。创业团队的构成是人，在创业初期阶段，人力资源是所有创业资源中最活跃、最重要的资源。创业的共同目标是通过人来实现的，不同的人通过分工共同完成创业团队的目标，所以人员的选择是创业团队建设中一个非常重要的部分。互补性的成员选择是构建团队的一个必须考虑的因素，创业者应当充分考虑团队成员的能力、性格等方面的因素。任何商业计划的实施最终要依靠团队成员，团队的成员作为知识的载体，所拥有的知识对创业团队的贡献程度将决定企业在市场中的命运。

（3）定位。定位创业团队中的具体成员在创业活动中扮演什么样的角色，也就是创业团队的分工定位问题。定位问题关系到每一个成员是否对自身的优劣势有清醒的认识。创业活动的成功推进，不仅需要整个企业能够寻找合适的商机，同时也需要整个创业团队能够各司其职，并且形成一种良好的合力。因此，每个创业团队成员都应当对自身在团队中的位置有正确的认识，并且根据定位充分发挥主观能动性，推进创业团队的成长。

（4）职权。为了实现创业团队成员的良好合作，赋予每个成员一定的权力是有必要的。事实上，团队成员对于控制力的追求也是他们参与创业的一个重要原因。为了满足这一要求，需要分配权限给他们，以达到激励的效果。创业活动所面临的是动态多变的环境，管理事务比较复杂，创业团队成员每个人都需要承担相应的管理事务，这就客观需要创业团队成员有一定的权力，在特定的条件下进行决策。因此，权力的合理分配也有利于提高团队的运作效率。

（5）计划。计划是创业团队未来的发展规划，也是目标和定位的具体体现。计划有两方面定义：一方面指为保证目标的实现而制订的具有可行性的实施方案；另一方面指计划在实施中又会分解出细节性的计划，需要团队共同努力完成。在计划的帮助下，创业者能够有效制定创业团队短期目标和长期目标，能够提出目标的有效实施方案，以及实施过程的控制和调整措施。

以上要点是创业团队构成的五个基本要素。但是创业团队在发展过程中，难免出现特殊情况。因此，并不是每支创业团队都要求必须具备每个因素。为了充分推进创业过程，创业伙伴们必须不断磨合，才能形成一个拥有共同目标、人员配置得当、定位清晰、权限分明、计划充分的团队。

3.1.3 创业团队的组建原则

为了提高管理效率和实现创业目标,创业团队在组建时需要遵循相关的原则。组建的基本原则存在的必要性在于确保创业团队在组建过程中,能够有明确的建设方向,避免组建工作偏离发展方向。创业团队组建的基本原则包括下列五条:合理设置明确目标、团队互补协同合作、团队构成简单高效、人员动态匹配开放、分工明确合理。尽管团队的组建模式各不相同,但是遵循这五条团队组建基本原则能最大限度地保证组建合理的团队模式。

(1)合理设置明确目标。目标必须明确,这样才能使团队成员认识到共同的奋斗方向是什么。目标必须是合理的、切实可行的,这样才能真正达到激励的目的。明确的目标使团队的任务方向明晰,避免迷失方向。合理的目标是指经过大家的努力可量化、可实现的目标。数字经济时代,设计数字产品时需要明确具体的开发目标,产品需要达到的服务性能,才能让团队按照目标合作。

(2)团队互补协同合作。创业者之所以寻求团队合作,其原因在于弥补创业目标与自身能力的差距。只有当团队成员相互间在知识、技能、经验等方面实现互补时,才有可能通过相互协作发挥出"1+1>2"的协同效应。另外,还应该考虑团队成员相互之间的人际关系、亲情关系,合理地选择具有互补性的团队成员。团队可以合理利用数字技术进行沟通合作,达到效率最大化。

(3)团队构成简单高效。为了减少创业期的运作成本、最大比例地分享成果,创业团队人员构成应在保证企业高效运作的前提下尽量精减。团队应避免岗位工作重复,内容交叉重叠,每个岗位应有明确细分的工作内容和责任,这样才能使团队工作效率最大化。数字技术时代下,团队匹配更加精确,分工也会更加明确。

(4)人员动态匹配开放。创业过程是一个充满不确定性的过程,团队中可能出于能力、观念等多种原因不断有人离开,同时也有人要求加入。因此,在组建创业团队时,应注意保持团队的动态性和开放性,使真正完美匹配的人员能被吸纳到创业团队中来。数字技术的适当应用减小了团队招聘的困难性,增加了招聘的准确性和高效性。

(5)分工明确合理。创业工作的复杂性以及个人能力限制决定了一个人不可能从事创业的所有工作,而应该根据团队成员的特点进行分工。分工明确的目标是确定每一位成员都负责自己适合的岗位工作,并且成员间的工作内容互不重合。职责明确要求每个团队成员清晰自己的职权范围以及承担的工作责任,这样有助于降低交易成本,提高组织效率。

3.1.4 创业团队冲突

创业团队的冲突普遍存在,而创业团队的冲突可以分为认知冲突和情感冲突。

1. 认知冲突

认知冲突是指团队成员对企业生产经营过程中出现的与问题相关的意见、观点和看法所形成的不一致性。认知冲突是一种与任务有关的冲突，由决策时的不同意见或分歧所引起。在决策过程中，由于人们所处的位置和所思考的角度不一样，认知差异是不可避免的。在组织中的管理团队成员之间，认知冲突经常发生。在管理实践中，高层管理团队常常利用认知冲突实现高质量的战略决策。通过团队成员之间的持续争论和广泛交流，可以更加全面和深入地理解决策任务，分析可能的条件和潜在的问题，获得尽可能多的备择方案，形成网络性决策思路；同时，也可以促进团队成员更好地了解有关最后决策的各种信息，有助于提高决策的执行水平，增加组织绩效。研究表明，认知冲突对决策质量及团队成员对决策的理解、承诺和相互间的情感接受程度都具有积极影响。

认知冲突起因于人们对任务的目标及完成方法的认识不一致，认知冲突在高层管理团队中不可避免，因为"不同处境所看到的环境是不同的"。这种认识上的多样性导致在如何最好地完成组织目标的认知上的冲突。认知上的冲突使团队成员获得充分的信息、各种决策的利弊并作出权衡，充分利用团队的多样性，并关注于组织或团队的目标。认知冲突有利于决策质量是因为来自不同观点的论争的协同综合通常优于各自观点本身，有助于集思广益和协调一致。

2. 情感冲突

情感冲突是指向于人的冲突，由个性与人际关系方面的摩擦、工作中的误解以及挫折等引起。当冲突是非功能性的，即情感取向，注重个人间的不相容或争辩时，这种类型的冲突称为情绪冲突；情绪冲突起因于个体与个体之间的怀疑或不适应。在组织中人际关系是团队凝聚力的基础，良好的人际关系有助于工作目标及任务的完成，并有效地发掘和激发出人的主动性和创造精神，也将为个体的自我发展提供良好的生存空间；反之，如沟通阻塞或成员相互猜疑、冲突、拆台，其结果是人际关系的恶性循环及其对组织的负面影响。

情感冲突会降低管理团队的绩效，因为敌意作为情感冲突的特征使团队中的成员对其他成员的意见产生了排斥心理。所以，情感冲突不仅会削弱高管团队的决策质量，同时还会使团队中形成以自我为中心和个人主义的膨胀的现象，引起成员之间的不满，从而降低成员的满意度。情感冲突是指向于人的冲突，因此在激励认知冲突的同时必须规避情感冲突。

认知冲突和情感冲突总是相伴而生和相互转化的。在冲突管理中，如果处理不当，认知冲突会发展为情感冲突。例如，认知冲突如若被一方知觉为另一方在向自己表达不满时，情感冲突也就随即发生。因此，有研究者建议应尽可能消除决策沟通方面的误解，防止认知冲突向情感冲突转化；同时要求冲突双方将工作和个人感情区别开来，逐步使情感冲突转化为认知冲突。但是，在组织中，情感冲突向认知冲突的转化非常不易。情感冲突往往不是一两天就能形成的，尤其是在人际关系复杂的社会、文化背景下，工作关系和长期交往中形成的个人恩怨相互交织，情感冲突往往表现为长期性、隐蔽性等特点。这种个人的不相容性很难转化为认知上的开诚布公。

当创业团队出现冲突时，可以通过以下五种方式解决。

（1）协同。协同是指双方通过积极地解决问题来寻求互惠和共赢。其特征是双方乐于分享信息，并善于在此基础上发现共同点，找到最佳解决方法。通常，协同是首选的冲突管理方式。但只有在双方没有完全对立的利益，且彼此有足够的信任和开放程度来分享信息时，协同才能有效地发挥作用。

（2）回避。回避是指试图通过逃避问题情境的方式来平息冲突。这种比较消极的冲突管理方式在应对不太紧要的问题时比较有效，此外，当问题需要冷处理时亦可采用回避的方式作为权宜之计，以防止冲突进一步激化。但是回避无法从根本上解决问题，且容易导致自己和对方产生挫败感。

（3）斗争。斗争是指以他人的利益为代价，试图在冲突中占上风。这种极端不合作的冲突管理方式并不一定是最佳解决方案。但是，当确信自己是正确的，且分歧需要在较短时间内解决时，斗争是必要的。

（4）迁就。迁就是指完全屈从于他人的愿望，而忽视自身的利益。当对方权力相当大或问题对于自身并不是太重要时，迁就是比较有效的方式。但它容易令对方得寸进尺，从长远看，迁就并不利于冲突的解决。

（5）折中。折中是指试图寻求一个中间位置，使自身的利益得失相当。折中方法比较适合难以共赢的情境。当双方势均力敌，且解决分歧的时间期限比较紧迫时，折中比较有效。但由于忽略双方共同利益，因此折中往往难以产生非常令人满意的问题解决办法。

3.2 数字经济时代的创业新发展

3.2.1 数字时代创业新特征

1. 创业环境动态性

数字经济时代的创业环境在移动通信、大数据分析和云计算等技术的快速发展和普及的背景下更具动态性。我国自上而下的《"十四五"数字经济发展规划》《"十四五"信息通信行业发展规划》等数字化战略顶层设计，使得创业环境更具动态活力。以阿里巴巴、腾讯为代表的数字经济行业的发展，以华为为代表的5G通信业技术的提升，以拼多多、抖音、快手为代表的新型商业模式的发展，都贡献了更具活力的动态环境。基于产品数据、数字平台和数字基础设施等数字资源和技术的创业模式层出不穷，数字创业需要结合我国自上而下的数字化战略顶层设计和自下而上的创业实践现实问题进行全面思考。

2. 用户需求多样化

数字经济时代，基于互联网、大数据、人工智能的 C2M（消费者直连制造商）新型生产模式对传统生产模式造成了巨大冲击和挑战。用户跨过中间渠道，向制造商提出自己对产品的个性化需求。厂家则根据需求制订具体的生产计划，进行反向生产制造，转向以销定产，打破了传统的"生产—库存—销售"模式。消费者还能直接参与产品的设计、生产、服务等各个环节，甚至可以通过终端实时监控产品生产情况。传统制造型企业交涉的对象大多数是品牌商、批发商、经销商等 B 端客户，以大批量订单为主，生产的节奏是"按部就班"的，而 C2M 模式下，制造商直接面对 C 端用户，要求对用户需求作出及时的响应，使得生产的节奏更加灵活、敏捷，传统生产要素的生产率得到提高，推动企业生产线、供应链、内部管理制度乃至整个商业模式都发生了变革，为生产端带来深层次的改造。生产价值链从传统的以产定销下的"产—供—销—人—财—物"转变为以销定产下的"人—财—产—物—销"。

应用案例

广州亿尚家居，在行业同质化产品竞争激烈以及中小企业普遍面临生存困境的背景下，公司创始人基于对行业痛点问题的敏锐洞察以及对企业数字化转型的高度认知，积极整合内外部资源，勇于创新和变革，经过近 8 年坚持不懈的努力，终于打造出直接面向客户端的 C2M 云家居在线定制平台，帮助企业成功实现了从测量、设计、制造到营销的全链路数字化转型，开启了定制家居工业 4.0 时代。亿尚家居原是一家面临生存困境的中小型传统定制家居企业，通过持续不断的创新与变革，为企业找到了新的发展空间，使企业重新焕发生机，为数字化时代中小企业如何实现"逆袭"提供了范本。

资料来源：宋丹霞，刘彤彤，卢康清，等. 云家居：开启定制家居工业 4.0 时代（亿尚家居）[Z]. 中国管理案例共享中心案例库，2021.

---

3. 多层次创业主体进行资源整合

随着移动通信技术的普及，单一主体创业模式正在向团队化、公司化以及产业链生态化的方向发展，创业团队化也随之带来了股权结构与分配、创业团队文化建设等新问题。数字创业主体具有多层次性特点，既有大企业服务创新创业，也有基于社交媒体、直播平台等数字平台的个体创业。同时创业对象和主体通过网络平台，借助数字信息优势整合既有社会资源，并使用数字技术降低创业资源的匹配成本，比如资源探索、契约签订等。

4. 创业资源获取门槛降低

数字技术能够把市场信号更快、更精准地传递到创业者，并加快创业者和需求方之间的信息交换，通过线上的方式实现供需精准匹配。例如，青岛红领集团通过互联网获取用户的个性化定制需求，基于在线的数字化技术获取用户个性化数据，从而帮助企业精准供给。在技术知识资源获取方面，创业主体之间的联系得到大范围扩展，如在开源社区中创业者可以免费使用开源硬件平台上的源代码、数据、设计图和材料清单等，快速和低成本地获取技术知识，极大地便利了创业企业对技术知识的获取。同时，基于网络电子商务平台获取众多小批量生产制造商提供的硬件产品，降低软件、硬件知识、产品和服务的获取成本。

5. 创业成本降低

创新创业被看作通过使用廉价资源来代替稀有资源消耗的过程，数字创业一方面使用了成本较为低廉的信息资源作为新的创业要素，另一方面也创造了新型的创业模式，减少了中间环节和沟通成本。数字创业基于线上线下相结合的创业网络的资源整合和团队组建突破了传统实体创业模式，大大降低了沟通成本和资源获取成本。比如借助车库咖啡、3w 咖啡等各类创新型孵化器，依托其背后巨大的投资人网络，创业者进行团队组建和开展融资等活动成本大大减少。同时，创业者还可以借助互联网金融，依托众筹平台等网络渠道，面向公众进行融资，极大地扩展了创业网络中网络成员主体数量，使创业资金获取变得较为容易。

3.2.2 数字时代创业者新特质

1. 数字知识

数字经济时代，创业者需要掌握一定的数字知识。一方面，数字技术作为驱动整个行业革命的源头，是数字创业企业必备的数字创业要素，能够激活传统创业要素的数字性，促进数字创业能力、数字创业机会、数字创业资源等要素的形成。另一方面，数字技术属于高新科技，其更新迭代速度快，只有把握数字技术发展前沿才能正确判断行业发展趋势，准确预测行业风口，实现成功创业。

2. 探索精神

数字经济时代，成功的创业更多的是一种从 0 到 1 的突破，而不是从 1 到 n 的复制。新事物的出现意味着没有多少经验和规律可循，因此数字经济时代给创业者带来的第一个挑战就是怎样实现从 0 到 1 的突破。数字经济时代，在区块链、大数据、云计算、人工智能等数字技术影响下，出现了许多新的商业模式、细分行业，这些商业模式、细分行业同时也带来了创业机会。要挖掘新的商业模式、行业，没有可以直接照搬的方法，这时候就需要创业者具有探索的精神，摸索客户新需求，反复进行技术实验并改进产品功能和用户体验。

3. 数字创业激情

创业激情对创业者的坚持、专注和创新有强烈的影响。激情赋予创业者更多的力量来做任何有助于目标实现的事情，受到创业激情驱动的创业者，可以不断地付出努力，即使遇到困难挫折甚至是失败，依然能坚持不懈，可以全神贯注于创业活动，更坚定地执行任务；在创业过程中不断尝试新颖、有用的想法或者行动，有助于机会识别和执行，有助于企业的创建和未来发展。数字经济时代，创业环境具有高度的动态性，技术趋势和市场需求变化更快。因此更需要创业者对数字技术和数字创业充满激情，热衷于观察和探索新兴的技术方向和市场需求。创业者对数字技术本身充满热情，勇于面对各种挑战，充满信心，才能够不断尝试，发现与自身匹配的机遇。

4. 开放性创新思维

创新思维是一种突破思维，是创业者不断前进的关键因素。熊彼特认为，创业者是"创新者"，创业是实现创新的过程。数字经济时代的到来，为创业者们利用数字技术改造传统行业提供了重要的技术和商业支持，这种创新不但增加了产品服务的价值、改善了产品服务的品质、优化了产品服务的用户体验等，还催生了很多新的产品、商业模式与行业，创造了更多的利润，这就是创新的效益。此外，数字经济时代，创新不仅由创业者带来，客户、社区以及其他接触到产品的人也可能会参与创新的过程，从而增加产品服务价值。在数字经济时代的大环境下，出现了许多新事物，这对创业者提出了更高的创新思维要求，这样才能发现新的机会，实现成功创业。

3.2.3　数字经济时代创业团队新的组织形式

1. 虚拟团队

虚拟团队由一些跨地区、跨组织的，通过信息技术的联结，试图完成组织共同任务的成员组成，虚拟团队存在四个方面的特征：团队成员具有共同的目标；团队成员地理位置的离散性；采用电子沟通方式；宽泛型的组织边界。虚拟团队与传统的组织形式相比较具有以下明显优势。

（1）竞争优势。虚拟团队集聚了世界各地的优秀人才，他们在各自的领域内都具有知识结构优势，团队成员众多单项优势的联合，必然形成强大的竞争优势。虚拟团队通过知识共享、信息共享、技术手段共享等方式，使优秀成员的经验在数字化管理网络中迅速推广，实现优势互补和有效合作。虚拟团队通过网络对知识采集、筛选、整理、分析，将众多不同渠道的零散知识迅速整合为系统的集体智慧，转化为竞争优势。

（2）信息优势。虚拟团队成员分布广泛，使得他们能够充分获取世界各地的技术、知识、产品信息资源，这为保持产品的先进性奠定了基础。同时，成员可以通过采集各地顾客的相应信息、反映顾客的需求并及时解决客户的相关问题，全面地了解顾客，组织设计开发出满足顾客需求的产品和服务，建立起友好的顾客关系。

（3）人才优势。现代通信与信息技术的使用大大缩短了世界各地的距离，区位不再是直接影响人们工作与生活地点的因素，这就大大拓宽了虚拟团队的人才来源渠道。虚拟团队可以动态地集聚和利用世界各地的人才资源，这为虚拟团队拥有具有专业技能的人才创造了条件，同时也减少了人才资源的流失。

（4）效率优势。团队是组织应付环境变化的有效手段之一，而虚拟团队利用最新的网络、邮件、移动电话、可视电话会议等技术实现及时快速的信息交流，缩短了信息沟通和交流的时间，确保及时作出相对正确的决策。

2. "四众"形式

数字经济的普及促进了众包、众筹、众扶以及众创（"四众"）等大众创新形式的出现。国家依托"数字经济+"新技术构建最广泛的创新平台，鼓励发展"四众"等新模式，使创新资源配置更灵活、更精准，凝聚大众智慧，形成企业与个人协同的创新新格局。2015年9月26日，国务院印发的《国务院关于加快构建大众创业万众创新支撑平台的指导意见》中给出了"四众"的概念解析。

（1）众创。集思广益，集众智进行创新。通过创业创新服务平台聚集全社会各类创新资源，大幅降低"众创"模式创新成本，使每一个具有科学思维和创新能力的人都可参与创新，形成大众创造、释放众智的新局面。创业团队结合广大民众的建议和要求，构思一个更加完善和全面的计划方案，推动团队有效发展。

（2）众筹。吸纳社会资金，集资促进发展。"众筹"模式通过数字经济平台向社会募集资金，更灵活高效地满足产品开发、企业成长和个人创业的融资需求，有效增加传统金融体系服务小微企业和创业者的新功能，拓展创业创新投融资新渠道。"众筹"模式为创业团队创业初期获得足够的资金，为推动团队目标的实现提供保障。

（3）众扶。号召群体支持，集众扶持创业。"众扶"模式通过政府和公益机构的支持、企业的帮扶援助以及个人的互助互扶等多种方式，共同帮助小微企业和创业者成长。"众扶"模式有利于构建创业创新发展的良好生态环境，从而促进创业团队的进一步发展。

（4）众包。集中大众力量，增加就业率。"众包"模式借助数字经济等手段，将由特定企业和机构完成的传统任务向自愿参与的企业和个人进行分工，最大限度利用大众力量，以更高的效率、更低的成本满足生产及生活服务需求，促进生产方式变革，开拓集智创新、便捷创业、灵活就业的新途径。

3.3 数字经济时代的创业团队管理

3.3.1 数字经济时代创业团队冲突管理

在数字经济背景下，创业团队的冲突管理在创业中具有重要的意义。适当冲突可以为团队带来新想法，但冲突过多会导致团队成员间不和，甚至导致创业失败，因此，为了使创业团队的优势最大化，需要进行冲突管理。

（1）丰富创业团队成员之间的数字沟通渠道。冲突产生的原因之一就是成员之间缺乏有效的沟通。数字技术给成员间的沟通提供了多重渠道，使团队间的沟通不仅局限于面对面，还可以通过数字技术实现虚拟对话，让沟通变得更加便捷、有效。

（2）构建创业团队成员之间的认同与信任。信任是合作的起点，使创业团队成员的个人行动与创业团队整体行动相一致，创业团队成员间的互相认同与信任，有助于提高团队整体的协作程度，进而提升团队效率。

（3）重视对团队成员的沟通技巧培训。要想在创业团队内部形成良好的沟通氛围，必须加强对员工的沟通知识培训。创业团队应着重在运用反馈、消除沟通障碍、抑制情绪、提问与复述、避免打断说话者、使听者与说者的角色顺利转换等方面改进团队成员的沟通方式。

（4）合理利用数字技术进行冲突管理。冲突的类型不同，选择解决的方式也不同。团队成员要选择合适的冲突管理方式来进行冲突管理。特别是当不了解冲突成因和解决方法不明确时，可以利用数字技术来选择合适的解决方案。

3.3.2 数字经济时代创业团队知识管理

知识管理是当今时代的必然要求，知识既是现代企业管理的核心，又是创业过程管理的核心。创业团队中的成员通常拥有多元文化背景，如何利用好每个人的知识，最大限度发挥创业团队的优势，就需要进行创业团队的知识管理。

1. 营造创业团队文化氛围

文化是一种不成文的规则，是一定范围内被所有个体所接受的信仰、理念、愿景、价值观、道德规范的集合。为团队成员创造积极向上的团队氛围有利于知识共享的进行。优秀的创业团队，需要团队领袖具有领袖风范、团队成员开拓创新，一个轻松自由的文化环境有助于团队成员的成长，有助于创业团队的发展。创业团队成员热衷于思考，勇于探索未知领域，并希望自己的工作得到团队其他成员的认同与赞赏。营造热情、开放、自由的创业团队知识共享文化氛围与知识共享文化环境，可以促使团成员积极学习、认真探索，为创新成果的生产、知识共享高效进行创造良性循环，促进团队发展。

应用案例

　　链家自 2001 年成立至今，根植用户信任和依赖，紧跟互联网、大数据等新兴技术的潮流，在 20 年的成长过程中，一步步提高自身的知名度，提升自身的品牌价值，最后成长为房地产经纪行业中的独角兽企业，这些都离不开企业文化的指引。

　　（1）使命：有尊严的服务者，更美好的居住。作为一家服务企业，如何能够让一线经纪人自信、快乐地做好一名服务者呢？从为用户提供好的服务悟出链家的使命。左晖为在职的经纪人提供了一个开展业务、接受培训以及精神建设的场所，媒体称其为"办公室+学校+教堂"的集合体。其日常给经纪人传达的思想上面也是做一位有尊严的服务者，努力学习专业知识，用专业征服客户，对客户而言，他们在买房、卖房以及租房的时候需要值得信赖且专业的经纪人的帮助。

　　（2）愿景：服务3亿家庭，品质居住平台。从品质悟出链家的愿景。链家从人的品质、物件的品质及服务的品质三方面打造品质居住平台。人的品质是基础的主要触点，承载着链家的服务，为此，近些年来在招聘经纪人的时候，链家更加注重学历和自身的素质。物件的触点主要是在经纪人业务操作、服务客户过程中所能提供的一些有形的物件，比如测距仪之类的，用高质量的物品保证能够为客户提供高质量的服务。

　　（3）价值观：客户至上，诚实可信，合作共赢，拼搏进取。链家对价值观的解读具体分为五级，这样一来将抽象的价值观具体化，指引员工的日常工作。

　　资料来源：刘兵，李若男. 链家：如何不断创新，成为行业"独角兽"？[Z]. 中国管理案例共享中心案例库，2021.

---

2. 重视对知识共享成员的奖励

　　对创业团队知识共享中的知识提供者进行奖励，对团队知识共享主体的行为进行物质激励，增加吸取、分享知识的机会成本，使成员共享知识的行为有所回报。因此，需要将物质激励和精神激励相结合才能达到有效激励的目的，进而充分调动成员知识共享的积极性和主动性。知识共享激励可分为外在物质激励与内在精神激励。物质激励一般包括薪酬与福利报酬，这是团队成员实现经济利益的方式。在创业团队中知识共享贡献可以作为绩效考核的一项内容，鼓励成员进行创新的同时促进团队知识共享。团队成员同样也需要精神上的激励，团队成员更加关注自身价值实现和认同，追求高层次的精神享受，当内外部认可与团队成员自身价值观相一致时，成员从事的工作本身就成为一种良好的激励形式。

3. 增强创业团队凝聚力

创业团队之所以需要凝聚力，就是因为要使团队的每个成员都能强烈地感受到自己是团队中的一分子，而且是不可缺少的一分子。凝聚力强大的创业团队，团队成员参与知识共享的意识较强，团队内部知识共享文化氛围较好。当创业团队内部凝聚力足够强大时，团队内部沟通渠道畅通、信息交流频繁，使创业团队知识共享得以顺利进行。因此，一个团队是否有凝聚力以及凝聚力的强度如何，直接关系到团队知识共享的能力水平，关乎团队的生存和发展。因此，创业团队应当不断增强凝聚力。

4. 建设创业团队知识共享平台

由于科学技术的迅猛发展，互联网的普及为创业团队知识共享提供了强力的技术保障。创业团队为提高成员知识共享的水平与效率、实现全面知识共享应充分利用现代科技手段，建立信息交换平台，为知识共享提供技术支持。

3.3.3 数字经济时代创业团队创新管理

在数字经济时代，创新是创业过程中不可或缺的一环，甚至在一定程度上决定创业的成功与否。因此，创业团队如何进行创新、如何激励创新成为创业过程中的关键点。

1. 培养数字战略思维

战略思维能力，就是高瞻远瞩、统揽全局，善于把握事物发展总体趋势和方向的能力。在数字经济下，数字技术影响甚至改变了创业团队成员的价值观和世界观，因此让团队成员拥有数字战略思维成为企业适应环境迅猛发展的关键点。只有企业的领导者拥有了数字思维，才能把握发展的长远性和预见性，才能使得组织在复杂的环境中屹立不倒。

2. 鼓励创新的数字文化氛围

良好的文化氛围是促进创新、决定创业成功的关键因素。数字经济时代下，形成以创新为中心，大力支持创新和数字化的环境和氛围，让团队成员认识到创新和数字技术的重要之处，使创新成为组织运作的一种常态。因此，创业团队要制定鼓励学习的机制以及倡导共同学习的氛围。

3. 形成恰当的领导风格

领导者需要根据不同的情景需要选择合适的领导风格。其中任务导向型领导风格通过明确的角色定位和任务目标来指导或激励下属向着既定的目标努力；而关系导向型领导风格是通过关心下属的日常生活和工作需要，培养下属的能力来激励下属朝着既定的目标努力。但是，领导风格并不是一成不变的，需要根据不同的情境，针对不同的下属风格来作出调整。领导者在激励创新时需要注意两种领导风格的灵活使用。

4. 建立以创新为导向的绩效考核机制

不同的激励机制会导致不同程度的创新，其中，最常见的就是首位晋升制和末位淘汰制。在首位晋升制中，高水平产出会得到晋升奖励，而低水平产出则不会受到任何惩罚。因此，为了获取更多的产出报酬，成员会选择高风险投资，从而积极进行创新。而末位淘汰制中，奖励机制则相反，一旦出现低水平产出，成员就会受到惩罚，例如降薪或者降职，而高水平产出则不会受到任何奖励，因此，成员会不愿意进行创新。

3.4 【案例分析】星茂公司创业团队的发展历程

星茂公司位于杭州，是一家年轻的、以电子商务数据软件服务为主业的新创公司。作为国内电子商务翘楚阿里巴巴集团的所在地，杭州被誉为电子商务之都。天堂硅谷的创业热土吸引了众多创业者下海创业淘金，创设了众多利用电子商务平台的 IT 公司，星茂公司创始人唐柯就是这支创业大军中的一员。唐柯从名校毕业后，就顺利进入中国知名互联网公司百度，成为一名网页搜索技术研发人员。由于他的出色能力，唐柯被猎头相中，跳槽到了杭州的阿里巴巴公司，开始深入接触电子商务。唐柯的部门内有一位调来不久的研究生陈瑞，论及他所就读的大学，比唐柯还要高上一等，唐柯常常和他切磋一些技术方面的问题，并发现这位小伙子处理专业技术问题往往有独特高深见解。虽然唐柯是职务上的领导，但工作之余唐柯喜欢和他以朋友相称。

唐柯和陈瑞在一次聊天中发现了直通车优化软件市场中存在的问题，并提出了自己的创业想法。当年3月，也就是创业想法萌生的两个月后，以数据服务为宗旨的星茂公司正式成立。创始团队成员除了唐柯和陈瑞外，还加入了陈瑞的同学周彬，一位精通网页设计的网站开发工程师。公司成立几个月后，又引入了一个重要的成员李新，他是唐柯的多年知交，本科所学是电子商务，毕业后在一家网络公司做了多年的营销策划，这次被邀请加盟，轻车熟路地担当起了营销和客服这两块工作。

仅仅通过短短两年多的努力拼搏，星茂公司就相继击败了淘宝直通车优化软件市场上的几大主要竞争者，一跃成为该产品领域的领导者。随着公司发展壮大，公司搬出了那个简陋的商住楼，新办公场所位于杭州一处新建立的创业园区。办公室宽敞明亮，而更为敞亮的是公司的组织氛围，更为宽松的是公司内的人际关系。这时候的公司几乎没有成文的规章制度，许多规定都是唐柯口头传话，顺势而变的。业务快速拓展后，为了规范化管理，唐柯敦促制定了细致的规章制度、奖惩措施，重新设计了 KPI（关键绩效指标）绩效考核体系。公司原来一直采取的是团队全员整体绩效的考核法。当时，为了能够将省心宝和北极星的销量加速提上去，唐柯在公司所确定的半年和全年目标任务的基础上，制定了销售量、续订率、好评率几个主要业绩指标，只要团队共同完成某一个指标，就奖励一定的薪酬。然而一段时间的实际操作下来，唐柯发现各个部门开始更多关注自家的那些业绩指标，碰到突发事件，常常采取推诿扯皮、矛盾上交的策略；而公司整体的业务绩效表现并不理想，仅完成了80%多的预定绩效指标。各个部门在绩效目标制定时，就低不就高，相互盘算，斤斤计较，讨价还价。

李新加入公司以来，主要负责客服这一块。当时，所有客服的工作都由他一个人来做，风波事件以及化险为夷之后客户量大增，种种情况都给了李新很大的压力，每天忙得几乎喘不过气。他十分清楚研发和营销目前作为公司的战略重心无疑是有道理的，他也努力说服自己要保持平常心，认真做好工作。然而实际工作中出现的一些问题却让李新越来越感到为难。作为公司的"开山元老"，李新管理上的才能受到了无形的框限，由其领导的客服组员工的情绪也越来越低落，越来越压不住。李新借着老臣的身份，几次三番地越级反映，却没能得到唐柯的相应关照。面对上头和下面都搞不定的情形，面子上挂不住，内心也有点愤愤不平，不得已之下，他终于下定了离开公司的决心，向唐柯递上了辞职报告。

唐柯回想着创业过程，虽然不无艰难险阻，免不了磕磕绊绊，但靠着团队的力量，最后公司还是走上了高速发展的正途。但是家大业大后，公司业务转型，管理制度正规化，团队成员的心好像也跟着暗暗出现了各种变化，平等相处的关系不见了，协作高效的氛围消失了，就连昔日出生入死的"战友"，也变得陌生起来。唐柯不由得想到了在某个电影中看到的情节，那几个从前的好伙伴合伙创业，因为意见不合而争吵不休，甚至闹到了相互反目的境况；再想想自己身边发生的事情，这一切不禁让他黯然神伤，公司遇到的各种人事纠纷和困境让唐柯感到前所未有的心力憔悴，究竟怎样才能更好地聚拢人心，共谋发展，不忘初心，携手同行？唐柯不由得为此陷入深深的思考之中。

资料来源：许小东，王世良，吴斌. 聚散沉浮为哪般？星茂公司创业过程中的人和事[Z]. 中国管理案例共享中心案例库，2018.

案例思考题

1. 星茂公司创业团队是怎么构成的？
2. 分析评价星茂公司创业团队中的创业伙伴在创业发展不同阶段中的表现及原因。在创业初期，什么因素维系了团队成员较高的工作激情和团队合作水平？而公司在家大业大，逐步走向正途时，创业团队内部出现了怎样的自我盘算和心思，对团队的合作与冲突产生了怎样的影响？
3. 依据所学数字创业管理和团队管理的理论与方法，思考并分析星茂公司创业发展过程中出现的团队冲突与团队治理问题，讨论并提出相应的管理对策。

本章小结

创业者和创业团队都有狭义和广义两方面的定义。创业者指的是组织管理一个企业并承担其风险的人。创业团队的组建要素包括目标、人员、定位、职权、计划。创业团队组建的基本原则：合理设置明确目标、团队互补协同合作、团队构成简单高效、人员动态匹配开放、分工明确合理。创业团队的冲突可以分为认知冲突和情感冲突。

数字技术的发展使得创业环境更加动态，对创业者以及创业团队提出了新的机遇与挑战。创业者在数字经济时代需要具备数字知识、探索精神、数字创业激情以及开放性创新思维。创业团队在信息化时代发展成了虚拟团队和"四众"的组织形式。在数字经济时代下对创业团队进行管理可分为冲突管理、知识管理以及创新管理。

思考题

1. 简述创业者与创业团队的含义。
2. 简要介绍创业团队的组建过程。
3. 在创业团队出现冲突时，该如何化解冲突？
4. 数字经济背景下创业团队显示出了哪些新特征？

第 4 章

数字经济时代的创业机会与风险

爱智慧科技——数字化赋能的弄潮儿

深圳市爱智慧科技有限公司（以下简称"爱智慧科技"）由新三板企业深圳市百米生活股份有限公司（以下简称"百米生活"）前CEO梁新刚创建，公司致力于为企业提供数字化转型解决方案，快速实现智能化变革。爱智慧科技以方案共享模式为各行业客户提供解决方案，形成了一个开放的众包智慧平台。专注利用人工智能为企业赋能，以AI轻咨询共享服务平台为企业提供知识自动化服务。

2013年，爱智慧科技的CEO梁新刚带领团队成立百米生活，凭借着企业家的胆识和创新精神，3年后百米生活成功在新三板挂牌上市。百米生活的成功并没有使梁新刚安于现状，他开始寻找新的创业机会。这时，人工智能技术产业化应用的浪潮刚刚掀起，国家发展和改革委员会也发布了相关政策，鼓励人工智能技术的产业化应用。凭借过硬的专业能力和丰富的互联网经验，梁新刚敏锐地觉察到，在金融行业，以机器学习、知识图谱网络和自然语言处理为基础的人工智能技术能够减少投资者的信息不对称，大大提高投资的效益，为此，梁新刚抓住机会，成立了爱智慧科技。

随着人工智能技术产业化的进一步推进，越来越多的传统企业在寻找合适的人工智能技术服务提供商，希望获得其在企业数字化转型方面的助力。梁新刚再次抓住市场机会，决定转变公司战略发展方向，开始带领爱智慧科技慢慢转向为传统企业提供数字化转型解决方案，打造基于AI赋能的轻咨询共享服务平台。

爱智慧科技在金融人工智能领域的发展优势越来越小，梁新刚深知，长此以往，爱智慧科技必将被市场淘汰。陷入迷茫的爱智慧科技开始潜下心来分析市场，试图通过洞察市场，谋得新的转机。恰逢人工智能产业化浪潮和政策鼓励，爱智慧科技成功开拓了新的业务——数字化转型解决方案。结合梁新刚先生自身的社交资源和前期的经验积累，爱智慧科技在智能金融行业沉淀一年，在数字建模、深度学习等人工智能的核心技术能力上有了十分扎实的积累。

作为数字化转型解决方案的供应商，爱智慧科技通过能力动员、协调和部署来实现数字化赋能价值，帮助客户实现转型。在对客户的赋能上，爱智慧科技将其划分为了三个阶段：产品、营销和运营。在收到客户的转型需求后，爱智慧科技会发挥成熟咨询体系的优势，深入透彻了解企业个性化的转型需求，直击企业痛点，制定转型策略。随后就是使用爱智慧科技的 AI 技术帮助企业完成各个业务场景的数据化，例如在营销业务中，就可以利用 AI 强大的分析能力和知识库，实现消费群体的细分，进而实施差异化营销。

梁新刚表示在传统企业转型中，数据是核心要素，但也是薄弱环节。克服了这一挑战，就可以直奔智能而去。在帮助企业实现物联网、数据、信息、知识和决策五个技术层次的升级和经历三阶段的转型后，传统企业就可以走向智能升级。通过大数据分析，AI 可以帮助制造企业实现流程自动化和知识自动化，为企业未来的持续发展增加更多的动能。爱智慧科技作为一个数字化转型解决方案的供应商，正携手企业从信息化建设，经历数字化转型和知识自动化一步步走向智能升级。

资料来源：冯元粤，罗雨宏，李小娜，等. 爱智慧科技——数字化赋能的弄潮儿[Z]. 中国管理案例共享中心案例库，2022.

案例思考题
1. 数字经济时代下催生出哪些新的创新创业机会？
2. 数字经济时代下存在哪些潜在的创业风险？
3. 爱智慧创始人梁新刚是如何把握新的创新创业机会并成功实现连续创业的？

4.1　数字经济时代的创业机会识别

创业是从机会分析开始的，是创业者在面对大量的不确定性因素时分析、评估机会并进行选择的投资决策行动。但是，创意并不等于创业机会。创业机会区别于创意的特点是：必须具有实现的可能性。好的商业机会需要满足一定条件，如能吸引客户、在机会之窗存在期间被实施等，因此创业者必须首先发现创业机会，然后进行创业机会开发。创业机会开发包括创业机会来源分析、创业机会筛选等过程。

4.1.1　创业机会概述

1. 创业机会的内涵

创业机会主要是指具有较强吸引力的、较为持久的有利于创业的商业机会，创业者据此可以为客户提供有价值的产品或服务，并同时使创业者自身获益。

创业机会是一个人能够开发具有利润潜力的新商业创意的情境。在该情境中，技术、经济、政治、社会和人口条件变化产生了创造新事物的潜力。创业机会可以通过新产品或服务的创造、新市场的拓展、新组织方式的开发、新材料的使用或者新生产过程的引入来加以利用。例如，伴随着中国的改革开放，出现了五次创业高潮，究其实质，是创业机会驱动的。创业过程的核心是创业机会问题，创业过程是由机会驱动的。技术进步、政府管制政策发生变化、国际化的发展……这些变化都会带来机会。

斯科特·谢恩和文卡斯拉曼于2000年发表的一篇题为"作为独特领域的创业研究前景"[①]的文章在规划创业研究的目的、边界与问题方面作出了极具价值的探讨。在文中，他们认为创业研究应该从分析"什么人会成为创业者"，转为探索创业机会从何而来，创业者又是如何与创业机会相结合，挖掘创业机会的来源、识别、评价与开发过程规律。具体而言，他们借鉴经济学家的观点，认为创业机会是一种可以为经济系统引入新产品、新服务、新生产原料和新生产方式，并能以高于成本价出售的可能性。在此基础上，他们提出了创业研究的理论分析框架，即关注以下三个基本问题：①为什么、何时以及如何存在能带来新产品或服务的机会；②某些人为什么、何时以及如何看到并开发创业机会；③为什么、何时以及如何采取不同的行动来开发机会以收获机会价值。但也有学者认为这样的定义过于狭隘[②]，指出大部分的创业实践仅仅是创新性模仿或直接复制。

扩展阅读

中国过去40多年出现的一些创业机会

当少数国外公司生产微型电子计算机时，中国的电子企业将面临一个机会——生产计算机，联想抓住了新产品这个机会。

当百货商场是家用电器的经销主渠道时，是否可以开连锁店，像超市一样卖电器，竞争的重要武器是低价格？国美电器抓住了新的服务方式这个机会。

当人们开始在网络上浏览信息的时候，是否可以在网上提供新闻？新浪、搜狐做到了。

当阿里巴巴、当当等纯电商企业都在做纯互联网模式，是否可以自建物流保障消费一日达？京东乘上了无界零售的东风。

资料来源：北京未名潮管理顾问有限公司. 创业机会识别方法[Z]. 2020.

---

2. 创业机会的特征

传统的创业背景下创业机会显露出一般特征，主要包括以下几点。

---

① SHANE S, VENKATARAMAN S. The promise of entrepreneurship as a field of research[J]. Academy of management review, 2000, 25(1): 217-226.

② SINGH R P. A comment on developing the field of entrepreneurship through the study of opportunity recognition and exploitation[J]. Academy of management review, 2001, 26(1): 10-12.

（1）吸引顾客。创业机会要满足真实的市场需求，只有能为消费者创造新价值或增加原有价值，才能对顾客产生吸引力，才可能具有良好的市场前景，也就是说创业机会要有价值性。

（2）适应商业环境。有价值的创业机会不但能让创业者在承担风险和投入资源之后收回投资，也能创造更高的价值，即消费者认为购买A商家的产品或服务比购买其他的产品或服务能够获得更高的价值，这也体现了创业机会的价值性。

（3）在机会窗口存在期实施。机会窗口是指商业创意被推广到市场上所花费的时间。机会窗口存续时期同是创业的时间期限，即时机，所谓"机不可失，时不再来"。而且新产品市场建立起来，机会窗口就被打开了。机会窗口一般会持续一段时间，不致转瞬即逝，但也不会长久存在。随着市场的成长，企业进入市场并设法建立有利可图的定位，当到达某个时点，市场成熟，竞争者已经有了同样的想法并把产品推向市场，那么机会窗口也就关闭了。因此特定的创业机会仅存在于特定的时段内，创业者务必把握好这个"黄金时间段"，这也体现了创业机会的时效性。

（4）有必要的资源。这里的资源指人、财、物、信息、时间和技能。"在你的商业环境中行得通"是前提，说明创业机会必须适合创业者所处的市场环境，创业者才有可能开发和利用这种机会，这就是创业机会的可行性。否则，机会再好，创业者却因缺乏必要的资源无法加以利用，这样的市场机会对于特定的创业者不能称之为创业机会。

（5）数字创业背景下创业机会显现其特有的特征，具体包括以下几点。

①多元性。数字创业时代下，创业主体呈现多元性的特征。相较于创业者、创业团队和创业企业这些传统的机会主体，数字创业机会涌现出数字企业、数字用户、政府、高校、科研院所、投资机构以及创业服务机构等新颖的机会主体。同时，在机会识别的过程中更加强调参与主体的多元化。数字创业背景下的创业机会识别更多地强调数字技术以及参与主体的多样性对数字机会的作用。例如，大数据、云计算、人工智能、数字生态系统等新兴数字技术。

②迭代性。随着"精益创业"等实践思潮的兴起，成本和速度成为创新创业关注的重点；开放众包、快速迭代成为数字经济背景下新企业复制学习的成熟方法。迭代创新是针对线性创新模式的弊端所提出的运用迭代循环的方式实现企业创意市场化目的的过程，是产品、市场和应用相互均衡的动态过程。迭代创新具备迅速行动和持续改进的特点，迅速行动强调行动的速度和频率，持续改进则是以创新结果的实现为目标导向的重复性实验、改进和适应性行动。

③交互性。数字创业背景下，在线社区的出现丰富了用户作为群体的集体探索与实验，也为科技与用户信息的研究提供了理想化的平台。创业者通过卷入用户互动，能够改变创业行为，获取社会资本，减小不确定性与差异化，以及获取合法性等。从

市场和用户视角来研究创业机会，已有研究侧重于社会网络视角，从网络能力、网络结构特征等方面讨论了关系或网络带来的异质性资源对创业机会识别与开发的影响，认为创业者嵌入社会网络中，接触到异质性的信息和资源，有助于创业机会的识别与开发。

④延展性。与传统产品不同，分层模块化的体系结构决定了数字产品的重要特性，通用性以及基于平台的产品开发成为数字产品发展的主要趋势。对于创业机会来说，这意味着机会集的拓展，甚至是跨界创新的可能性。对"机会集""创业机会组合"的关注，使得理论界在产品创新、商业模式创新之外，将机会作为切入点来描述新创企业面临不确定性的战略调整过程，体现出机会的延展性。

⑤生态性。生态性是机会的迭代性与延展性在数字空间场所的延续，也必然对创业机会的实现过程产生影响。与其他市场环境不同，位于生态系统中的创业企业除了自身的成长需求之外，还需要应对来自生态系统的限制性因素造成的影响。从生态系统的角度来说，成员之间的互补性、生态系统本身的目标与定位、共享的知识与技能构成了评价创新生态系统的重要特征。

3. 创业机会的来源

传统创业与数字创业在机会识别方面并不是完全没有共通之处。不同的学者对机会的来源有着不同的观点[①]，一些学者主张机会是客观存在的，另一些学者认为机会是被创造的。

机会发现观点。从资源利用的角度出发，当资源被重新部署，成为更有前途的机会时，企业家们会下决心开始一项新业务或在一个市场里进行新产品扩张。机会是一直客观存在的，企业家们存在的显著差异、信息的不随机分布导致信息呈现不对称的特征，这也是发现机会的关键。

机会创造观点。机会不是客观存在的，而是由主动型创业者创造出来的，机会的创造内生于想象和创造一个更美好未来的交互活动中，其结果就是创业者创造出一个新市场；同时机会认知的信息并不完备，仅存在非随机分布的有限信息，并且只有某些个体拥有这些信息；个体之间在经验上而非完全意义上存在内在型差异，创业企业家是在创业过程中被创造出来的。

4.1.2 数字经济下创业机会的"催化剂"

政策的大力支持、技术不断进步、市场频繁波动，这些与创业机会来源相关的大环境发生了巨大的变化，使得创业机会也呈现倍增效应，机会无处不在，无时不有，

---

① ECKHARDT J T, SHANE S A. Opportunities and entrepreneurship[J]. Journal of management, 2003, 29(3): 333-349.

关键在于创业者是否有能力去挖掘和开发。

1. 机不可失——市场变化

市场变化是创业机会的主要来源。互联网打破了传统环境下的时间和空间限制，实现与全世界的连接，我们只需要通过互联网就可以将产品卖往世界的各个角落。如此大的市场必然有不同的需求，互联网打破了信息的不对称，为顾客和厂商提供了直接交流的平台，使个性化需求下的定制服务得以实现。目前，在数字经济环境下市场主要呈现以下三种变化趋势。

（1）市场规模不断扩大。数字经济环境下的市场是全球化大市场，它消除了距离的障碍，将国内市场、国际市场连成一体。这个市场内不需要任何中介，就能将产品和服务信息传送至全球任何一个角落的顾客从而实现销售。巨大的市场规模就需要更多的新生企业来满足，创业机会就会随之而生。

（2）市场中消费者的习惯发生变化。越来越多的消费者已经习惯先在网上搜索喜欢的产品或服务，通过其他消费者的评论再来决定是否购买。在消费过程中，人们开始更多地依赖电子钱包支付。这些习惯的变化蕴含无限的商机，比如购物上淘宝、吃饭找美团、出门打滴滴。互联网正在一步步改变人们的消费习惯，习惯的改变将会带来更多的创业机会。

（3）市场越来越细化。数字经济环境下人们的需求更多样化，个性化的需求越来越多，对产品的要求也越来越高。需求越多，要求越高，市场中就会存在那些尚未被满足的需求。市场越细化，存在尚未满足的需求就越多，创业机会也就越多。

数字经济与传统行业的融合已成为一种趋势。目前，数字经济与传统行业融合的深度和广度还不够，在融合过程中也存在很多的问题。比如"互联网+医疗"目前只实现了基本的上网挂号预约等功能，数字经济还未深入医疗部门。互联网与传统行业的持续融合也必将是创业者的新机会。

2. 有机可寻——技术进步

"科学技术是第一生产力"，科技革新不仅促进社会进步，也推动了经济发展，尤其是数字经济时代，技术应用是数字经济计划中的重要内涵之一。技术进步为传统产业互联网化提供了技术保障，推动了传统产业转型和升级，扩展了产品市场，带来更多的创业机会。

首先，数字技术是实现数字经济行动计划的根本保障。数字技术作为互联网与传统行业融合的工具，在传统行业转型升级中发挥着重要作用。数字技术的出现和发展打破了时空限制，改变了创业环境，使传统行业的生产和销售方式发生了巨大改变，互联网与传统行业融合已成为传统行业生存与发展的必备条件。

其次，随着数字技术的不断发展，物联网、云计算、云服务等网络技术被广泛应用，数字技术的开发、服务、项目有很大的市场空间和发展前景，其所带来的市场在迅速地扩大和增长，这必将带来创业机会的剧增。

最后，数字技术的发展带来了创业门槛和创业成本的大大降低，给那些缺乏资源又想创业的创业者带来了机会，创业者只需要依附于某个平台如淘宝、京东就能实现免费开店。同时，技术进步带来创业成本的降低，也是创业机会剧增的重要原因。

3. 机会难得——政策支持

政策支持下的创业可以说是机会难得。数字经济行动计划为"大众创业、万众创新"提供了新环境，是中国经济提质增效升级的"新引擎"。数字经济行动计划的提出将推动移动互联网、云计算、大数据、物联网等与现代制造业结合，促进电子商务、工业互联网和互联网金融（ITFIN）健康发展。一系列政策的调整会对经济产生巨大的影响，市场环境发生改变，产业结构随之改变，多重复杂的变化下必将产生大量的创业机会。同时国家为创业者提供更多政策资源，包括税收优惠、贷款支持、建立孵化园等，这为创业者提供了更多的创业条件。在政策鼓励下，创业者将更加积极主动地去寻找创业机会，创业者的资源越多，积极主动性越强，机会自然就会出现。

政策的有力执行也会带来创业机会，比如大力整治酒驾，催生了代驾公司出现；放开三孩政策，拉动了婴儿用品、儿童保健、儿童游乐等一系列需求的增加。这些都是政策调整带来的创业机会。创业者需要多加关注政府的相关政策，在国家政策下寻找创业机会，创业将事半功倍。

4.1.3 数字赋能创业机会识别过程

1. 数字经济时代创业机会的识别过程

机会识别是一个多阶段的过程，企业家发挥积极作用。[①]在数字经济时代下，创业机会具有碎片化和识别过程的动态化特点，基于数字产品开放性和易编辑性本质，创业者更容易及时检验想法与方案，修正、调整商业模式，甚至发掘新的机会。

阶段一：机会搜寻

创业开始的关键可能来源于一个新产品或服务的创意，而创意往往来源于对市场机会、技术机会和政策变化信息的感知和分析，来源于创业者在个人经验基础上的"灵感"。

在机会搜寻阶段，创业者对整个经济系统中可能的创意和"灵感"展开搜索，如果创业者意识到某一创意可能是潜在的商业机会，具有潜在的发展价值，就将进入机会识别的下一阶段。

一方面，数字技术的可编辑性能够使不同数字组件之间互相组合，也能够接轨传

[①] ARDICHVILI A, CARDOZO R, RAY S. A theory of entrepreneurial opportunity identification and development[J]. Journal of business venturing, 2003, 18(1): 105-123.

统行业，使创业者萌生更多新的概念和想法。另一方面，数字技术的关联性使创业主体变得多元化和集体化，抛开了时间和空间的界限，让创业者可以听到全球的声音，甚至未来的顾客也会成为创意的提出者。

阶段二：机会识别

识别创业机会是思考和探索反复互动，并将创意进行转变的过程。相对整体意义上的机会识别过程，这里的机会识别应当是狭义上的识别，即从创意中筛选合适的机会。这一过程包括两个步骤：第一步是通过对整体的市场环境以及一般的行业分析来判断该机会是否在广泛意义上属于有利的商业机会；第二步是考察对于特定的创业者和投资者来说，这一机会是否有价值，也就是个性化的机会识别阶段。

一方面，数字技术的可编辑性、可拓展性可以帮助创业者利用最少的资源、最快的速度识别有价值的创业机会。例如，利用大数据、云计算等技术收集和处理相关数据，增加了其数据的真实性和客观性，提高了数据分析的速度，降低了决策失败的风险。另一方面，借助数字技术的开放性与关联性，海量用户也能够参与创业机会的识别过程，有助于创业者判断其想法与市场需求是否一致，使其识别的创业机会更加贴近消费者的需求。

阶段三：机会评价

机会评价存在于发展的每个阶段，尽管评价可能是非正式的，甚至是不明确的。当管理者愿意将更多的资源投入机会开发的过程中时，机会评价就会变得更加正式。评价是仔细审查创意并分析其是否可行的阶段，主要包括技术方案评价、市场潜力评价和成本收益评价。评价是机会识别中的关键环节，要求创业者对创意的可行性进行客观、公正的评判。

一方面，数字技术的开放性允许各主体共同参与和分享，减少了创业主体之间的障碍，也降低了初创企业进入市场的技术壁垒，促进了创业者对创业机会的利用。另一方面，数字技术的关联性也促进了各创业主体之间的连接与互动，有助于创业者充分了解客户需求，并根据用户需求变化作出动态调整，从而更好地评价和利用创业机会。

2. 数字赋能创业机会识别过程

创业机会识别的影响因素众多，例如，创业者的创业意愿、先验知识、创造性思维和社会关系网络等，数字技术能够改变甚至颠覆创业者的创业意愿、创造性思维和社会关系网络，从而促进创业者对创业机会的识别。

（1）数字技术提升了创业者的创业意愿。数字技术的可编辑性、可扩展性、开放性和关联性共同提高了创业者对创业活动的预期效果，也提高了创业者对这些预期效果的感知效用，从而改善了创业者的创业态度；数字技术的可扩展性、开放性和关联性增加了其他创业主体对创业者的信任与支持，降低了创业者所承受的创业压力，从而改变了创业者的主观规范；数字技术的可扩展性、开放性和关联性强化了创业活动中重要的感知控制因素,也提高了创业者对创业行为的控制信念,从而加强了创业者的感知行为控制。

(2)数字技术激发了创业者的创造性思维。数字技术的可编辑性、可扩展性和开放性能够实现数字技术元素之间的重新组合与连接,还能够嵌入传统行业当中,创造出更多新的组合模式,促进产品/服务创新模式的形成,从而激发创业者创造性思维;基于数字技术的开放性和关联性,数字技术能够嵌入创业过程当中,推动开放的创新模式的形成,从而激发创业者的创造性思维。

(3)数字技术拓展和深化了创业者的社会关系网络。在数字化时代,只有与用户进行交互才能共创价值,因此建立用户网络至关重要,而数字技术的开放性和关联性能够推动用户网络的建立,从而拓展和深化创业者的社会关系网络。在竞争激烈的市场环境中,创业者不免与外界进行沟通交流,积极寻求外部合作,以达到资源共享、合作共赢的目的,但是现实中创业者的人脉资源往往是有限的,而数字技术的开放性和关联性为创业者与其他创业者的连接提供了机会,促进了双方的交流与合作,从而拓宽了创业者的社会关系网络。而且随着交流、合作的不断深入,双方的信任机制也在逐渐形成,创业者的社会关系网络得以深化,从而促进了创业者之间交流与合作机制的形成。

数字技术为创业机会利用过程提供了技术支撑。数字技术帮助数字企业在进行机会利用时实现与顾客价值的协同共生,从而在已识别的数字机会中建立竞争的优势。数字技术的开放性能够迅速降低数字企业进入市场的技术壁垒和相关的市场风险,加速其快速进入目标市场。同时,数字技术的关联性能够促使数字企业在机会利用的过程中实现和消费者的协同创新,提高企业产品或服务与市场需求的匹配度,拓宽消费者之间的沟通交流渠道。

3. 数字经济时代创业机会的识别方法

数字经济时代创业机会识别方法与传统创业机会识别方法大同小异,主要有两种:观察趋势法和解决问题法。

观察趋势法要求我们观察趋势并研究它们如何创造创业者追求的机会。经济趋势、社会趋势、技术进步趋势、法规变动和人口变动,都是要遵循的最重要的趋势。经济趋势要注意经济状况、可支配收入和消费者的消费模式。例如,"互联网+"趋势,如找钢网,互联网改造传统行业。社会趋势要注意社会和文化趋势、人口统计变化和人们的流行观。例如,性别模糊化产生了很多的第三性产业;乡村运动带来了乡村旅游和乡创。技术进步趋势,例如大数据导致很多咨询机构产生;基因编辑技术导致很多的生物工程。法规变动,例如,民航放开使均瑶航空出现。人口变动,例如,三孩政策催生幼教产业的新黄金时期。

解决问题法要求我们明白创业者原本也是顾客,从需要出发找出解决方法,从而发现创业点子。

扩展阅读

"一针见血"神器——投影式红外血管成像仪

几年前，米磊女儿生病打点滴，因为血管太细，护士连续4次扎针失败，让米磊心疼不已。爱女心切，也给了他创新的灵感：能不能发明一台设备来解决扎针难的问题？仔细调研后，他发现了市场的空白和蕴藏的商机，找到合伙人一起研发血管成像仪，一经问世就获得众多医疗机构的好评。

在米磊眼里，技术手段已经很成熟。关键是如何将其组装成一个商品，让科研成果不再束之高阁，而是能够为人所用。他找到了"合拍"的合伙人、专业的技术团队，以及完善的商业模式。目前，血管成像仪已被200多家医院采购（图4-1），签订了国外的多个地区代理商，每年有几千万元的收益。

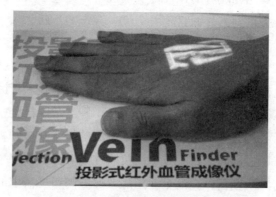

图4-1　投影式红外血管成像仪

资料来源：《跨界见真章》米磊："理科男"的硬科技创业经[EB/OL]. (2017-04-06). https://tv.cctv.com/2017/04/06/ARTI1nZU7tjFPzLsOLAmiGxV170406.shtml.

4.2　数字经济时代的创业机会评价

"评价"这一术语通常与一项判断联系在一起，这个判断决定了正在开发的机会是否能得到物力、财力以进入下一阶段的发展。在整个机会开发过程中，对机会进行评价的人主要是创业者及创业团队；投资人，包括天使投资人、风险投资家和股东。在开发过程的不同阶段，创业者很可能会对这一机会作出多次评价，这些评价会使创业者识别其他的新机会或调整其最初的看法。尽管这些评价可能是非正式的甚至是不系统的。一般来说，那些决定资源分配的人（投资人）会对创业企业的商业计划进行全面评价，进行尽职调查。

4.2.1 数字经济时代的创业机会评价策略

数字经济时代下有价值的创业机会除了具备《21世纪创业》的作者杰夫里·第莫斯教授指出的四个一般特征，很能吸引顾客、在你的商业环境中行得通、必须在"机会之窗"敞开期间被实施、必须有资源（人、财、物、信息、时间）和技能与之匹配，还应具备数字经济时代特有的迭代性、交互性、延展性和生态性特征。所以，我们应从以上几个方面来综合评价创业机会。

1. 评价机会的吸引性

好的机会需要有需求旺盛的市场和丰厚的利润，而且要容易赚钱。只有创业机会具有很强的吸引性，其才能够得到潜在客户的关注。

在创业机会实施之前，可以通过市场调查或者市场测试的方法，对项目的吸引性进行验证。小米手机在推出之前就做了产品吸引力的调查分析，得到了大量米粉的支持。雷军说"因为米粉所以小米"，正是吸引性在创业机会实施中基础性作用的表现。现在大量众筹的网上项目，都是从吸引性的角度出发来进行产品开发的。

2. 评价机会的可行性

好的想法未必是好的商业机会，只有可行的创业机会才是好的商业机会。

分析创业机会的可行性可以从宏观、中观和微观的角度分别展开。宏观角度的分析可以采用PEST（政治、经济、社会、技术）分析法，从创业机会的政治、经济、社会和技术的角度入手；中观角度的分析主要是行业层次的分析，常用的方法是波特的五力分析模型，从进入壁垒、替代品威胁、买方议价能力、卖方议价能力以及现存竞争者之间的竞争对行业的竞争情况进行分析，并需要通过对行业数据的分析，了解行业生命周期，判断是否是"机会窗"打开的期间，对创业机会实施的时机进行判断；微观方面借助SWOT（优势、劣势、机会、威胁）分析法，深入了解外部环境中的机会和威胁，以及创业项目自身的优劣势，对创业机会的可行性进行把握。

3. 评价机会的适时性

马克·吐温说："我很少能看到机会，往往在我看到机会的时候，它已经不再是机会了。"日常生活中，我们也常说，"机不可失，时不再来"。这些都说明了机会转瞬即逝的特性。因此，创业者一定要适时抓住机会，开发利用机会。

通常情况下，短时间内可以满足人们重大愿望或者有利于帮助人们解决一些重大问题的创业机会才有较大的胜算，在开发过程中容易取得成功。及时抓住消费者的"痛点"，是创业成功的关键之一。

4. 评价机会的匹配性

对任何人总会有些机会只能看见，却不能为自己所把握，即使创业机会的价值潜力再大，如果自己缺乏相应的必备条件和因素，盲目行动带来的后果往往可能是竹篮打水一场空。因此，对于创业机会是否适合自己的判断，需要分析资源、团队能力的匹配程度。90后大学生王子月"磁性剪纸"的创业故事很好地说明了匹配性分析的意义，截至2020年底，王子月已经拥有300家加盟店，获得11项国家专利，被评为浙江省十佳大学生，成功入围中国大学生年度人物。

5. 评价机会的持久性

创业机会的持久性指机会持续时间的长短与市场成长性。一般来说，好的创业机会具有可持久开发的潜力，并且能够为企业带来持续的竞争优势。

无人机由于具有体积小、造价低、使用方便、对作战环境要求低、战场生存能力较强等优点，对未来空战有着重要的意义，在各种不同的灾害救援中也发挥了很大的作用。因此，研发无人机就是一个很好的创业机会。据路透社的统计数据，中国无人机制造公司大疆创新的产品在美国商用无人机市场占据领先地位，市场份额达47%，遥遥领先于排名第二的竞争对手。而在全球商用无人机市场中，大疆更是独领风骚，一举夺得近70%的市场份额，无疑大疆已成为无人机行业的领军者。同时，大疆在无人机工业、行业用户以及专业航拍应用方面也做了很多探索，为客户提供性能最强、体验最佳的革命性智能飞控产品和解决方案。

4.2.2 数字经济时代的创业机会评价方法

数字经济时代下如果创业机会难以衡量或评价，那么创业机会的研究就会停留在概念层面，难以真正深入研究机会与创业过程中其他因素的关系与作用机制。在机会开发过程的各阶段，创业者会对市场或资源进行非正式的研究，对机会作出多次评价，这些评价会使创业者识别其他的新机会或调整其最初的看法。

1. 定性评价法

1994年，斯蒂文森等认为对创业机会的充分评价，需要考虑以下几个重要问题：机会有大小，存在的时间跨度和随时间成长的速度等问题；潜在的利润是否足够弥补资本、时间和机会成本的投资，带来令人满意的收益；机会是否开辟了额外的扩张、多样化或综合的商业机会选择；在可能的障碍面前，收益是否会持久；产品或服务是否真正满足了目标市场真实的需求。

1998年，隆杰内克等提出了评价创业机会的五项基本准则：对产品有明确的市场需求，推出的时机也是恰当的；投资的项目必须能够维持持久的竞争优势；投资必须具有一定程度的高回报，从而允许一些投资中的失误；创业者和机会之间必须相互适合；机会中不存在致命的缺陷。

2. 定量评价法

标准打分矩阵：是通过选择对创业机会成功有重要影响的因素，并由专家对每一个因素进行最好（3分）、好（2分）、一般（1分）三个等级的打分，最后求出对每个因素在创业机会下的加权平均分，从而对不同的创业机会进行比较。表 4-1 中列出了其中 10 项主要的评价因素，在实际使用时可以根据具体情况选择其中的全部或部分因素来进行评估。

表 4-1 标准打分矩阵

标　准	专　家　打　分			
	最好（3分）	好（2分）	一般（1分）	加权平均分
易操作性				
质量和易维护性				
市场接受性				
增加资本的能力				
投资回报				
专利权状况				
市场大小				
制造的简单性				
口碑传播潜力				
成长潜力				

蒂蒙斯创业机会评价模型：1999 年，蒂蒙斯提出了包含 8 项一级指标、53 项二级指标的评价指标体系，几乎涵盖了其他一些理论所涉及的全部内容，包括产业和市场、经济因素、收获条件、竞争优势、管理团队、致命缺陷问题、个人标准、理想与现实的战略差异等方面，被认为是目前最为全面的创业机会评价指标体系，如表 4-2 所示。

表 4-2 蒂蒙斯创业机会评价

评　价　要　素	评　价　指　标
产业和市场	1. 市场容易识别，可以带来持续收入
	2. 顾客可以接受产品或服务，愿意为此付费
	3. 产品的附加值高
	4. 产品对市场的影响力大
	5. 将要开发的产品生命长久
	6. 项目所在的产业是新兴产业，竞争不完善
	7. 市场规模大、销售潜力大
	8. 市场成长率为 30%~50%，甚至更高
	9. 现有厂商的生产能力机会完全饱和
	10. 5 年内能占据市场领导地位，在 20% 以上
	11. 拥有低成本的供货商，具有成本优势

续表

评价要素	评价指标
经济因素	1. 达到盈亏平衡点所需要的时间在两年以下
	2. 盈亏平衡点不会逐渐提高
	3. 投资回报率在25%以上
	4. 项目对资金的要求不是很大,能够获得融资
	5. 销售额的年增长率高于15%
	6. 有良好的现金流量,能占销售额的20%~30%
	7. 能获得持久的毛利,毛利率要在40%以上
	8. 资产集中程度低
	9. 能获得持久的税后利润,税后率超过10%
	10. 运营资金不多,需求量是逐年增加的
	11. 研究开发工作对资金的要求不高
竞争优势	1. 固定成本和可变成本低
	2. 对成本、价格和销售的控制较强
	3. 已经获得或可以获得对专利所有权的保护
	4. 竞争对手尚未觉醒,竞争较弱
	5. 拥有专利或具有某种独占性
	6. 拥有发展良好的网络关系,容易获得合同
	7. 拥有杰出的关键人员和管理团队
管理团队	1. 创业者团队是一个优秀管理者的组合
	2. 产业和技术经验达到了本产业内的最高水平
	3. 管理团队的廉洁程度能达到最高水准
	4. 管理团队指导自己缺乏哪方面的知识
个人标准	1. 个人目标与创业活动相符合
	2. 创业家可以做到在有限的风险下实现成功
	3. 创业家能够接受薪水减少等损失
	4. 创业家渴望进行创业的生活方式,而不只为挣大钱
	5. 创业家可以承受适当的风险
	6. 创业家在压力下状态依然良好
收获条件	1. 项目带有附加价值的具有较高的战略意义
	2. 存在现有的可预料的退出方式
	3. 资本市场环境有利,可以实现资本的流动
致命缺陷问题	不存在任何致命缺陷问题
理想与现实的战略差异	1. 理想与现实情况相吻合
	2. 管理团队已经是最好的
	3. 在客户服务管理方面有很好的服务理念
	4. 所创办的事业顺应时代潮流
	5. 所采取的技术具有突破性,不存在许多替代品和竞争对手
	6. 具有灵活的适应能力,能快速地进行取舍
	7. 始终在寻找新的机会

续表

评价要素	评价指标
理想与现实的战略差异	8. 定价与市场领先者几乎持平
	9. 能够获得销售渠道，或已经拥有现在的网络
	10. 能够允许失败

3. 数字化评价工具

数字经济时代在用定性和定量的方法进行创业机会评价的同时，也可以使用一些数字化的工具，如网络爬虫、自然语言处理、机器学习等，让评价更科学、更精准。

网络爬虫[又称为网页蜘蛛，网络机器人，在FOAF（朋友的朋友）社区中，更经常地被称为网页追逐者]，是一种按照一定的规则，自动抓取万维网信息的程序或者脚本。

自然语言处理（natural language processing，NLP）是计算机科学领域与人工智能领域中的一个重要方向。它研究能实现人与计算机之间用自然语言进行有效通信的各种理论和方法，主要应用于机器翻译、舆情监测、自动摘要、观点提取、文本分类、问题回答、文本语义对比、语音识别、中文OCR（光学字符识别）等方面。

机器学习（machine learning，ML）是一门多领域交叉学科，涉及概率论、统计学、逼近论、凸分析、算法复杂度理论等多门学科。专门研究计算机怎样模拟或实现人类的学习行为，以获取新的知识或技能，重新组织已有的知识结构使之不断改善自身的性能。

4.3 数字经济时代的创业风险识别与防范

4.3.1 数字经济时代创业风险概述

1. 创业风险的概念

风险在现代被人们视为预期和现实之间的差异。当实际结果远高于或低于期望目标时，风险值则较大。过往的研究中学者们对风险的定义大致有四种：一是损失机会和损失的可能性，二是实际结果与预测结果的差值，三是损失的无法预估性，四是实际结果与预期结果偏离的概率。简单来说，风险就是指在一个特定的时间内和一定的内外部环境条件下，人们所期望的目标与实际结果之间的差异。

美国著名创业学者蒂蒙斯在其创设的创业模型中提出，创业过程是一个高度配置创业机会、资源、团队三者，并最终达到动态平衡的过程。但是随着时空的变革，加之市场不确定性、资本市场风险及外部环境等诸多因素的冲击，这三个要素的相对地位发生变化，从而打破了原有的平衡，这种失衡现象被称为创业风险。

综上所述，创业风险指在难以预测的创业环境中，面对复杂多变的创业机会与创业企业，能力与实力都十分有限的创业者、创业团队和创业投资者从事的创业活动偏离预期目标的可能性以及后果。

2. 数字经济时代创业风险的特点

同一事物在不同的环境下具有不同的特点，创业风险类似。数字经济具有跨界融合、创新驱动、重塑结构、尊重人性和开放生态等特点，决定了数字经济环境下的创业风险展现出新特征。数字经济环境下的创业风险的特点主要表现在以下几方面。

（1）多样性。数字经济环境下创业风险呈现多样性的特点。从面临风险的类型看，创业企业在面临传统的创业风险的同时还面临来自数字经济新环境下的新风险；从面临风险的来源看，创业企业不仅面临来自企业自身运营带来的风险，还面临其他与之相联系的企业带来的风险；从面临风险的具体内容看，创业企业不仅面临技术风险、网络安全风险，还面临网络环境不稳定等多种风险。

（2）叠加性。数字经济环境下创业风险的叠加性主要是指由于互联网盛行，企业之间的联系相比传统的创业企业更加紧密，企业之间的交流更加频繁，遇到风险时彼此会相互影响。由于数字经济跨界融合的特点，创业企业之间融合度增高，一旦有一家企业面临风险，其他企业必然受到牵连，这样彼此之间的风险叠加在一起必然给企业带来更大的风险。

（3）可测性。可测性是指创业者可通过一定的方式、方法对创业风险进行科学的预测，传统创业企业的创业风险也同样具有可测性的特点。传统创业中由于技术和方法的落后，在预测风险时可能存在预测结果不准确的情况。随着数字经济大热潮的涌起，数字技术应用越来越广泛，在数字经济环境下创业，创业者可以运用大数据、云计算等科学的、先进的技术来预测创业中遇到的风险。运用这样的技术进行的风险预测相对于传统的方法更加准确，更加方便创业者做好规避风险的准备。

4.3.2 数字赋能创业风险识别与防范机制

数字经济战略的提出，表明当下以互联网为引擎的新经济发展方式受到了国家的高度重视，为我国经济、企业和产业的发展指明了一条更宽广的发展之路。而对于很多企业来说，数字经济带来的不仅是机遇，还存在着一定的挑战和风险。[1]

1. 数字经济环境下创业风险的主要类型

数字经济行动计划的提出带来了数字经济的创业大潮，数字经济新特点和互联网思维的渗透都决定了在数字经济环境下的创业企业会遇到与传统行业不一样的创业风

---

[1] 李伟，王雪，范思振，等. 创新创业教程[M]. 北京：清华大学出版社，2019: 245-250.

险类型。创业者面临的主要有安全风险、用户隐私泄露风险、技术风险、环境风险、市场变化风险和法律风险。

（1）安全风险。安全风险主要包括三点内容：物理安全风险、系统安全风险、管理安全风险。第一，网络系统安全的重中之重是网络的物理安全风险。常见的物理安全的风险来源有地震、水灾、火灾等自然灾害；电源故障；人为操作失误；设备被盗、被毁；电磁干扰；线路截获；高可用性的硬件；双机多冗余的设计；机房环境及报警系统、安全意识等。第二，系统安全风险通常是指整个网络操作系统和网络硬件平台是否可信。没有绝对安全的操作系统。创业者应从不同的角度考虑，仔细分析其网络，尽可能选择安全性高的操作系统，加强登录过程的认证，以确保用户的合法性。第三，管理是网络安全很重要的部分。不明的责权、不健全的安全管理制度以及缺乏可操作性的制度，都会增大管理安全风险发生的概率。强化网络可控性和可审查性也是管理安全风险的重要一环。

（2）用户隐私泄露风险。机密信息泄露、信息完整性破坏、未经授权访问、假冒、系统可用性破坏等是用户隐私泄露风险的主要表现。网络系统中涵盖大量机密信息，这些信息一旦被盗取或破坏，将严重影响经济、社会和政治生活。防范用户隐私泄露风险可以采取以下措施：采用加密手段确保网上传输信息的机密性与完整性；采用多层次访问控制与权限控制方法实现对数据的安全保护。

（3）技术风险。数字经济环境下创业者遇到的技术风险是指创业者不了解数字技术和缺乏相关技能造成的风险。本书所指的技术风险主要包括两点：一是互联网专业技术教育的缺乏。创业者对数字技术在社会各领域的应用缺乏全面的认识和了解，难以有效发现和利用互联网领域的商机和信息。二是技术安全风险。其主要表现形式为网站设计与制作、网站运营技术风险、数据挖掘与整合风险、计算机网络软硬件故障等。数字技术复杂多变，创业者如果不加以关注并及时发现技术中存在的安全问题就很有可能给企业带来风险。

（4）环境风险。恶劣的互联网环境也会给新创企业带来一定的风险。而我国互联网环境表现为以下几个方面：一是目前我国互联网基础设施水平较低，数字经济发展的硬件基础不足。二是法律不健全，数字经济形成的新业态存在法律空白。知识产权、信息安全、电子纳税、互联网金融等方面的法律问题变得越来越突出。三是政策扶持效果不足。数字经济创新创业配套的规划、政策、体制尚未完全建立。从地方制定的数字经济创新创业支持政策来看，大多存在着对扶持对象设限的问题，不利于推动数字经济创业由少数人群走向社会大众。

（5）市场变化风险。技术发展风险和消费需求的变化是市场变化风险的两个主要诱因。新技术出现，人们的生产生活方式随之改变，而市场需求必然也发生变化。若创业者不能很好地掌握市场变化的规律，企业自身风险必然加大。消费者的需求随着技术的变化而变化,预示在数字经济环境下企业面临市场变化风险的可能性更大;而技术不变,消费者需求改变同样会导致市场的变化。在人们个性张扬、主张自我的数字经济时代,市场的变化更多受到消费需求变化的影响。创业者缺乏对这种变化的关注加快了此类风险的发生。

(6)法律风险。企业法律风险是指由于相关法律的缺失,在数字经济环境下创业可能会遇到相关法律纠纷。在数字经济发展的背景下,互联网科技公司在为计算机用户提供供应链金融服务时,会积累大量的计算机用户相关信息。一些生产型企业不加警惕,致使大量个人身份信息泄露,这种情况在当今社会备受关注。个人身份信息泄露的原因,一方面是我国相关法律法规的不完善。我们没有具体的相关法律来规范个人身份信息的收集方式、能够选用和披露的信息。虽然我国近年来加大了对个人信息安全保护的补救力度,进一步推进了与数据保护有所关联的国家立法和修法进程,但这些相关法律法规过于强调基础原则和抽象概念,不具备实际操作性,实践性不高,覆盖范围窄。另一方面是,当今绝大多数滥用个人身份信息的犯罪行为都具备隐蔽性和超前性。即使提交了证据,也不是那么容易证明自己的损失。在数字经济发展环境下,法律风险在创业的具体过程中仍然影响不大。

2. 数字经济时代创业风险的防范策略

企业是创业的主体。数字经济环境下,企业需要从自身建设管理各方面入手,规避创业风险、减少创业成本。

(1)企业需要健全自身管理制度。一般情况下,企业管理可分为人力资源、营销、财务、生产等方面,在企业运行过程中,任何管理环节出现问题都有可能给企业造成严重损失。完善的企业管理制度是创业过程中企业发展的前提,企业需要严格执行各项管理制度,并根据企业发展状况对制度进行修改和完善,做到奖惩分明。此外,企业应创建风险控制与管理的机制,对供应商、客户、政府等外部群体形成一套统一的风险监测和评估机制。数字经济环境下的新创企业尤其需要重视网络媒体在信息传播中的作用,并设立对网络信息传播的监测和反馈机制。这对企业预知并化解风险意义重大,有效执行企业风险控制与管理机制能及时有效地在危机来临前释放企业的资源和能量,有助于企业风险的规避和化解。

(2)企业需要建立风险管理文化。数字经济环境下创业风险的多样性、叠加性等特点,导致创业者及时预测并规避风险变得更加困难。创业企业要想从容应对,并成功地规避风险就需要建立风险管理文化。风险管理文化是指让所有员工树立风险意识,即当风险来临时,企业员工能够联合管理者积极反馈意见并采取行动规避风险。

(3)企业需要建立危机公关团队。互联网具有信息传播快的特点,使得社会舆论对企业影响加大,建立危机公关团队对创业者来说至关重要。危机公关团队在企业遇到困难时依照下述原则解决问题：快速反应，制止不利流言的传播；承担责任，对于任何用户、竞争对手、第三方提出的问题，要敢于担起责任；诚恳沟通，摆正位置和态度。

（4）企业需要积极运用科学技术。数字经济时代，技术更新换代快，信息流量大，创业企业要想在这个大浪潮中取得创业的成功就得掌握技术，用科学的技术、方法来规避创业过程中遇到的风险：①物理措施。通过制定严格的网络安全规章制度，采取防辐射、防火以及安装不间断电源（UPS）等措施保护网络设备（如交换机、大型计算机等）。②访问控制。企业需要对用户访问网络资源的权限进行严格的认证和控制。例如，进行用户身份认证，对口令加密、更新和鉴别，设置用户访问目录和文件的权限，控制网络设备配置的权限等。③数据加密。保护数据安全的重要手段是加密。通过数据加密保障信息被人截获后不能读懂其含义，以此防止企业信息外泄。④其他措施。其他措施包括信息过滤、容错、数据镜像、数据备份和审计等。

（5）企业需要积极运用大数据和人工智能手段。企业通过生产产品满足用户基本需求从而获取相应的经济效益。大数据技术显著提高创业企业产品的市场针对性从而降低创业企业面临的市场风险。通过人力调研市场的传统企业创业形式稳定性差、时效性差、针对性较弱，得出的数据结果对企业生产的参考价值不高。利用现代大数据技术，新创企业通过充分分析目标用户的年龄、身份、收入、社会背景、行为习惯等信息，从中挖掘参考性较强的数据信息。不仅如此，运用大数据技术精准预测用户的消费信息，根据用户的购买记录、总体消费趋势等分析用户未来的消费情况，从而有针对性地为用户提供产品，实现创业企业后续产品的最优化发展。大数据和人工智能技术的成熟发展，改变了创业企业的内部控制范式，有效地降低了企业内部控制的风险。例如，利用人工智能技术将财务数据融入ERP（企业资源计划）软件中，实现高效过滤数据。人工智能技术能够建立完善的自然语言，实现海量信息的处理，加快商业报告的自动生成，在层次化处理数据的基础上又能够保持精确的可靠性。同时运用人工智能机器人的深度学习，能够有效地缓解机械式工作下人工产生的负面情感。

4.4 【案例分析】"水掌柜"到"师傅邦"的创业成长之路

1. 萌芽：慧眼如炬，识别机会

离开事业单位后，林永辉从事过很多行业，皆做得风生水起。一次偶然的广州参展，使得林永辉对水站产生了浓厚的兴趣。经过3个月的调研，他更加肯定了自己的想法，并且拿到了水站的泉州总代理。2010年"双十一"前夕，第一次网购的他在淘宝商城搜索"净水器"，意外发现60%~70%的差评是因为无售后安装。凭借多年的从业经验，林永辉嗅到了其中蕴藏的商机。

2. 创业：聚焦痛点，利用机会

"净水器的市场潜力这么大，安装售后是网销净水器最大的瓶颈。"林永辉下定决心开发一个能给消费者提供完整售后服务的平台。

阶段一：市场痛点的思考

二话不说，林永辉便行动起来，开始学习净水器相关知识。通过仔细调研，他发现净水器市场普遍存在商家缺乏售后、客户独立安装困难、平台责任混乱、师傅"吃不饱"等"痛点"。经销商售后服务的紧缺，以及消费者和师傅之间的供需不对称启发了林永辉，新的商机已然显现。

阶段二：平台初设

现有的售后平台一般分为大型与中小企业的自建平台和第三方平台。对于选择自建渠道与售后的企业来说，能够更好地控制营销活动，与客户的零距离对接增强了客户黏性。第三方安装售后平台充分享受家电等品牌红利，服务范围广，不论何种品牌的何种机器型号需要安装或出现故障，都可以由平台专业人员提供附加服务，营销成本低。2011年，公司筹措400多万元资金，借助当地知名学府华侨大学的技术力量，结合二者优势开发打造"净水器售后服务平台"，创建"水掌柜"服务品牌。平台上线的第一步就是搭建一个可以连通全国各省市安装家电师傅的联系网络。经过近两年的筹备，2012年5月1日，"水掌柜"正式运行。

阶段三：平台进化

为了更好地发展，林永辉提前布局实施公司未来发展战略，组织研发团队，调整公司计划，开发新型电商平台——O2O（线上到线下）售后服务平台，包括三大硬件平台（微信、PC端、移动互联网平台），将四个用户群体联系起来。图4-2是师傅邦平台的多边市场，其四"边"分别为厂家、销售商、C端用户和专业师傅。

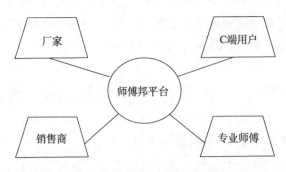

图4-2 师傅邦的多边市场模式

家装售后服务的O2O模式支持多种移动应用App实时接入公司平台系统，对所有师傅以及订单进行系统化管理。厂家与网店店主可以直接通过App下单，售后安装师傅也可在App上接单，预约订单、安装与完工、客户打分、上传图片等均可借助

App 搭建的平台实现。这样一来，客户端 App 与 PC 端左右开弓，水掌柜成功进化。

2014 年，依托互联网的电商发展如日中天，网购家电产品成为流行新趋势，经过公司内部的多次提案与会议，2014 年 11 月，新商标"师傅邦"注册成功，企业开始承接电动晾衣架、抽油烟机、灯具、热水器、集成吊顶等几乎全部的家居产品安装服务。

同时，师傅邦通过制定师傅过滤机制、师傅等级制度、验证码评分制度、回访制度等规则来过滤平台用户，筛除不良用户，绑定现有用户，治理平台生态圈。2015 年，阿里巴巴天猫平台指定师傅邦为其产品售后安装服务商。2016 年 3 月 21 日，公司更名为泉州市师傅邦网络科技有限公司。

3. 变革：主动求变，创造机会

作为售后服务平台，师傅邦的模式获得了顾客和商家的极大认可，业务量开始急剧增长。林永辉意识到，售后安装服务行业与互联网的结合开始变得火热，机不可失，时不再来，现在必须采取行动，寻求新的突破点。

通过调查，林永辉发现，能否直接建立终端消费者与平台之间的连接，积极开拓终端消费者，将会是企业能否长久发展的关键。为实现 TOB（面向企业）向 TOC（面向个人）的转变，师傅邦实行一套师傅，两类客户，两个公司模式。面向商家的 TOB 服务，由泉州市师傅邦网络科技有限公司承接，面向终端用户的 TOC 服务，由厦门市师傅邦网络科技有限公司承接，直接服务家庭、企事业单位等终端用户。

2018 年 5 月，平台研发上线了师傅邦清洗工具，单价 3 800 元，专业师傅购买此工具只需自己付 300 元，500 元可通过提供清洗服务抵消，剩下的 3 000 元由师傅自行开发终端消费者 10 人便可抵消，以此达到"裂变"，实现内部创业。

但是，企业 C 端发展依然缓慢，形势陷入僵局。正当林永辉一筹莫展之时，与中国电信高层的一次偶然相遇给企业带来了新的契机。

2018 年 7 月，中国电信高层来泉州开业务研讨会，会议期间高层偶然提到中国电信 114 合作的维修公司管控力度差，客户满意度低等业务困境，敏锐的林永辉立马抓住这个天赐良机，提出了与电信 114 合作的意愿。11 月正式合作后，平台通过 114 电话预约服务获得 1 000 多个订单，12 月获得 2 000 多个订单，平台逐渐开发终端消费者，实现从 TOB 向 TOC 拓展。

资料来源：林春培，李昊，高涵，等．"水掌柜"到"师傅邦"的创业成长之路[Z]. 中国管理案例共享中心案例库，2022.

案例思考题

1. 如何识别创业机会？结合林永辉创业机会的识别过程，分析机会识别方式。

2. 分析概括林永辉在创业发展的不同阶段中所面临的创业机会特征，你认为应该如何把握数字化背景下创业机会的特有特征？

3. 结合林永辉师傅邦创业成功的案例，思考分析数字经济时代如何赋能创新创业机会。

4. 讨论师傅邦创业过程中可能面临的创业风险，你认为创业企业应该如何利用数字经济时代的特点进行创业风险的识别与防范？

5. 思考林永辉在创业过程中面临的创新创业机会并选择一种创新创业机会评价方法尝试对其进行评价。

本章小结

机会是创业活动发生的前提，也是创业过程的关键要素。如何识别机会、评价机会，以及防范创业过程中存在的风险决定了创业的成功与否。

在数字经济时代下，创业机会呈现多元性、迭代性、交互性、延展性和生态性的新特点。数字技术的应用提升了创业者的创业意愿、激发了创业者的创造性思维、拓展和深化了创业者的社会关系网络，也给创业机会识别和评价提供了新方法和工具。同时，企业需要从自身建设管理各方面入手，规避数字创业风险、减少创业成本。

思考题

1. 创业机会的内涵是什么？
2. 数字经济时代下的创业机会识别和评价较以往有何不同？
3. 你在日常生活中识别出了哪些创业机会？请具体描述。
4. 你认为数字经济时代最需要重视哪一类创业风险？该怎样防范？

第 5 章

数字经济时代的创业资源

科创企业安德科铭创业初期的融资之路

2018年,正值国家呼吁国产替代、自主供应的时期,有着乡土情怀和报效祖国之心的汪总,和另一位专攻半导体薄膜沉积材料领域的大学同学李博士一拍即合,当即决定回国创业,填补国内在半导体薄膜沉积材料领域的空白。

2018年1月1日,汪总和CTO(首席技术官)李博士坐着飞机从美国赶回了合肥这个阔别近10年的地方,一下飞机就急忙去见投资人,因为他们是带着团队任务回来的。此时的团队通过内部融资一共凑了300万元人民币资金,300万元已经是不小的一笔数目了,但是对于企业投资,尤其是高新技术产业的投资来说不过是杯水车薪。这次回国就是为了筹集团队的第一笔融资。虽然曾经在合肥的中国科学技术大学(以下简称"中科大")生活了4年,但是学校里的资源并不能提供创业资金上的帮助,好在一位熟人的帮助下,汪总联系上了当地一位小有名气的老板。

"这个项目我非常看好,我可以投资600万元,但是我要占40%的股份,并且未来几年要是不能上市我可是要撤回资金的。"看着桌上的商业策划书,这位老板对着汪总如是说道。

"600万元就卖掉了公司将近一半的股权,那以后再融资岂不是就要直接失去公司的控制权?"汪总在心里焦急地思考着。虽然有着极好的商业策划和市场前景,但是毫无经验的汪总也不知道如何在市场上募集到资金。面对这个联系了很久才得到的融资机会,虽然汪总内心极为不甘,却也没有一口回绝。

在与这位投资人博弈了一天后,汪总又连夜坐飞机赶回了美国。在接下来的两个月时间里,只要周末有空汪总就从美国直飞回国,寻找新的投资人和未来的公司办公地点。

在硅谷的中科大校友会知道了汪总团队的创业计划,热情地为他对接了合肥高新区管委会,在向合肥高新区的领导介绍了项目的具体情况后,正在大力发展高新技术产业的合肥高新区领导极为满意,当即表示可以提供合适的工业园场地。就这样,公司的地址敲定了下来,但是资金来源还是迟迟没有更好的消息。

眼看着团队的四位成员都快要回国开始正式工作了,汪总在内心纠结了很久是否要答应之前那位投资者的要求。在准备回国和投资者签约前的一晚，汪总将自己的项目和目前的处境告诉了一位关系要好的校友，这位校友已经是一家上市企业的董事长。没想到这位有着创业经验的校友第一反应是决不能签！校友急忙向汪总发消息说："这种极为霸王的投资协议是对创业团队的不公平，并且日后会引发一系列的问题。"

在仔细听了校友的建议后，汪总决定再去咨询一个专业的律师团队，虽然这将消耗一大笔资金，但是对于刚起步的创业团队来说是值得的。回国后的第一件事，汪总不是去拜访投资人，而是直奔预约的律师事务所。"不能签，这明显就是霸王条款！而且日后如果想要清理对方的股权，会面临很多的麻烦。"很快专业团队也给出了相同的结论。

就这样，汪总果断放弃了这笔几乎要确定的融资。与此同时，通过校友的指点，汪总了解到了一种新的融资方式：向专业的投资机构募资，它们的风险承受能力更强，并且设置的条款也更加公平。

校友向汪总解释道："银行等金融机构为了资金的安全性一般更倾向于将钱贷给信用资质高的大型企业，很多亟须资金的普通中小企业很难在市场上募集到资金。但是，你们是一家半导体领域的先进制造企业，未来发展极具潜力，虽然目前很难从银行拿到贷款，但像你们这样的科创型企业在投资市场上是很受欢迎的。投资者们都是聪明的，用千万级的资金去博取几十倍的风险收益是值得的。只要把募资消息放出去，还怕没投资者找你吗？"

汪总也觉得很有道理："我们公司虽然目前还没盈利，但是和那些做传统行业公司不一样，只要我们获得资金的支持，实现规模化生产，那公司的发展将极其迅速。"

这位经验丰富的校友继续说道："是的。而且你们的产品质量优秀，是半导体领域的必需品，同时在国内也没有其他竞争企业。所以，你们的面前是一片蓝海，未来公司的价值别说是翻几十倍，上百倍也是可能的！只要你们将商业模式说清楚，介绍给专业的投资机构，他们一定会很感兴趣的。"

在校友的帮助下，汪总将自己的商业策划书发送给了一位专业的风投顾问，并且向风投圈公开发布了商业策划书。一石激起千层浪，很快就有专业的风投机构看上了他们，汪总的第一次融资也取得了圆满的成功。

在案例中，安德科铭在创业初期融资过程中考虑了哪些因素？本章将重点介绍创业资源以及数字经济时代下的创业资源。

资料来源：贺俊，于亚虎，郑禾润. 安德科铭：科创企业的融资之路[Z]. 中国管理案例共享中心案例库，2022.

案例思考题

1. 安德科铭为什么选择股权融资中的风险融资作为融资方式？
2. 其作为风险投资项目有哪些投资风险？

5.1 数字经济时代的创业资源概述

2023年3月10日,十四届全国人大一次会议表决通过了关于国务院机构改革方案的决定,至此,本轮机构改革中备受外界关注的国家数据局正式敲定。国家数据局的组建并非毫无征兆。从2022年12月发布《中共中央 国务院关于构建数据基础制度更好发挥数据要素作用的意见》,到2023年2月发布《数字中国建设整体布局规划》,再到两会政府工作报告,一系列密集的政策,都彰显出国家对数字中国建设、数字经济发展和数据资源的高度重视。

5.1.1 创业资源概述

1. 创业资源的定义

创业资源在创业过程中扮演着不可或缺的角色,发挥着独特的作用。创业者需要有效识别各种创业资源,并且积极借助企业内外部的力量对创业资源进行有效的组织和整合,增强企业的核心竞争力,促进创业成功。因此创业之初有必要充分地了解创业资源是什么、有哪些创业资源、创业资源的作用有哪些等问题。

不同学者对创业资源的概念提出了不同见解(表5-1)。熊彼特以"新组合"为核心,认为"创业本身就是实现生产资源(要素)和生产条件的新组合的过程"。其本质是强调创业过程中创业者对不同资源要素的创新整合与利用。[①]企业资源基础理论的主要代表人物杰恩·巴尼认为:"创业资源是企业为了实现自己的目标,在为社会提供商品和服务过程中,自身具备的或者能够驱使的因素或者各种因素的组合。"[②]理查德·E. 凯夫斯认为创业资源是为了实现创业目标而在整个创业过程中所运用的各类有形资源与无形资源的加总。[③]

表5-1 创业资源的概念

学者	概念
熊彼特	以"新组合"为核心,认为"创业本身就是实现生产资源(要素)和生产条件的新组合的过程"
巴尼	企业为了实现自己的目标,在为社会提供商品和服务过程中,自身具备的或者能够驱使的因素或者各种因素的组合
凯夫斯	为了实现创业目标而在整个创业过程中所运用的各类有形资源与无形资源的加总

---

① 熊彼特. 经济分析史:第3卷[M]. 北京:商务印书馆,1994.

② BARNEY J. Firm resources and sustained competitive advantage[J]. Journal of management, 1991, 17(1): 99-120.

③ CAVES R E. Industrial organization, corporate strategy and structure[M]//EMMANUEL C, OTLEY D, MERCHANT K. Readings in accounting for management control. New York, NY: Springer, 1992: 335-370.

综上所述，创业资源是在遵循创业过程的规律和市场配置资源的决定性作用的前提下，创业者或者创业企业为实现其创业目标，能够利用、整合与控制的各种有形和无形的资源要素及其创新组合的特定资源的总称。

2. 创业资源的分类

创业资源是一个庞大、复杂的资源体系，其类型可以从不同视角划分。按照资源的来源，创业资源可分为自有资源和外部资源；按照资源的存在形态，可分为有形资源和无形资源；按照其在创业过程中发挥的作用，可分为生产性资源、运营性资源、战略性资源和工具性资源；按照资源在创业过程中的参与程度和可获得性，可分为直接资源和间接资源；按照资源的性质，可分为财务资源、物质资源、人力资源、信息资源、政策资源、科技资源、社会资源等。本书将从人力资源、社会资源、财务资源、物质资源、技术资源、组织资源六个方面论述。

（1）人力资源。人力资源是社会上具有智力劳动能力和体力劳动能力的人的总和，包括数量和质量两个方面。创业资源中，人力资源主要是创业团队所拥有的对创业成功有推动作用的知识、经验、技能、体能、专业智慧、判断力、视野、愿景、社交等非物质资源的总和。人力资源是创业资源结构中处于核心地位的战略性资源，创业者要积极投入创业实践，并在此过程中不断开拓、探索，合理地发挥人力资源作用。其中，创业者是新创企业中最重要的人力资源，因为创业者能从混乱中看到市场机会。创业者的价值观和信念，更是新创企业的基石。新创企业之间的竞争实际上是创业者个人之间的竞争。

（2）社会资源。社会资源主要是指由于人际和社会关系网络而形成的关系资源。社会资源对创业活动非常重要，因为其使创业者有机会接触到大量的外部资源，有助于透过网络关系降低潜在的风险，加强和提高合作者之间的信任与声誉。

（3）财务资源。财务资源指创业者进行创业活动所需要消耗的，能够以货币衡量的，企业所拥有和控制的物质资源和非物质资源。其一般包括企业的流动资金、固定资产、债券、股票等。财务资源获得途径一般有自有资金、股权融资、债权融资、政策性贷款、金融租赁和政策扶持资金及公益援助等。对创业者来说，财务资源主要来自个人、家庭成员和朋友。由于缺乏抵押物等多方面原因，创业者从外部获取大量财务资源比较困难。

（4）物质资源。物质资源指创业活动所需要的各种有形生产资料，一般包括企业的机器设备、厂房、土地等，有时也包括一些自然资源，如矿山、森林等。创业者在创业过程中要从控制成本和优化资源配置角度出发，提高物质资源的利用效率，让有限的资源发挥出最优效能。

（5）技术资源。技术资源包括关键技术、制造流程、作业系统、专用生产设备等。技术资源与智慧等人力资源的区别在于，后者主要存在于个人身上，随着人员的流动会流失，而技术资源大多与物质资源结合，可以通过法律手段予以保护，形成组织的无形资产等资源。

（6）组织资源。组织资源包括组织结构、作业流程、工作规范、质量系统。组织资源通常是指组织内部的正式管理系统，包括信息沟通、决策系统以及组织内正式和非正式的计划活动等。一般来说，人力资源需要在组织资源的支持下才能更好地发挥作用，企业文化也需要在良好的组织环境中培养。

3. 创业资源的作用

创业者获取创业资源的最终目的是组织这些资源，追逐并实现创业机会，提高创业绩效和获得创业成功。按资源要素对企业发展过程的参与程度，创业资源可以分为直接资源和间接资源。直接资源主要包括物质资源、资金资源、市场资源、管理资源和人力资源；间接资源包括社会资源、信息资源和技术资源等。无论创业资源是否直接参与企业的生产，它们的存在都会对创业绩效产生重要的影响。

直接资源对企业创业初期的发展发挥基础促进作用：一方面，企业发展需要足够的资金来推进。无论是进行产品的研究与开发，还是具体的生产销售都需要大量资金。而一般情况下，企业创业初期缺乏抵押能力，很难从银行得到足够的贷款，这使资金资源成为创业初期的瓶颈。另一方面，人才的重要性在高科技企业的成长和发展中得到了显著提高。当代企业管理中的人才资源已经由传统的"劳动力"概念转变为"人力资本"的概念。高素质人才的招募和培养成为现代企业可持续发展的关键所在。初创企业应积极引进有商业价值的科技成果，加强和高校、科研院所的产学研合作，这有助于加快产品研制和成型的速度，缩短产品进入市场的时间，有效提升企业竞争力。

间接资源可以影响要素资源，从而促进新创企业的成长：在中国的创业环境下，发展高科技企业需要制定相应的扶持政策，只有在政策允许和鼓励的条件下，新创企业才能获得更多的国内外人才、贷款和投资，具有明确产权关系的科技成果等资源。专业机构对于信息的收集、处理和传递，可以为创业者制定研发、采购、生产和销售的决策提供指导和参考。对于高科技新创企业来说，由于竞争激烈，更加需要丰富、及时、准确的信息，以争取到更多的要素资源。

5.1.2 数字经济下的创业资源

随着中国经济进入"新常态"的发展格局，信息技术作为促进社会发展变革的重要驱动力，在中国这场经济转型升级的"大革命"中，为我们创造出一个崭新的世界。数字技术不仅是当前新一轮信息技术变革的重要载体，也是一种新的经济形态，它为经济发展提供了内在的动力，成为经济发展创新因素良好的土壤，奠定了社会经济发展的物质基础。

互联网时代的创业信息具有及时性、碎片化、场景化等特点。信息传播的扁平化和无边界使得时间和空间不再是限制因素，资源壁垒被打破，资源使用效率和领域大大提升和扩大，和这个时代相得益彰的云计算、大数据、TMT（科技、媒体、通信）、O2O等技术和商业模式，使资源利用更加多元化、多渠道、系统化。

1. 数字经济下创业资源的特征

数字经济时代背景下创业资源具有以下四个特征：种类多样化、结构高级化、形式虚拟化和市场开放化。

（1）种类多样化。在数字经济时代，大数据、物联网、云计算等技术的渗透使得创业资源的种类更为丰富。一方面，传统的创业资源与各种数字技术有机融合，成为具有时代特征的新资源；另一方面，数字技术自身也是一种重要的创业资源，是创业者在数字经济背景下创业必须拥有的资源。创业资源种类的多样化，不仅让创业者能够得到的资源类型更多，同时也滋生了更多创业机会。

（2）结构高级化。在数字技术的驱动下，生产者结构与区域产业结构逐步升级，实现数字化转型，这一过程中高素质劳动者、高新技术和对称的信息等因素成为推动经济发展的主力。新的经济数字化转型升级与新的创业资源需求打破了原有的创业资源结构，各种高素质人才、技术、信息等"软"资源成为数字经济时代核心创业资源，传统的资本、物质、政策等"硬"资源在创业过程中的重要性正逐步减弱。由"硬"资源为主到"软"资源为主的转变，正是实现创业资源结构高级化的过程。无论是新企业的创建，还是传统产业的转型升级，都要努力实现资源由"硬"到"软"的转变，发挥"软"资源重要的作用，进而促使资源结构高级化。

（3）形式虚拟化。创业资源在数字经济的大环境下，衍生出新的形式——虚拟化。创业资源的虚拟化主要是指资源的数据化和网络化，是创业者以大数据、云计算和物联网等数字技术为基础，将各种社会生活的资源进行数据化处理，通过系统有序的挖掘和分析，以网络化形式展现。数字经济背景下，创业者通过这种线上、线下相结合的资源表现形式，将各种零碎、无序的资源有机融合，实现创业资源跨界共享利用，有效降低成本。在数字经济新时代下，创业者要充分利用创业资源的虚拟化特征，凭借后发优势，掌握关键的新信息和新机遇，实现跨越性发展。

（4）市场开放化。在数字经济与各种资源融合的大背景下，市场开放化主要是指创业者获取资源的类型和方式，完全由创业者自己在开放的资源市场中去争取，较少受信息不对称、服务不对称等问题的限制。资源市场对于任何一个创业者都是平等的、无差异的。资源市场开放化的最大优势在于实现资源的共享，资源共享对处于创业初期的创业者尤为重要。

2. 数字经济下的数字化人力资源和数据资源

数字经济时代的到来使传统创业资源发生了变化。本书主要介绍数字化人力资源和数据资源。

（1）数字化人力资源。随着社会形态的不断转变，人力资源管理的大环境也发生了非常大的变化，这促进了人力资源管理数字化转型。

第一个表现为数字时代员工比例逐渐上升。在当前的企业发展过程中，80、90 后成为主力军，他们是互联网时代的见证者，其在价值观以及知识储备等方面与之前的员工有较大的差异，而且其在发展的过程中更加注重个性化的发展，这就使得他们在日常工作时更加追求个性，对个人发展的重视程度更高，能够更好地实现自我价值。

第二个表现就是数字化技术的飞速发展，对员工的要求产生了较大的改变。目前来看，大多数的企业为了自身发展更加全面，纷纷利用云计算、物联网或者人工智能等诸多的新兴技术来优化业务流程，这也使企业内部组织架构得到了重新建立，能够更好地提升客户的体验。这些综合性的变化，都使得企业内部的人才需求发生了较大转变，更需要复合型高素质的人才支持这些转变。

因此，在这种背景下，对人力资源管理体系进行数字化转型，成为促进企业发展的必然举措。在全新的背景之下，企业的发展理念以及经营理念都发生了较大变化，"互联网+"这一发展思想已经普遍存在于社会各行各业当中，这对人力资源管理提出了更高的要求。传统人力资源结构相对单一，而且在进行管理时主体缺失，使得人力资本的投入相对较低，而物质资本的投入相对较高。数字化转型阶段的人力资源管理将人才看作资本，人力资源建设理念是围绕组织效能提升展开人力资源数字化建设，并做人力资源精细化管理。传统的人力资源管理模式已经无法适应外界环境变化，因此，数字化转型是时代所趋。

人力资源管理数字化，是指通过应用新一代数字技术，以人力资源信息系统的革新为契机，优化人力资源工作的流程与效能。根据企业的实际需要，获得 HR（人力资源）工作效率提升、员工满意度提升、HR 管理转型升级、管理层数字化决策支撑、助力企业组织建设等多种价值，最终实现企业传统人力资源管理模式的创新和重塑，从人力的角度助力业务成功。

人力资源管理数字化转型的核心是将员工放在首位，并利用数字化技术推进组织变革、加速业务转型、激活企业活力、提升经营效益。具体来看，它是将数字化思维注入人力资源管理的逻辑、角色、设计、组织、访问、分析、沟通等各个环节。

目前，部分先进企业已经逐步尝试开展数字化人力资源管理转型，其运营场景主要集中在三个方面：数字化工作场所、数字化人力资源运营、数字化决策。

数字化工作场所，就是企业利用新技术、现代移动通信工具，打造一个能够提高透明度、提高协同效率、提升员工敬业度、提升团队生产力的线上工作环境。通过统一的数字入口（PC 端/移动端）为各角色打造一站式服务门户。通过数字化工作场所，重新定义团队的工作方式，实现团队之间的智慧高效协同。

数字化人力资源运营，就是人力资源部门自身进行变革，实现数字化运营，打造满足企业战略发展需要的人才供应链。

数字化决策，是以数据为基础，包括内部数据和外部数据，驱动更深入的人才管理洞察，更前瞻的人才管理建议，更智能的人才管理决策。

（2）数据资源。数据资源广义上是指对一个企业而言所有可能产生价值的数据，包括自动化数据和非自动化数据。数据资源通常存储在数据库管理系统或其他软件（例如电子表格）下的数据库中。具体来说，数据资源是信息技术基础设施的一个组成部分，它代表某组织可使用的所有数据，无论这些数据是自动化的还是非自动化的。不同的业务组织可能有不同的需求。如今，找到在不同行业运作的单独公司并不少见。在企业运作的原籍国，或者甚至在其原籍国之外这个国家内不同的地理位置，也不难发现这种公司的分支。

数据资源是此基础设施的一个单独组件。与网络和服务器组件以及许多其他未提及的组件一样，仔细规划 IT 基础结构的数据资源也很重要。数据资源包含组织对每个可用数据的所有表示形式。这意味着，即使是那些非自动化数据，例如每个员工各自办公桌上的大量纸质文件，隐藏在钢柜中的机密纸质数据、销售收据、发票和所有其他交易纸质文件，也构成了数据资源。不可否认，尽管所有业务流程都已数字化，但纸质文本仍在业务运营中发挥着重要作用。数据资源为公司提供了更有效的数据管理手段。在当今世界，数据资源的实现不仅限于数字化方面。

如今，公司支持数据资源的最有效方法正在随着技术的发展而不断变化。在数据资源领域，在不远的过去，曾经有大型的集中式设施将大型机运行到客户端——服务器系统的分布式集合，再回到最近的商品硬件阵列。如今，数据资源的物理性质可能已经发生了巨大变化，但是对可伸缩和可靠基础架构的需求却没有改变。

5.2 数字经济时代的创业融资

5.2.1 创业融资概述

1. 创业融资的定义

创业融资是指创业企业根据自身发展的要求，结合生产经营、资金需求等现状，通过科学的分析和决策，借助企业内部或外部的资金来源渠道和方式，筹集生产经营和发展所需资金的行为和过程。①

---

① 张玉利，薛红志，陈寒松，等. 创业管理[M]. 5 版. 北京：机械工业出版社，2020.

对创业者来说，快速、高效地筹集到资金，是创业成功至关重要的因素。在创业融资的过程中，创业者需要把握住以下四条决策原则：首先，做好融资成本与效益的分析；其次，把握合理的融资结构及控制权；再次，融资方式的选择应与创业企业的成长阶段相匹配；最后，确定适度的融资规模及融资期限。

2. 创业融资的渠道

（1）天使投资。天使投资源于纽约百老汇，1978年在美国首次使用，是权益资本投资的一种形式。天使投资指具有一定净财富的人士，对具有巨大发展潜力的高风险的初创企业进行早期的直接投资，属于自发而又分散的民间投资方式。这些进行投资的人士被称为"天使投资人"，用于投资的资本称为"天使资本"。天使投资是风险投资的一种形式，根据天使投资人的投资数量以及对被投资企业可能提供的综合资源进行投资。

（2）合伙投资。合伙创业不但可以有效筹集到资金，还可以充分发挥人才的作用，并且有利于对各种资源的利用与整合。合伙投资要特别注意以下问题：一是明晰投资份额。个人在确定投资合伙经营时应确定好每个人的投资份额，也并不一定平分股权就好，平分投资份额往往为以后的矛盾埋下祸根。因为没有合适的股份额度，将导致权利和义务的相等，结果是所有的事情大家都有同样多的权利，都有同样多的义务，经营意图难以实现。二是加强信息沟通。很多人合作是因为感情好，你办事我放心，所以就相互信任。长此以往，容易产生误解和分歧，不利于合伙基础的稳定。三是事先确立章程。合伙企业不能因为大家感情好，或者有血缘关系，就没有企业的章程，没有章程是合作的大忌。

（3）风险投资。风险投资简称风投，主要是指向初创企业提供资金支持并取得该公司股份的一种融资方式。风险投资是私人股权投资的一种形式。风险投资公司为专业的投资公司，由一群具有科技及财务相关知识与经验的人组合而成，经由直接投资获取投资公司股权的方式，提供资金给需要资金者（被投资公司）。风投公司的资金大多用于投资新创事业或是未上市企业（虽然现今法规上已大幅放宽资金用途），并不以经营被投资公司为目的，仅提供资金及专业上的知识与经验，以协助被投资公司获取更大的利润为目的，所以是追求长期利润的高风险、高报酬事业。

风险投资之所以被称为风险投资，是因为在风险投资中有很多的不确定性，给投资及其回报带来很大的风险。一般来说，风险投资都是投资于拥有高新技术的初创企业，这些企业的创始人都具有很出色的技术专长，但是在公司管理上缺乏经验。另外，一种新技术能否在短期内转化为实际产品并为市场所接受，这也是不确定的。还有其他一些不确定因素导致人们普遍认为这种投资具有高风险性，但是不容否认的是风险投资的高回报率。

也许最被人们熟悉但最不被人理解的一种投资风险是市场风险。在一个高度流通的市场，比如说在世界各地的股票交易市场，股票的价格取决于供求关系。假设对于一个特定的股票或者债券，如果它的需求上升，价格会随之上调，因为每个购买者都愿意为股票付出更多。

风险投资家既是投资者又是经营者。风险投资家一般都有很强大的技术背景，同时他们也拥有专业的经营管理知识，这样的知识背景使他们能够很好地理解高科技企业的商业模式，并且能够帮助创业者改善企业的经营和管理。

中国内地在境外股市上市的互联网企业都曾获得过风险投资的支持，比如，腾讯的马化腾、百度的李彦宏、盛大的陈天桥和搜狐的张朝阳都曾获得美国风险投资公司的资金支持。阿里巴巴的马云曾在 2000 年得到软银孙正义的风险投资。

（4）银行贷款。银行贷款是指银行根据国家政策以一定的利率将资金贷放给资金需要者，并约定期限归还的一种经济行为。银行贷款一般要求提供担保、房屋抵押，或者收入证明、个人征信良好才可以申请。银行贷款是创业者们在资金筹措不足情况下首先想到的融资方式。银行也在不断加大对个人创业的信贷支持力度，贷款种类越来越多，条件也不断放松，创业者可视情况选择适合自己的种类。

（5）特许经营。特许经营是指特许者将自己所拥有的商标、商号、产品、专利、专有技术、经营模式等以合同的形式授予被特许者使用，被特许者按合同规定，在特许者统一的业务模式下从事经营活动，并向特许者支付相应的费用，现阶段连锁经营已成为一种引领市场潮流的营销模式。

3. 创业融资的困境

根据《中国青年创业发展报告（2021）》，中国创新创业呈现高质量发展态势，创业数量可观、创投活跃度高、创服机构同步跟进，整体创业环境优良。[①]创业主力军学历以本科和大专为主，集中在农林牧渔、批发零售和教育文化等行业。近七成的创业青年启动资金规模在 10 万元以下。超半数青年创业者盈亏存在波动，七成青年创业者在 3 年内开始营利。54%的大学生创业者参加过创业大赛，62%的新兴科技青年创业者认为创业园区、孵化器等创新创业平台对其创业成功帮助大，56.2%的返乡创业者是大学生。报告还指出，创业资金、社会资源和知识储备是创业主要面临的困难，融资渠道单一导致的融资困境成为新创企业难以生存和发展的根本原因。

（1）资本市场融资难，自筹资金成为创业资金的主要来源。在传统的资本市场上，具有一定规模和实力的创业企业可以通过风险投资、债股权融资和资产证券化等渠道融资，也可以通过银行贷款和民间借贷等方式融资。以近年来颇受广大创业青年追捧

---

① 任泽平，白学松，刘煜鑫，等. 中国青年创业发展报告（2021）[J]. 中国青年研究，2022(2): 85-100. DOI:10.19633/j.cnki.11-2579/d.2022.0029.

的风险投资为例，投资家不仅关心创业的项目和技术，更关注企业的盈利模式和投资回报，青年创业项目一般具有风险大、不成熟、盈利周期长等特点，除了小部分科技含量较高的创业项目，一般项目很难获得风险投资。同时，受限于资本市场的高信息披露要求、高融资成本等门槛，青年创业初期很难进入公开的资本市场进行融资。在这种情况下，自筹资金创业成为创业的无奈之举。没有正规有效的融资渠道，导致创业最终无法取得成功。

（2）借贷信息不对称，获取商业贷款的机会较少且成本高。传统的银行信贷本应该成为创业贷款的主要资金来源，但商业银行在批准贷款前要对借贷人的资信情况进行严格审查，并要求全面掌握企业的经营状况和财务状况，以确定贷款人有一定的还本付息能力，同时要求有担保人。而事实上，创业的初期是一个投入多、产出少的时期，财务报表可能出现账面亏损的问题，加之其报表往往做不到系统、规范，使得借贷双方出现信息不对称的情况，因此获得商业贷款的机会很少。即便有幸获得了小额贷款，按照目前的情况也要支付高于央行基准利率 10%～30% 的贷款利息，还贷压力巨大。

（3）政府贷款优惠性政策缺乏连续性。近几年，地方政府陆续出台了不少支持创业的优惠政策，包括登记优惠等行政性收费减免政策、各种税收优惠政策和金融贷款优惠政策，这些政策性贷款具有公益性，贷款成本相对较低。值得关注的是，创业企业成长一般要经过种子期、创建期、成长期和成熟期四个发展阶段，而前三个阶段均需要资本的不断注入，企业成长得越快，对资本的消耗会越大。大多数公益性的贴息贷款只是针对创业初期的一次性支持，政策扶持上缺乏连续性，导致企业无法实现可持续性的发展。

5.2.2 数字经济下的创业融资

1. 众筹平台

众筹，即大众筹资或群众筹资，我国香港译作"群众集资"，我国台湾译作"群众募资"，是基于互联网技术发展对传统融资模式进行的一种创新。众筹来源于微型融资和众包等概念的组合，其主要目的是通过公开向大众征集小额投资支持其认可的包括影视、科技、音乐、艺术等在内的各种活动，从而为活动的创办者或企业的创业者提供所需要的资金及其他资源。

众筹利用互联网和 SNS（社会性网络服务）传播的特性，让小企业、艺术家或个人对公众展示他们的创意，争取大家的关注和支持，进而获得所需要的资金援助。该种模式下的项目发起人不需要有任何抵押或担保，只需要经由众筹平台网站向大众进行项目展示，获得认可即可获得资金支持。因此它为初创企业的创业者提供了一种有别于传统融资渠道的融资方式选择。众筹模式借助互联网思维，为小微企业特别是初创企业融资困境的解决提供了一条可能途径，因此该模式迅速发展，并扩展到包括中国在内的 100 多个国家和地区。

参与众筹的项目数和所获得的融资金额迅速增长，引起了国家层面对该模式的监管改革思考。其中美国反应最为迅速，于 2012 年通过了旨在促进企业创业的 JOBS 法案（《促进创业企业融资法案》），在其中专列章节明确了众筹监管规则。随后，英国、法国等多个国家根据本国实际情况也出台了相关的法案。在这些法案的促进和监管下，2013 年 Massolution 全球行业报告显示，2009 年全球众筹融资额仅为 5.3 亿美元，2013 年则快速上升至 30 亿美元。据世界银行的报告预测，2025 年全球众筹市场规模将达到 3 000 亿美元，中国市场将达到 500 亿美元。

实际上，中国众筹发展较晚，开始于 2011 年点名时间的创建。该平台借鉴美国 Kickstarter 的运营模式，定位于综合性众筹平台，为包括科技、影视、游戏等多类型项目筹资。然而，借鉴的美国模式在中国出现了"水土不服"，平台结合国内实际情况做了多次调整，随后逐步成为中国最大的回报型众筹平台，项目数量和金额都大幅增加，特别是 2014 年后智能硬件类项目增长最为明显。受此驱动，加上国内众筹环境限制，平台选择转型为为"中国智造"做展示和宣传的平台，希望能助推技术产业升级。

现代众筹指通过互联网方式发布筹款项目并募集资金。相对于传统的融资方式，众筹更为开放，能否获得资金也不再是以项目的商业价值作为参考标准。只要是网友喜欢的项目，都可以通过众筹方式获得项目启动的第一笔资金，为更多小本经营或创业的人提供了无限的可能。

2. 案例分析：Kickstarter

Kickstarter 于 2009 年 4 月在美国纽约成立，是一个专为具有创意方案的企业筹资的众筹网站平台。Kickstarter 网站致力于支持和激励创新性、创造性、创意性的活动。通过网络平台面对公众募集小额资金，让有创造力的人有可能获得他们所需要的资金，以便使他们的梦想实现。Kickstarter 提供了"有创意、有想法，但缺乏资金"与"有资金，也愿意捐款支持好创意"的平台。Kickstarter 相信，一个好的创意，透过适当的沟通，是可以快速地广为流传的；同时，集结众人的力量来集结资金与精神上的鼓励，可以让你更实际也更有勇气地实践自己的好点子。

网站创意来自其中一位华裔创始人 Perry Chen（佩里·陈），他的正式职业是期货交易员，但因为热爱艺术，开办了一家画廊，还时常参与主办一些音乐会。2002 年，他因为资金问题被迫取消了一场筹划中的在新奥尔良爵士音乐节上举办的音乐会，这让他非常失落，进而开始酝酿建立起一个募集资金的网站。佩里·陈回忆说："一直以来，钱就是创意事业面前的一个壁垒。我们脑海里常会忽然浮现出一些不错的创意，想看到它们能有机会实现，但除非你有个富爸爸，否则不太有机会真的去做到这点。"经过了漫长的等待之后，2009 年 4 月，Kickstarter 终于上线了。

Kickstarter 平台的运作方式相对来说比较简单而有效：该平台的用户一方是有创新意识渴望进行创作和创造的人，另一方则是愿意为他们出资金的人，然后见证新发明、新创作、新产品的出现。Kickstarter 网站的创意性活动包括音乐、网页设计、平面设计、动画、写作以及其他有创造力和影响力的活动。

Kickstarter 是一个众筹网站平台，任何人都可以向某个项目捐赠指定数目的资金，网站收取很低的佣金，门槛低到不能再低。比如：加州马金·卡拉汉希望创作一部关于半人半妖的新漫画，第一期的创作和宣传费用预计需要 1 500 美元，因此，她给网站写了一封介绍信，希望有人能够提供小额捐款。捐款者得到的回报是，捐 5 美元可以得到一册带有作者签名的漫画书，捐 100 美元可以得到一个带有以漫画故事中主人公为饰物的包。当然，只有收到的捐款超过 1 500 美元，她的许诺才会兑现。结果是，她在很短的时间里就拥有了这笔捐款。

资料来源：Kickstarter 官网。

案例思考题

你认为 Kickstarter 众筹平台成功创建的关键是什么？

5.3　数字经济时代的创业资源管理

5.3.1　数字经济下的创业资源获取

新创企业往往无法拥有创业所需的所有资源，甚至大多数新创企业面临资源约束问题，资源获取则成为创业初期需要解决的关键问题。企业创业资源的构成是复杂多样的，创业者要在激烈的竞争环境中创业成功就必须学会如何有效地获取创业资源。厘清获取创业资源的影响因素和途径，将有助于创业者更好地获取资源。

1. 创业资源获取的影响因素

创业资源的获取受诸多因素的影响，包括创业者个人特质、创业团队、政府政策等。

（1）创业者个人特质。创业者作为创业的核心，其特质直接影响着整个创业活动的成功与否。创业者个人特质主要是风险承担倾向、成就需求和内控型人格三方面。风险承担倾向指创业者个体面对风险的态度或者创业者个体针对风险所采取的可能的行动。成就需求是一种促进人们去寻求创业优势以便比其他职位获得更多的成就满足的需求。创业不是个人行为，它是一个团队共同努力的结果。内控型人格的创业者认为创业的成功与否取决于自身的努力和能力。创业者所拥有的个人特质表现为个人能力、团队合作能力、沟通能力、外部协调能力和组织能力等。不论是创业者个人的抽象特质，还是特质具体的表现形式——"能力"都影响着其创业资源的获取。

（2）创业团队。不管创业者在某个领域多么优秀，也不可能具备所有的知识和经营管理经验，而借助团队就可能拥有创业所需要的各种知识和经验，例如顾客经验、产品经验、市场经验和创业经验等。同时，通过团队，人脉关系网络可以放得更大，能够有效地增进创业者的社会资本，提高创业成功的概率。因此，创业团队本身就是一项极为重要的创业资源。

团队创业较个人创业能产生更好的绩效，其内在逻辑在于创业团队是一个特殊的群体，群体能够建立在各个成员不同的资源与能力基础之上，贡献并且整合差异化的知识、技术、能力、资金以及关系等各类资源，这些资源以及群体协作、集体创新、知识共享与共担风险产生的乘数效应，能够帮助新创企业更好地克服创新的风险和资源的约束。此外，创业团队的价值观、对商机的识别能力、对资源的获取与整合、领导能力等，都是极其重要的战略资源，会给企业带来持久的竞争优势。

（3）政府政策。创业政策可以通过多种途径和方式对创业活动产生正面影响。通过支持创业教育与培训、创业计划等方式，增强创业意识，培养创业精神，提升创业技能；资金扶持、减免税费、财政补贴、社会保障；为创业者提供信息与管理咨询及专业化服务，提供金融支持、项目支持、政府购买服务和基础设施等；通过新闻媒介、教育机构等正面宣传，引导人们关注创业，改变对创业的态度，培育先进的创业文化，提供法律保障、公平的市场竞争环境、知识产权保护政策、小企业扶持政策，促进初创企业成长。这些都是政府干预创业资源的市场配置，有利于创业资源的获取。

2. 创业资源获取的途径

创业企业获取外部资金一般可通过以下四种途径：①依靠亲朋好友筹集资金，双方形成债权债务关系；②抵押、银行贷款或企业贷款；③争取政府某个计划的资金支持；④所有权融资，包括吸引新的拥有资金的创业同盟者加入创业团队，吸引现有企业以股东身份向新企业投资、参与创业活动，以及吸引企业孵化器或创业投资者的股权资金投入等。

创业企业获取技术或人才资源的途径包括：①吸引技术持有者加入创业团队；②购买他人的成熟技术，并进行技术市场寿命分析等；③购买他人的前景型技术，再通过后续的完善开发，使之达到商业化要求；④同时购买技术和持有者。

创业企业获取技术、市场及政策信息的途径主要有：政府机构、同行创业者或同行企业、专业信息机构、图书馆、大学研究机构、新闻媒体、会议及互联网等。对于这些信息的获得，创业者可以根据自己的实际情况与各种方式的特点，选择一种或多种方式，尽可能获取有效的需要的信息。

在数字经济时代，大数据、云计算和移动互联网快速发展，众创、众包、众筹等一批集众人之智、汇众人之财、齐众人之力的创意、创业、创造与投资的空间应运而生，创业者可以通过众包、众筹、众智、共享等创业平台获取资源。

和普通创业者相比，大学生这一年轻的创业群体在资金、技术、经验方面的劣势较为突出。由于大学生缺乏资金积累，创业的资金更多依靠外界获得，而且大学生的社会经历较少，管理经验和资信相对缺乏，在初创时可能面临较大的风险。因此，能够获取较多的资源与外界的支持，可以大大提高大学生创业的成功率。

（1）通过大学生的身份获取资源。最近几年，政府和高校通过制定与完善各项创业政策，出台一些创业资金的优惠性政策，为大学生创业提供了宽松的政策环境。相对于一般的中小企业，大学生创业者申请小额创业贷款更加容易；通过参加创业大赛获得相关创业基金的资助支持。各高校开展的创业活动以及创业教育课程通过理论教学与模拟实战的方式进行创业知识的普及，培养大学生的创业精神与能力。通过社会实践、在班级社团担任干部等方式，大学生既可以锻炼组织与管理能力，又可以积累个人的人脉。广泛的人脉资源潜在蕴含的信息、资金、知识会更多，有利于积累人才资源与管理资源。受教育程度是大学生创业者的优势，大学生创业者具有分析与总结问题的能力，在对创业资源进行分析和辨认时会较一般创业者更清晰、理性，同时也会降低成本。

（2）通过积极开拓社会资源获取资源。社会资源的形式多样，包括亲友、合作伙伴、创业联盟、代理、导师等。由于初创企业的缺陷和规模过小等问题，在很大程度上无法获得企业发展所需的资源或需要付出较高的成本。社会资本在某种程度上为创业者提供了一种较为廉价的资源获取途径。如果创业者具有良好的个人信誉并且企业已经初步取得成就，拥有丰富社会资源的创业者容易获得更多有价值的创业资源。大学生的社会资源比较简单，由于大部分的时间是在学校内学习，接触社会的机会较少，因而大学生的人脉资源主要是在校学生，几乎没有政府关系、商业关系。因此在创业之初主要依靠的是亲戚、朋友等个人关系，在创业过程中如果能不断开拓社会资本，对其获取创业资源有积极的促进作用。

（3）通过初创企业的初始资源获取资源。设立企业需要的是初始资源，企业后续的生存、发展需要运营资源。企业如果具有良好的初始资源，可以不断地吸引外界新的资源，并与初始资源结合。新创企业所需资源的识别和获取中，已具备的初始资源是至关重要的，初始资源可以作为工具性资源从而撬动其他资源。如世纪佳缘网站在2007年初步发展时期，就曾获得新东方4 000万元天使投资的资金支持；目前尚处于开拓阶段的私家车短租平台也有风投的身影。所以大学生要通过培养良好的商业思维与捕捉机会的能力，将已有的优势不断扩大并获得社会认同，以便获得更多资源。

（4）有效整合已有资源，最大限度地利用资源。资源获取的内容不仅仅局限在单纯的量的积累，通过对各类已有的创业资源进行细致化与丰富化处理，可以获取新的竞争优势。资源的整合贯穿资源的识别、资源的获取以及资源的利用整个过程。对于初始资源匮乏的大学生创业者来说，有效地整合与利用资源尤为重要。有限的资源并不能维持企业的正常运转，大学生创业者必须利用自身资源整合能力，将从外部环境获得的资源与已获取的内部初始资源组合利用，来提升创业绩效，使企业能够长期生存与发展。此外，资源管理和整合的过程也是大学生创业者能力不断提升，并逐渐成长为成熟的创业型人才的过程。对资源的不断优化与整合，既可以提高创业者的素质和能力，又能够实现比市场更好的配置效率。

5.3.2 数字经济下的创业资源整合

1. 创业资源整合的定义

创业资源整合是指创业者在创业初期，将从不同途径获取的零碎的、无序的资源，按照科学合理的原则，系统有序地进行重组，形成新的资源融合体系。创业主体在整合创业资源过程中，要结合其所处的具体创业环境，有所取舍地整合各种资源，在实现资源的优化配置、提高资源利用效率的同时，又要注重让创新在资源整合中发挥作用。[1][2][3]

资源约束是创业过程要面对的首要障碍，很多创业者都因为无法整合到必要的资源而难以开发创业机会。在商业创业情境下通常会面临这样的问题：创业者如何利用手头现有的、很多人认为是没有价值的零散资源，进行创造性使用并以此开发创业机会呢？这是传统的资源基础理论所难以回答的。而在社会创业情境下，社会创业遵循基于商业化手段创造社会价值的逻辑，与商业创业的"手段—目的"关系截然相反，按照资本逐利逻辑，追求经济收益最大化的商业创业尚且面临资源稀缺，而将社会价值最大化的社会创业如何应对资源稀缺，如何整合并利用资源等问题，更是传统资源基础理论无法回答的。

资源拼凑理论包含三个核心概念：手头资源，即创业者/新企业/市场中具备的但并未被发现或重视的资源，包括创业者不必经过搜寻，通过社会交换或非契约形式即可低成本获得的资源，以及个体层面的经验、知识、关系等无形资源；将就使用，即创业者面对资源约束时利用手头资源应对新挑战或机会的行为偏见，不纠结手头资源是否切实可行，认为"可以"比"应该"更重要，而非犹豫手头资源是否产生有益结果；资源重构，即整合资源以实现新目的，指创业者根据新目的，以不同的既有策略意图及使用方式来创造性地再造资源的利用方式，既有目的需要相应的资源整合以实现，而新目的需要资源的再整合。

---

[1] 李伟，张世辉. 创新创业教程[M]. 北京：清华大学出版社，2015.
[2] 张玉利，薛红志，陈寒松，等. 创业管理[M]. 5版. 北京：机械工业出版社，2020.
[3] 彭四平，伍嘉华，马世登，等. 创新创业基础[M]. 北京：人民邮电出版社，2018：249.

2. 创业资源整合的原则

创业过程所需要的创业资源以及面临的挑战是复杂多样的。创业者能否在实践中做到有效地整合资源是决定创业是否成功、企业是否持续发展的关键。创业者在整合创业资源时，可以参照以下原则。[1][2]

（1）相关性。这一原则要求创业者具有独特的眼光和长远的见识，能在众多利益群体中，搜寻出与自己利益相关的组织或个人。创业者可以将识别出来的利益相关者，按照一定的系统标准进行分类运用，甚至可以与某些无关联的利益者建立利益关系，为自己创造新的机会。

（2）沟通。在当前激烈的市场竞争下，创业者想要获得更多的创业资源就必须学会沟通，以争取更多的合作伙伴建立合作、互信和共赢的资源共享机制。创业者要构建顺畅的沟通机制，培养和训练出良好的沟通技巧与策略。沟通是创业者与利益相关者之间相互了解的重要手段，他们之间信任关系的建立有助于资源整合，降低风险，扩大收益。

（3）共赢。在共同利益下实现共同发展是当代社会竞争的一种新模式。不论从企业内部的组织，还是从企业外部的市场，判断企业竞争发展需要寻求共同利益。共同利益的实现需要共赢的利益机制做保证。共赢多数情况下难以同时赢，更多是先后赢，创业者要设计出让利益相关者感觉到赢，而且是优先赢的机制。

（4）关键性。在整个创业过程中，企业会拥有各种各样的资源。创业者必须控制好在创业过程中的关键性资源，在资源的整合过程中也要注意对关键资源的整合。

（5）比选。由于外部资源的多样性，所以有助于某一创业任务的外部资源可能会有多个，使用每个外部资源都具有不同的收益、成本和不确定性，创业者要根据创业项目发展的需要、自身的实力以及这些资源的特点，选择最合适的外部资源。

（6）提前。由于外部资源整合的难度较大、进展相对较慢，并且外部资源的发现也需要一定的过程，所以不能等到需要的时候再去考虑外部资源的整合，而是应当具有一定的超前眼光，适当提前酝酿和运筹。

3. 数字经济下的创业资源整合

在数字经济时代，随着大数据、云计算和移动互联网等技术快速发展，众创、众包、众筹等数字创业平台应运而生，众包、众筹、众智、共享等在创业创新过程中发挥着不可忽视的作用。那么在数字经济背景下，创业资源如何整合？本书将从数字经济下创业的资本和人力两类资源分析。

---

[1] 李伟，张世辉. 创新创业教程[M]. 北京：清华大学出版社，2015.
[2] 张玉利，薛红志，陈寒松，等. 创业管理[M]. 5版. 北京：机械工业出版社，2020.

1）数字经济下资本资源的整合

首先,数字经济下资本资源的整合可以依靠创业资本新的整合途径——金融科技。不断取得突破的互联网技术和信息通信技术推动了互联网与金融快速融合,金融领域衍生出新形式——金融科技。金融科技通过利用各类科技手段创新传统金融行业所提供的产品和服务,提升效率并有效降低运营成本。金融科技基于大数据、云计算、人工智能、区块链等一系列技术创新,全面应用于支付清算、借贷融资、财富管理、零售银行、保险、交易结算等六大金融领域,是金融业未来的主流趋势。金融科技为资本资源提供了新的整合途径,改变了长期以来创业者整合创业资本途径少与市场小的问题。更广的网络平台、更宽的融资渠道和更低的整合成本,使创业者整合资本变得更容易。

其次,创业资源整合要发挥数字经济时代的"长尾效应"。"头"和"尾"是两个统计学名词,正态曲线中间的凸起部分叫"头",两边相对平缓的部分叫"尾"。从需求的角度看,大多数的需求会集中在头部,这部分可以称之为流行,而分布在尾部的需求是个性化的、零散的、少量的需求。而这部分差异化的、少量的需求会在需求曲线上面形成一条长长的"尾巴",而所谓长尾效应就在于它的数量,将所有非流行的市场累加起来就会形成一个比流行市场还大的市场。

"长尾效应"是数字经济时代兴起的一种新理论,它打破了传统的"二八定律"。长尾理论在创业资本整合中的应用,提醒创业者,任何时候都存在着一些不被大众所关注的潜在资本。

创业初期,创业者在整合资本资源时往往存在两种困境。一是处于资金需求的"长尾",对资金需求大。二是由于创业初期面临的风险困难多、实力弱,常常被传统的资本投资者所忽略。为摆脱这种困境,创业者要充分认识数字经济环境下的"长尾效应",瞄准并整合暂时还是非主流的、潜在的"长尾"资本。这些资本往往是被很多创业者所忽视或者不愿整合的边缘资本。

2）数字经济下人力资源的整合

随着数字经济的迅速发展,传统的人力资源整合模式将受到挑战,人力资源整合领域也会发生深刻的变化。

首先,跨界融合,去中介化,促进开放化人力资源市场形成。数字经济时代的重要特征是跨界融合。通过互联网平台,人力资源的供求双方能够更加直接、充分地沟通彼此的需求,不必依赖人才中介和服务机构。数字经济的充分发展,将打破国际范围内的人力资源市场壁垒,形成全球范围内的人力资源市场,促使开放型人力资源市场的形成。不同类型的人才通过数字经济跨界整合,不仅使不同地域劳动者之间工作的协作配合成为现实,而且让员工在跨界交流中不断向复合型人才发展。

其次,合作共赢,沟通交流,企业与员工走向联盟。互联网平台改变了人与组织的关系,也改变了人与组织的力量对比。个体与组织的关系不再是简单依附与绝对服从，每一个员工都是独立自主、高度自治的个体。企业不把员工的忠诚作为追求，而是把合作期内共同的价值创造作为追求，以建立一种合作共赢的新型雇佣关系。

最后，构建动态平衡的人力资源规划和职位体系。高速发展的企业和高速流动的人才市场，使得传统人力资源规划开始变得滞后。人力资源规划面临着一个剧烈变化的环境，需要更快的反应速度。正如大数据技术改变着客户关系管理系统一样，对人力资源规划和设计也需要创业者基于变化作出快速的反应。比起长期规划，中短期规划更加适合今天的企业。新时代人力资源规划应紧密联系业务发展和战略布局，设计具有前瞻性的人力资源供给和配置战略，并建立动态调整机制。新的规划策略不仅对于内部人力资源进行监测，也要关注外部劳动力市场和同行业乃至跨行业的需求人才。

4. 数字经济下创业资源整合的发展趋势

数字经济时代的精神和思维日益渗透到创业资源的获取与整合过程中。数字经济时代"开放、平等、协作、分享"的精神与"创新、参与、大数据"的思维无时无刻不渗透在各行各业。创业资源的获取与整合渗透着数字经济时代的精神与思维，体现在以下两方面：一方面，数字技术与创业资源深度融合，形成开放平等的资源市场。在资源的获取过程中，创业者既要坚持共性资源的开放共享原则，又要坚持寻求个性资源的协同原则，进而实现资源获取的共赢新局面。另一方面，在利用与整合创业资源过程中，创业者既要敢于创新，让自己在激烈的创业环境中脱颖而出，又要在大数据潮流下，树立"1+1>2"的资源利用观。随着数字经济的进一步发展，数字经济时代的精神与思维将更进一步融入创业资源获取与整合过程中。

跨界融合创新不断在创业资源的整合中涌现。数字经济时代，跨界融合创新浪潮正席卷经济社会各行各业，推动互联网与传统行业的横向整合与纵向重塑。跨界融合创新是数字经济时代创新创业的重要特征之一，也是创业资源整合的发展趋势。随着创业资源种类的增多、规模的扩大，跨界融合成为创业者在创业初期的重要战略选择。跨界资源融合和创新冲破了地域和国界的限制，使有地域和国界的资源整合走向无国界和无地域的状态。未来，跨界融合创新的新趋势将在更大程度上和更宽领域内全面推进创业资源的整合，为创业者提供更新、更好的资源。

用户体验和服务能力将成为创业者整合利用创业资源的核心。数字经济时代，市场主导是用户，而不再是企业、生产商。"顾客体验"成为考验企业竞争力的核心要素。CNNIC（中国互联网络信息中心）数据显示，截至 2022 年 6 月，我国网民规模为 10.51 亿人，较 2021 年 12 月新增网民 1 919 万人；互联网普及率达 74.4%，较 2021 年 12 月提升 1.4 个百分点。①尽管近年中国的网络用户人数的增长速度有所放缓，但互联网

---

① 中国互联网络信息中心发布第 50 次《中国互联网络发展状况统计报告》[J].国家图书馆学刊，2022，31(5): 12.

在中国的整体普及水平较高，未来普及率将进一步提高。用户对产品的体验和企业服务能力评价成为用户是否给企业和产品好评的关键影响因素。因此，创业者在创业初期整合和利用资源时更要将如何满足用户体验和提供更好的服务作为目标。创业资源的整合与利用要更加关注用户体验和服务能力，在控制成本、提高效率、提升用户体验方面探索一条健康良性创业路径。

在数字经济时代下，创业资源的整合与利用必须法治化与规范化。在对信息资源的整合和利用中，政府推进了网络信息安全、个人信息保护、网络交易监管等方面的地方立法，出台了政府与公共信息资源开放共享的管理办法。该办法一方面加强了基础信息资源和个人信息保护；另一方面强化了资源整合过程中的信息安全管控，规范了信息资源的市场秩序。随着创业者法律意识和营造规范有序创业环境的渴望逐步加强，创业资源整合过程中，更完善的法律法规将会颁布实施。

这里的"生态圈"并非传统意义上的"生态圈"，它是指企业自身资源构成了一个"生态圈"，有其赖以生存的空气、土地等"公共资源"。在数字经济时代，创业资源的整合要适应时代趋势，形成资源循环利用与可持续利用的发展模式。这种模式不仅是创业者自身与创业资源之间的友好关系，也是创业者与创业者之间资源利用的一种合伙关系。持续发展与循环利用的生态圈，既能科学有效地整合资源，又能提高资源的利用效率，节约创业成本，这必将成为未来创业资源整合的主流趋势。

5.4 【案例分析】是深耕技术还是拥抱资源：初创企业如何选择

自2016年登上《麻省理工科技评论》年度"十大突破性技术"榜单，自动驾驶技术在全球范围内迎来了应用研发和商业落地的浪潮，成为新兴技术创业的巨大"风口"之一。在国内大力倡导"大众创业，万众创新"的"双创"背景下，李家鑫带着技术原样机回到了国内，怀揣着无限的憧憬，澎湃着炙热的热血与冲劲，想着可以在自动驾驶领域大干一番事业。经过两年不断的技术积累，以及寻找投资合伙人进行项目孵化，他于2017年2月正式创办四川金瑞麒智能科学技术有限公司（以下简称"金瑞麒"）。

李家鑫所带领的金瑞麒在创业初期考察自动驾驶算法与机器人底盘控制技术可以应用的多个场景，包括小型赛车、智能轮椅、平衡车、扫地机等。通过对不同应用场景自动驾驶技术应用落地的可行性分析，本着与用户直接相关，通过科技把"人（用户）—机器—环境"有机结合起来的理念，金瑞麒选择景区游客交通为公司自动驾驶技术的起始应用场景。经过研发团队一年的努力，金瑞麒完成了从调研、开发到设计的全流程，在多个景区投放了第一款自动驾驶产品——"大自在漫游车"，成功开创了景区这一细分市场低速自动驾驶商业落地的先河。尽管成功推出了第一款产品，但要在自动驾驶这条长而"厚雪"的赛道上竞技，金瑞麒需要进一步寻求合作。

经过对BAT（百度、腾讯、阿里）的全面考察过后，结合公司目前所拥有的软硬件技术，积极参与百度Apollo创新生态，依托百度自身所拥有的强大技术实力与资源，进行深度战略合作和系统适配。2018年9月，"百度—阿波罗—金瑞麒"（Baidu-Apollo-Golden Ridge）联合研发项目挂牌成立。在2019年的百度AI开发者大会上，百度主推发布两家自动驾驶技术公司的量产产品，一家是百度与厦门金龙合作开发的"阿波龙"，另一家就是金瑞麒所研发的大自在"漫游车"。截至2022年，百度Apollo的生态体系内拥有全球生态伙伴近200家，汇聚全球开发者80 000名，金瑞麒是其中唯一一家获百度授权并联合挂牌的企业。

随着2018年中美贸易战局势加剧，国际市场变幻莫测，国内芯片供应链十分脆弱，由于百度本身不做自动驾驶处理器的核心硬件，在原材料采购方面，金瑞麒在核心处理器芯片上依赖英伟达这样的企业，为应对国际形势变化和原材料价格上涨的不确定性，以及可能存在的物料短缺风险。李家鑫认为金瑞麒出于万全的考虑，不应该将核心原材料采购强依赖一家企业，需要筹集核心芯片的备品，并做好相应的适配，以此来应对风云诡谲的国际市场行情，以备万全之策。

正在此时，金瑞麒的市场部门负责人，因个人的兴趣购买了华为的一台机器人进行改装。在改装过程中与华为售后服务人员就机器人的性能进行交流，让华为5G创新团队看到金瑞麒有这一部分的技术改装能力，与华为5G创新团队的技术探索，也促成了接下来的一系列合作。彼时遭遇美国制裁和技术封锁的华为，开始大力推进"云与计算"生态战略，给国内人工智能等新兴技术相关领域的创新性企业打开了合作的大门。金瑞麒依托其在低速自动驾驶技术与产品开发方面的先动优势，加入"华为昇腾万里伙伴计划"，获得独立开发方案提供商的资质认定，其智能漫游车也成功完成了与华为推理服务器的兼容性测试，于2021年3月取得华为技术适配认证书及认证徽标的使用权。与华为的合作，让金瑞麒拿到了自己在华为技术生态系统中的一张"入场券"。

如今，自动驾驶行业的竞争已进入既拼技术研发也拼应用落地的"两条腿"竞争新阶段。金瑞麒成长至今，跨生态系统整合资源使企业走到今天，不仅在技术上拥有了自己一定的优势，在战略资源上也获益匪浅。然而，随着与政府高新区的合作日趋紧密，渐渐地，核心创始团队就金瑞麒的战略发展方向产生了潜在的分歧：究竟是该依托企业所积累的、尚没有显著优势的技术和口碑去积极拥抱政策性资源，向"运营驱动"转向，还是继续坚持"技术驱动"，在当前的自动驾驶行业低潮期进行技术深耕，积累战略性资源等待自动驾驶市场的爆发？这一分歧让怀揣技术梦的李家鑫深深苦恼。回望公司一路走来的不易，李家鑫也深知新兴技术创业企业面临着技术成熟曲线周期长、技术创新企业新进入缺陷、投资回报遥遥无期等难题。究竟是坚持初心继续深耕技术路线，还是拥抱资源路线更利于新兴技术创业企业的成长？是继续强化技术和产品优势，成为合作伙伴眼中的"大鱼"，还是以核心技术优势撬动更多的资源，让企业扎入"大池塘"，获得更多的市场进入机会？

资料来源：王敏，刘雅雯，陈阳，等. "大鱼"还是"大池塘"：自动驾驶初创企业如何选择[Z]. 中国管理案例共享中心案例库，2023.

案例思考题

1. 作为一家初创企业，金瑞麒为什么能够跟百度合作并得到百度的认可？在跟百度的合作过程中，金瑞麒解决了哪些困难？面临什么挑战？

2. 金瑞麒为什么能够和华为合作并得到华为的认可？在和华为的合作过程中，金瑞麒解决了哪些困难？面临什么挑战？

3. 根据金瑞麒目前所面临的公司决策点，试着分析在自动驾驶"遇冷"背景下，金瑞麒如何进行战略布局？是深耕技术还是拥抱资源？

本章小结

创业资源是创业过程中至关重要的要素。在数字经济下，创业资源更加注重创新和技术驱动，强调信息和数据的价值。创业融资方式也得到了创新和拓展，新兴的融资方式和平台为创业者提供了更多选择和机会。同时，数字经济的发展也带来了全球化的机会和挑战，创业资源需要具备跨境合作和国际化的能力。创业资源整合需要遵循一定的原则，通过合理配置和协同利用资源，创业者可以提高企业的竞争力和创新能力，实现可持续发展。因此，在数字经济时代，创业者需要关注创业资源的获取途径和影响因素，并积极适应新的创业融资方式和整合趋势，以实现创业成功。

思考题

1. 简述我国创业融资环境及优化策略。
2. 简述创业资源的作用。
3. 影响创业资源获取的因素有哪些？
4. 在数字经济时代，创业融资渠道多样化，创业者可以通过互联网平台和社交媒体获取资源和融资支持。你认为这些新渠道对创业者有何影响？如何充分利用这些渠道来获得融资？
5. 在数字经济时代，创业者如何利用数字平台和全球化趋势来实现创业资源的整合和优化配置？

第 6 章

数字商业模式

Translai：语言服务行业的数字颠覆者

2022年4月到5月，白双一直处于满负荷工作状态，一边参加各种视频会议，一边关注着产品的研发创新，还一边协调推动第二轮融资的洽谈，保证 Translai 的各项业务有条不紊地向前推进。

Translai 是白双创立的一家数字化语言服务平台，从凭借职业教育创业理念加入 AWS（亚马逊网络服务）联合创新中心到让其成长为一家优秀的数字创业企业，白双只用了不到4年时间。自2021年8月正式将平台推向语言服务市场，Translai 已累计为100多家国内外知名企业提供了上千次语言服务，如未来电视、大家保险集团、联合国和平大学等。目前，Translai 平台拥有近千名来自不同国家且具备语种认证的专业译员，新一轮平台升级后，可以向用户提供文档、音视频、图文等多媒介多场景的智能定制服务。

白双在法国和英国求学工作7年，一直在国外的职业教育平台上购买不同的在线课程来提升自己，回国后，白双发现国内的职业教育市场无论是内容还是质量都还不够丰富和完善，而且课程价格也比较昂贵。作为一名职业教育内容的受益者和终身学习者，白双认为这是一个很有潜力的创业机会。2018年6月，带着对终身学习的信仰和对普及职业教育内容的追求，白双决定辞职，开启第一次创业历程。白双为自己的创业项目起名为 X-path，以"教育无国界"为企业理念，致力于实现国际高质量职业教育资源在国内的普及。为打造终身学习和跨领域学习场景，白双还提出了以知识图谱为技术驱动的商业模式，重新定位内容、教研和服务在职业教育中的意义。知识图谱把某个职业需要掌握的知识内容按照难易程度进行拆解，从而串联起一系列视频，用户只要跟随指引解锁相关知识模块，就能不断进阶。在这一阶段，低成本且高效地进行大量教育视频的本土化翻译就成为所要解决的重要问题，为解决这个问题，白双做了大量的市场调研，发现市面上的视频本地化主要可以通过两种方式实现，一是借助语言服务商，二是借助视频翻译软件，而这要么成本太高要么无法满足作为翻译所追求的"信、达、雅"。

机缘巧合之下，白双认识了上海-亚马逊 AWS 联合创新中心的负责人。在与中心负责人接触的过程中，白双意识到应用 AI 能力能够在保持低成本的同时满足翻译的语言科学要求，这可能是解决视频本地化问题的更优方案。适逢 AWS 正在广泛推广自己的孵化器，双方一拍即合，2019 年 8 月白双带着职业教育的创业理念，成功入驻 AWS 联合创新中心。在 AWS 联合创新中心的支持下，白双借助 AWS 提供的技术支持，在底层封装了各类 AI 及自然语言处理能力，并将 AI 能力集成到视频翻译的工作流中，成功开发了"X-path community"教育字幕组视频本地化系统，将其作为企业内部使用的视频翻译工具来实现大量职业教育视频的翻译环节。与此同时，白双与国外一部分职业教育内容博主谈好了免费内容部分的版权。通过进行大量的视频翻译工作，白双根据出现的问题不断迭代创新视频本地化系统的功能，使得产品越来越能满足实际需求。

2020 年 3 月，疫情让 X-path 项目走到了重要的岔路口，白双回忆说："我们当时的变现模式太长了，要先签版权，本地化，再搭建自己的职业教育平台，然后再推广，最后一步才是获客。这个链路太长了，你一家创业公司做这个事就是等死。当时我非常清晰地认识到这条路不可行，我可以之后再做，但不是现在。"在这种认识下，白双进行了两次转型。

生存是创业企业的首要目标，显然职业教育项目并不能保证 X-path 在市场上存活下去。2020 年全球疫情暴发，白双开始思考企业的生存问题。虽然职业教育项目没有取得预想中的成功，但让白双看到了利用 AI 人机协同来进行视频翻译的市场潜力。因此，创始人果断决定放弃职业教育项目，转而把原本用作内部视频翻译工具进行商业化，并更名为 Transflow，为语言服务商或者说翻译公司提供视频翻译工具。视频翻译软件开发成功后，白双打算以免费试用的方式来测试产品的可用性和目标客户（语言服务商）的付费意愿。在原本的设想里，通过将视频翻译工具卖给传统的语言服务商，Transflow 可以帮助公司迅速实现盈利。然而，事实上只有极少数几家公司选择试用产品，虽然它们对于软件的功能给了很好的评价和反馈，但无一例外，没有一家语言服务商愿意付钱购买。白双认为这是因为当时的语言服务商并没有数字化的迫切需求。这一次与市场的接触让白双意识到，语言服务商并不是优质的付费群体，必须转换商业模式找到具有付费能力的群体。

白双发现作为软件提供商模式不具有可行性后，迅速决定二次转型成为语言服务商，通过自行搭建包含客户、译员和平台三方的语言服务平台，形成数字化服务闭环，为终端客户（企业客户为主）提供一站式音视频翻译服务。为了突出企业的科技性，白双将公司的品牌更名为 Translai，是 Translate + AI 的缩写。

在初期，为了低成本地测试这种商业模式的可行性，白双找到职业教育时期合作过的高分译员作为平台的种子译员来服务终端客户，并通过外企的微信群广泛宣传企业的一站式音视频服务模式。几家外企试用后发现 Translai 的音视频翻译服务价格远低于市场平均水平，视频翻译的质量和速度却远超传统语言服务商，因此都很愿意与

Translai 建立长期合作关系，并且主动帮助 Translai 在外企圈子宣传，短时间内外企用户数量大量增加。获得用户初步认可后，白双开始扩张技术团队对视频翻译平台进行数字化升级，包括在线译员库的搭建、全链路的数字化、项目管理系统的升级，此外还开发了针对译员的评分系统和派单系统，一方面保证项目完成的质量，另一方面保障平台上译员与项目的匹配程度。

最终，经过不断试错、创新与迭代，Translai 构建起稳定的云端语言服务平台，把服务商、客户与译员有机联结在一起，解决了传统模式下三者相互分隔的问题，显著降低了交易成本与管理成本。在这种直营模式下，Translai 的盈利主要来源于三种方式，分别是项目制、平台月付式和预付费式。项目制收入主要通过参与竞投标的方式按项目结算，平台月付式是企业选择月结的方式对当月翻译的内容进行结算，预付费式则是针对翻译需求比较少的客户根据翻译稿件的数量在平台按需购买流量后使用翻译服务。多样化的交易结构使 Translai 能够为各种类型的客户提供语言翻译服务，从 1 分钟的视频翻译，到几十分钟再到几百几千分钟的大型项目，高效率、高质量、高性价比已成为 Translai 的标签。

资料来源：邢小强，汤新慧，刘丰. Translai：语言服务行业的数字颠覆者[Z]. 中国管理案例共享中心案例库，2022.

案例思考题

本案例企业一共探索了几种商业模式？请详细说明。

在数字经济时代下，数字技术利用其自身特征和优势，已经成为创业企业进行商业模式构建和创新的重要依托，催生了大量成功的商业模式。案例企业先后经历了从 X-path 到 Transflow 再到 Translai 商业模式的转变，在这三种模式的交替中，变化的是目标客户以及相对应的价值主张与盈利模式，而不变的是价值创造背后的思维与逻辑。在价值创造模块，创始人基于自身的语言专业背景，始终围绕如何通过更好地利用数字技术（特别是人工智能）来改造传统的翻译模式与流程，以提高翻译效率与质量。从过程看，它是在初始商业模式中先构建出一种 AI 人机交互翻译的基础能力，然后不断改进并寻找新的客户，最终实现方案与目标客户相匹配。

6.1 商业模式概述

6.1.1 商业模式的概念

"商业模式"一词最早在 20 世纪 50 年代被提出，直到 20 世纪 90 年代才被广泛接受。商业模式是企业创造价值的核心，通常涉及回答三个基本问题：企业为谁创造什么价值？此即在一个既定价格上企业向其客户或消费者提供什么样的服务或产品。价值如何传递？此即支持客户价值主张和盈利模式的具体经营模式。如何将价值转化为营收和利润？此即企业用以为股东实现经济价值的过程。通俗来讲，商业模式就是企业通过什么方式赚钱。[1]

企业会进行一系列相互联系的特定活动来满足市场的感知需求，这就是商业模式。商业模式决定了企业与客户、合作伙伴和供应商开展业务的方式[2][3][4]，是企业创造、传递和获取价值的基础。[5]总体而言，商业模式在本质上是为了回答彼得·F.德鲁克提出的问题：你的目标顾客是谁？目标顾客注重的东西是什么？同时回答了企业如何通过业务赚钱以及其中的经济逻辑。

6.1.2 商业模式的特点

商业模式的重要核心是创造价值、传递价值、获取价值，成功的商业模式应该具有以下特点。[6][7]

1. 有效性

成功的商业模式必须是有效的。一方面，企业要识别并满足客户需求，从而赢得客户的信赖，在此基础上进一步挖掘并提升客户的价值，实现有效的价值创造。另一方面，通过运行商业模式，企业应有效提高自身和合作伙伴的价值，创造可观的经济效益。通俗地讲，有效性的商业模式既可以平衡不同利益相关者的诉求，又能够满足企业的盈利需求。

2. 独特性

成功的商业模式一般具有很强的独特性。企业要积极彰显自身的独特价值，包括独特的产品、独特的渠道、独特的运营、独特的供应链等。当然，独特性并不是一味地追求与众不同，商业模式的独特性必须能够创造最终的价值，避免出现商业模式与市场上的同类企业完全不同，却难以让用户为之买单的现象。

3. 难以模仿性

成功的商业模式必须是难以模仿的。成功创造价值的商业模式一经推出很快就会有追随者效仿，使得企业的盈利能力大大下降，从而削弱了商业模式的价值。商业模

---

[1] 张玉利，薛红志，陈寒松，等. 创业管理[M]. 5版. 北京：机械工业出版社，2020.

[2] AMIT R, ZOTT C. Value creation in e‐business[J]. Strategic management journal, 2001, 22(6-7): 493-520.

[3] AMIT R, ZOTT C. Creating value through business model innovation[J]. MIT sloan management review, 2012, 53(3): 41-49.

[4] AMIT R, ZOTT C. Crafting business architecture: the antecedents of business model design[J]. Strategic entrepreneurship journal, 2015, 9(4): 331-350.

[5] 杨俊，张玉利，韩炜，等. 高管团队能通过商业模式创新塑造新企业竞争优势吗？——基于CPSED Ⅱ数据库的实证研究[J]. 管理世界，2020(7)：55-77，88.

[6] 娄春伟，白超. 创新创业基础——"互联网+"创业[M]. 成都：电子科技大学出版社，2016.

[7] 斯晓夫，刘志阳，林嵩，等. 社会创业理论与实践[M]. 北京：机械工业出版社，2019.

式的难以模仿性，通常来自他人难以模仿的产品或技术方面的优势和商业模式中特定的资源、合作网络甚至是价值理念。

6.1.3 商业模式构成要素

商业模式由九个关键要素构成：价值主张、客户细分、渠道通路、客户关系、核心资源、关键业务、重要合作、成本结构、收入来源。这一整体又被称为"商业模式画布"（图6-1），商业模式画布不仅能够提供灵活多变的计划，更容易满足客户需求，更重要的是它可以将商业模式中的元素标准化，并清晰地表现出各个要素间的相互作用和联系。任何一个商业模式都可以看成"商业模式画布"九要素的排列组合。①

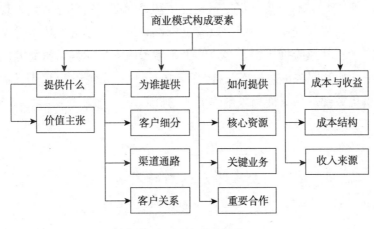

图 6-1　商业模式画布

数字经济时代，企业经营的商业逻辑发生变化，生产和经营边界被打破，传统的商业模式与数字经济下的发展模式不相适应，在这种情境下，企业不得不借助数字技术对传统产业进行转型升级，将数字技术与传统产业进行深度融合，快速推进数字商业模式的形成。数字技术具有通信、应用、连接、计算等功能，它的加入会对九要素产生何种影响？接下来我们将分别介绍商业模式的每个构成要素及数字技术对它们的影响，探讨企业数字商业模式的设计如何根据"商业模式画布"入手。

1. 价值主张

价值主张通过迎合细分客户需求的独特组合来创造价值，主要通过回答四个问题来解释为特定细分客户创造价值的系列产品和服务。

（1）我们该向客户传递什么样的价值？

---

① 奥斯特瓦德，皮尼厄. 商业模式新生代[M]. 王帅，毛新宇，严威，译. 北京：机械工业出版社，2011.

（2）我们正在帮助我们的客户解决哪一类难题？

（3）我们正在满足哪些客户需求？

（4）我们正在给哪些客户细分群体提供哪些系列的产品和服务？

数字经济时代，数字技术的通信与连接特征扩大了创业活动的范围，使得价值主张的创新成果传播更加广泛，激发客户在价值主张下学习、发展和追求社会目标，与企业一同实现混合价值共创。

价值主张主要包含 11 个要素。①新颖：满足客户从未感受和体验过的全新需求；②性能：改善产品和服务性能是一个传统意义上创造价值的普遍方法；③定制化：定制产品和服务以满足个别客户或客户细分群体的特定需求来创造价值；④把事情做好：通过帮客户把某些事情做好而简单地创造价值；⑤设计：产品可以因为优秀的设计脱颖而出；⑥品牌/身份地位：客户可以通过使用和显示某一特定品牌而发现价值；⑦价格：以更低的价格提供同质化的价值以满足价格敏感客户细分群体；⑧成本削减：帮助客户削减成本；⑨风险抑制：当客户购买产品和服务的时候，帮助客户抑制风险；⑩可达性：把产品和服务提供给以前接触不到的客户；⑪便利性/可用性：产品和服务能使客户做事更方便或易于使用以创造可观的价值。

应用案例

盒马鲜生 vs 叮咚买菜

"盒马鲜生"和"叮咚买菜"都是新零售背景下的热门企业。

"盒马鲜生"致力于为消费者打造社区化一站式新零售体验中心，凭借科技和人情味带给人们鲜美生活，它将传统线下超市销售与盒马 App 线上零售相结合，开创了线下体验与互联网驱动的复合模式，为了实现线下门店与线上 App 的无缝衔接，盒马打造了"一店二仓五中心"的运营体系，该体系将传统业态重新整合，通过大数据与移动互联网、智能物联网赋能，打造出一张全数字化网络，快速、精准、稳定地满足客户全方位需求。

"叮咚买菜"则以"品质确定、时间确定、品类确定"为核心原则，利用前置仓为用户提供实惠、便捷的生鲜即时配送到家服务。与盒马不同，叮咚的模式相对简单，仅通过线上 App 进行销售，不设线下实体门店，其通过将高密度的前置仓建立在社区周围一公里范围内，结合大数据测算，使得用户在任何时间与地点都能购买到高品质的生鲜产品，下单后最快 29 分钟即可送达。同时，叮咚依靠生鲜及相关产品的丰富品类以及与社区周边菜场价格近乎持平的亲民定价，为客户提供一日三餐所需食材及配料等一站式购物，保证高质量生鲜高效到家。

资料来源："盒马鲜生""叮咚买菜"官网。

2. 客户细分

客户细分构成了任何商业模式的核心，主要通过回答两个问题来解释想要接触和服务的不同人群或组织。

（1）我们正在为谁创造价值？

（2）谁是我们最重要的顾客？

数字经济时代，数字技术可生成性的应用特征产生了海量数据资源，可以帮助企业快速识别未被满足的社会需求，发现创业机会。

客户细分通常有五种类型。①大众市场：价值主张、渠道通路和客户关系全部聚焦于一个大范围的客户群组，在这个群组中，客户具有大致相同的需求和问题，通常可以在消费类电子行业中找到；②利基市场（或小众市场）：价值主张、渠道通路和客户关系都针对某一利基市场的特定需求定制，通常可以在供应商–采购商的关系中找到；③区隔化市场：虽然客户群组间具有很多相似之处，但存在不同的需求和困扰，所以细分客户之间的市场区隔会有所不同，所提供的价值主张也会略有不同；④多元化市场：经营业务多样化的企业，以完全不同的价值主张迎合两个具有不同需求和困扰的客户细分群体；⑤多边平台或多边市场：服务于两个或更多的相互依存的客户细分群体。

应用案例

20多年来品牌一直保持稳定增长，Lululemon 做对了什么？——客户细分

Lululemon 创立于 1998 年，在滑板、篮球、橄榄球运动等街头文化发展繁盛的 20 世纪 90 年代，其创始人奇普·威尔森却另辟蹊径，从瑜伽运动入手，为品牌赋予多元文化含义。2022 年，Lululemon 在北京冬奥会一炮而红。

在品牌创立早期，Lululemon 的创始人并没有像其他品牌一样通过投放杂志或电视广告来提升品牌知名度，而是通过与全球各地的瑜伽教练合作，向他们提供免费或高折扣的瑜伽服装，或给社区赞助免费的瑜伽课程，将"Lululemon"品牌深入传播到热爱瑜伽运动的消费群体中。

在社区营销的过程中，通过对瑜伽运动爱好者的洞察，Lululemon 逐渐建立了清晰的品牌目标消费者画像：具有高消费能力、受教育程度高、年龄在 24~34 岁，且对健康生活有追求的成熟女性。

后来 Lululemon 用"Super Girls"这个词来定义目标客群。通过社区营销与目标客群深度互动，以及传播的健康生活理念，Lululemon 近千元一条的瑜伽裤在高消

费女性群体中迅速流行。

资料来源：Shoptop 品牌出海智库.DTC 案例 | 20 多年来品牌一直保持稳定增长，Lululemon 做对了什么？[EB/OL].(2022-04-18).https://baijiahao.baidu.com/s?id=1730437004526432689.

3. 渠道通路

渠道通路是客户接触点，在客户体验中扮演着重要角色，主要通过回答六个问题来解释企业是如何沟通、接触其客户细分群体而传递其价值主张。

（1）通过哪些渠道可以接触我们的客户细分群体？

（2）我们现在如何接触他们？

（3）我们的渠道如何整合？

（4）哪些渠道最有效？

（5）哪些渠道成本效益最好？

（6）如何把我们的渠道与客户的例行程序进行整合？

数字经济时代，数字技术的通信与连接特征产生了数字平台，打破时间和空间限制，有助于资源高效汇聚、整合与协同，消除知识流动与信息交换的壁垒。

渠道具有认知、评估、购买、传递和售后五个阶段，每个渠道都能经历部分或全部阶段。企业可以选择通过其自有渠道、合作伙伴渠道或两者混合来接触客户，其中自有渠道包括自建销售队伍和在线销售，合作伙伴渠道包括合作伙伴店铺和批发商。

应用案例

20 多年来品牌一直保持稳定增长，Lululemon 做对了什么？——渠道

自创立以来，Lululemon 一直以线下直营门店为主要的销售渠道，截至 2021 年 1 月 31 日，其在北美、中国、澳大利亚、英国、瑞士等国家和地区经营着 521 家品牌直营门店。

Lululemon 在线上也增设了品牌官网、App 等销售渠道，在受疫情影响的 2020 年，Lululemon 的线下销售渠道受到影响关店，但线上销售渠道却强势增长，销售占比甚至超过了 50%，其在 2020 年的收入达到了 44 亿美元，让品牌依然保持正增长。

资料来源：Shoptop 品牌出海智库.DTC 案例 | 20 多年来品牌一直保持稳定增长，Lululemon 做对了什么？[EB/OL].(2022-04-18).https://baijiahao.baidu.com/s?id=1730437004526432689.

4. 客户关系

客户关系主要通过回答四个问题来解释公司与特定客户细分群体建立的关系类型。

（1）我们每个客户细分群体希望我们与之建立和保持何种关系？

（2）哪些关系我们已经建立了？

（3）这些关系成本如何？

（4）如何把它们与商业模式的其余部分进行整合？

数字经济时代，数字技术的连接特征促进了创业企业与外部客户的信息及时交换，有利于形成基于情感支持、信任团结、分享承诺的关系。

客户关系通常有六种类型。①个人助理：基于人与人之间的互动，可以通过与客户代表交流、呼叫中心、电子邮件或其他销售方式等个人助理手段进行；②专用个人助理：为单一客户安排的专门的客户代表，是层次最深、最亲密的关系类型，通常需要较长时间来建立；③自助服务：企业与客户之间不存在直接的联系，而是为客户提供自助服务所需要的所有条件；④自动化服务：识别不同客户及其特点，并提供与客户订单或交易相关的信息，实现客户的自助服务；⑤社区：企业利用用户社区与客户/潜在客户建立更为深入的联系，并促进社区成员之间的互动；⑥共同创作：企业超越与客户间传统的客户–供应商关系，倾向于和客户共同创造价值。

应用案例

家得宝：客户体验的数字化转型

从2017年提出"一个家得宝"战略（即计划在未来3年内投资111亿美元，把自己打造成一家以数字为中心的零售商），到2020年全渠道转型交付之年。家得宝利用数字技术，初步实现了线上线下"无缝"连接的"互联零售"。家得宝成功转型的重要战略支柱之一是改善客户在线体验。

家得宝主要有两类客户：零售客户和专业客户。零售客户主要是普通家庭或者个人，倾向于一次性购买大量材料，或购买更便宜的日常用品；专业客户主要包括承包商和家居装修专业人士，倾向于更经常地购买大量材料。

为了改善这两类客户的在线体验，家得宝组建了将近50个专注于敏捷开发的swat团队，这被视为一项核心优先任务。虽然专业客户在客户群体中占的比例不高，但是由于高客单价贡献了近一半的收入，因此企业与专业客户的关系更加密切。家得宝为专业客户提供了更加个性化的B2B（企业对企业）网站服务，不仅具备工作流管理、报价、批准、订单历史记录、动态订单列表、所有未完成订单的存储库等实用工具，而且包括交付、信贷、工具租赁等服务。优质的服务体验也吸引了更多专业客户，2018年网站仅有10万多名注册用户，到2019年注册用户已经超过100万。

对于零售客户而言，家得宝着重投资网站和移动应用程序，改进搜索功能、分类展示功能、产品内容以及AR选项，来减少线上购物的摩擦。

资料来源：张鑫. 美国家得宝观察：数字化转型，打造"互联零售"[EB/OL]. (2019-03-27). https://www.iyiou.com/news/2019032795907.

5. 核心资源

每个商业模式都需要核心资源，这些资源使企业能够创造和提供价值主张、接触市场、与客户细分群体建立关系并赚取收入。核心资源主要通过回答四个问题来解释让商业模式有效运转所必需的最重要的因素。

（1）我们的价值主张需要什么样的核心资源？

（2）我们的渠道通路需要什么样的核心资源？

（3）我们的客户关系需要什么样的核心资源？

（4）我们的收入来源需要什么样的核心资源？

数字经济时代，数字技术的通信与计算特征降低了资源获取、匹配、利用的成本，为企业获取产品、服务等相关核心资源提供技术和路径支持。

核心资源通常分为四种类型。①实体资产：包括生产设施、不动产、汽车、机器、系统、销售网点和分销网络等实体的资产；②知识资产：包括品牌、专有知识、专利、版权、合作关系和客户数据库等资产；③人力资源：在知识密集产业和创意产业中人力资源至关重要；④金融资产：包括现金、信贷额度和用来雇用关键雇员的股票期权池等金融资源或财务担保。

应用案例

特斯拉：智电合一的产品力

在5G、物联网IoT飞速发展的今天，特斯拉"用软件定义汽车"的slogan表明了深耕汽车智能化领域的决心，其产品的核心竞争力也在智能化上深度呈现。2019年9月，特斯拉通过OTA（空中下载技术）为中国车主更新V10.0最新版本车机系统，该版本在自动驾驶领域进行了升级。从2014年11月推送的V6.0版本到现在的V10.2版本，特斯拉车载系统为用户提供了愉悦的驾驶乐趣和极强的安全驾驶性能。特斯拉全车型均搭载HW3.0硬件系统，在L2级辅助驾驶基础上增加了TSR（交通标志识别）功能，可识别交通隔离墩和停车标志识别，基本上实现了城市道路L3级自动驾驶的能力，未来将通过OTA升级实现更高级别的自动驾驶。

除了智能化，特斯拉在动力电池领域也不断突破，"百万英里"电池呼之欲出。若特斯拉的单晶镍钴铝（NCA）电极适用，可大大延长动力电池的使用寿命，且该电池有望将每千瓦时的成本降低到100美元以下。除了动力电池，BMC（基板管理控制器）系统新专利未来将应用到电动皮卡等车型上，有效实现超7 000节电池的一致性管理，以提升动力电池热性能和安全性。

资料来源：特斯拉成功的关键因素：产品力的核心驱动作用[EB/OL]. (2020-08-14). https://www.d1ev.com/kol/123052.

6. 关键业务

关键业务是保障企业得以成功运营的重要动作，与核心资源类似，关键业务也是创造和提供价值主张、接触市场、与客户细分群体建立关系并赚取收入的基础。关键业务主要通过回答四个问题来解释为了确保商业模式可行，企业必须做的最重要的事情。

（1）我们的价值主张需要哪些关键业务？
（2）我们的渠道通路需要哪些关键业务？
（3）我们的客户关系需要哪些关键业务？
（4）我们的收入来源需要哪些关键业务？

数字经济时代，数字技术特别是大数据的计算特征为识别和挖掘新的创业机会提供了强大的搜寻能力和捕获能力，企业可以根据更加精确和迅速的数据分析识别新产品开发方向。

关键业务通常分为三种类型。①制造产品：企业商业模式的核心，指设计生产一定数量或满足一定质量要求的产品，与设计、制造及发送产品有关；②问题解决：指为个别客户的问题提供新的解决方案，一般有知识管理和持续培训等；③平台/网络：指平台管理、服务提供和平台推广等，网络服务、交易平台、软件和品牌都可以看成平台。

应用案例

华为云：业务黑马

2022年3月28日，华为发布2021年年度报告。报告显示，华为云作为新兴业务之一表现亮眼，收入增长率超过30%，在IaaS（基础设施即服务）市场排名国内第二、全球第五，成为华为业务新增长点。

在云服务能力方面，截至目前，华为云已上线220多个云服务、210多个解决方案，聚合全球超过3万家合作伙伴，发展260万开发者，云市场上架应用超过6 100个。

华为云打造了数字内容生产线MetaStudio、AI开发生产线ModelArts MLOps、软件开发生产线DevCloud、数据治理生产线四条开发生产线，帮助软件开发更简单、快速地完成SaaS化。同时，华为云还持续将10余万研发工程师、每年百亿美元以上研发投入的成果，以云服务的方式开放给千行百业的客户、伙伴和开发者。

资料来源：华为2021年年度报告：一切皆服务，华为云持续使能千行百业[R]. 2022.

---

7. 重要合作

一般而言，优化商业模式、运用规模经济、降低风险和不确定性、获取特定资源和业务等是企业打造合作关系的原因。重要合作主要通过回答四个问题来解释让商业模式有效运作所需的供应商与合作伙伴的网络。

（1）谁是我们的重要伙伴？

（2）谁是我们的重要供应商？

（3）我们正在从伙伴那里获取哪些核心资源？

（4）合作伙伴都执行哪些关键业务？

数字经济时代，数字技术特别是社交媒体技术可沟通的连接特征大大地便捷了创业者与内外利益相关者之间的联系和协作。

合作关系通常有四种类型。①非竞争者之间的战略联盟关系，合作企业在产品、服务、业务上不存在任何竞争，是一种最为纯粹的资源和优势互补性的合作伙伴关系；②竞争者之间的战略合作关系（竞合），作为竞争对手的企业也可以降低不确定性为出发点，在某一领域形成战略联盟而在另一领域展开竞争的合作伙伴关系；③为开发新业务而构建的合资关系，一般是由两家或更多公司共同投入资本成立，分别拥有部分股权，并共同分享利润、支出、风险及控制权；④为确保可靠供应的购买方——供应商关系，供应商、制造商、销售商等企业在供应链上、下游的合作及资源整合，意味着新产品/新技术的合作开发，实时数据、信息的交换，市场机会的共享和风险的共担。

应用案例

Under Armour：合作促进转型

Under Armour 是北美第二大运动品牌，人群定位聚焦于运动爱好者。Under Armour 最开始是做运动品牌服装的，但它认为，消费者运动的目的是健身，所以要进行转型。

Under Armour 通过与 IBM 公司的合作，将科技元素融入运动，研发了一个感知设备，并利用这个感知设备去搜集一些个人运动时的资料。资料收集到云上以后，IBM 的认知计算根据个体的年龄、体重、运动行为模式以及社群上的资料来形成一个有针对性的虚拟教练。虚拟教练会个性化地指导消费者如何实现更好的运动效果。此外，通过虚拟教练消费者还可以找到趣味相投的人。

正如此，Under Armour 作为一个服装品牌，通过与 IBM 合作，导入认知计算，迅速创造了新的用户体验。它如果通过成立技术部门、研究部门，或者说科技部门来做这件事情，相对来讲花费的时间会比较长。

资料来源：Under Armour 携手 IBM 用 Watson 翻转个人医疗与健身行业[Z]. 资安人，2016.

8. 成本结构

成本结构主要通过回答三个问题来解释运营一个商业模式引发的所有成本。

（1）什么是我们商业模式中最重要的固有成本？

（2）哪些核心资源花费最多？

（3）哪些关键业务花费最多？

数字经济时代，数字技术可编辑、可扩展的计算特征与可生成的应用特征促进了低廉信息资源的大规模应用，连接特征促使产品与服务内容可以极低成本实现跨越式传播，有效降低交易费用、管理和营销成本。

成本结构通常分为两种类型。①成本驱动：侧重于在每个地方尽可能降低成本，通过采用低价的价值主张、最大程度自动化、广泛外包等方式创造和维持最经济的成本结构；②价值驱动：专注于创造价值，增值型的价值主张和高度个性化的服务通常以价值驱动型为特征。

应用案例

腾讯AI：工业场景的进一步扩大

上海富驰高科技股份有限公司（简称"富驰高科"），是一家金属粉末注射成型（MIM）产品专业制造商。和大多数工业企业一样，作为进入市场最后一关的MIM产品生产线的质检环节，其形状结构复杂，有很多异形，导致一般的检测设备和检测方法都难以满足要求。

一直以来，富驰高科都是依赖人工质检，可是，随着整个行业的发展，人工质检的局限性也越发凸显。一方面，工作时间长且枯燥，人工拿着产品360度旋转找缺陷，每件检查时间长达1分钟，工作人员容易疲劳。另一方面，订单变动时无法准确适配人员，人力成本不断拉高，质检高峰期用人数量超过1 500人。

在此难点下，腾讯优图实验室依托在人脸检测、图像理解等领域的技术积累向工业AI领域开拓，该AI质检速度相比人工质检速度提升了10倍，检测能力全面超越人工水平，解决人力水平难以标准化、状态不稳定、容易疲劳等问题，还可以24小时持续稳定工作。在几十台设备持续满载生产的情况下，该项目预计每年能为富驰高科节省人力成本数千万元。

资料来源：北京软件和信息服务业协会. 富驰高科：以AI视觉检测成就工厂降本增效的示范区[Z]. 2021.

---

9. 收入来源

收入来源是商业模式的动脉，主要通过回答五个问题来解释公司从每个客户群体中获取的现金收入。通常来说，一个商业模式可以包含两种类型的收入来源：一种是通过客户一次性支付获得的交易收入，另一种是经常性收入来自客户为获得价值主张于售后服务而持续支付的费用。

（1）什么样的价值能让客户愿意付费？
（2）他们现在付费买什么？
（3）他们是如何支付费用的？
（4）他们更愿意如何支付费用？
（5）每个收入来源占总收入的比例是多少？

数字经济时代，数字技术的连接与应用特征引导公众广泛参与和监督创业过程，营造灵活、开放的创业环境，降低企业风险，保障员工稳定就业，提高了创造和获取高价值回报的预期。

企业获取收入通常有七种方式。①资产销售：销售实体产品的所有权；②使用费用：通过特定的服务收费，客户使用的服务越多，付费越多；③订阅收费：销售重复使用的服务；④租赁收费：针对某个特定资产在固定时间内的暂时性排他使用权的授权；⑤授权收费：将受保护的知识产权授权给客户使用，并换取授权费用；⑥经纪收费：为了双方或多方之间的利益所提供的中介服务而收取的佣金；⑦广告收费：为特定的产品、服务或品牌提供广告宣传服务。

应用案例

优 版 权

优版权归属于湖南天河文链科技有限公司，其是以区块链技术为核心、面向文化产业构建的版权数字资产流通平台。平台聚集数字艺术、科技潮玩、潮流音乐、明星影视、动漫游戏等各类内容，利用智能合约技术构建集IP、产品、数字权益于一体的版权数字资产，从机制上改变传统的文化作品确权难、维权难、流通难的问题，让文化更有活力，让创意更有价值。

发行方可批量铸造NFT（非同质化通证），根据自己的内容，自主选择盲盒发行、限量发行、NFT稀有度等个性化发行模式。发行的NFT可以绑定实物权益、作品版权权益或者其他权益，每一次NFT的转手都伴随着权益的流转。在这种发行模式下，NFT不仅具有收藏和投资属性，还可以进行商用获利。而对于优版权平台，一般只收取10%的交易手续费。

资料来源：湖南天河文链科技有限公司官网。

有调查结果表明，客户对随时随地与公司互动的要求渐高，也越来越看重企业提

供的数字体验,因此,企业不得不通过网站和移动设备等数字方式吸引客户创造价值。现阶段,企业的数字商业模式发展主要有三个趋势:一是数字化业务日益增长,包括融入更多客户体验、执行更多业务流程、与价值链中的合作伙伴合作;二是越来越多年轻的客户及员工期望在与企业的所有互动中获得精彩的数字体验;三是客户体验越来越重要,他们可以通过不同社交媒体对企业服务进行评级。

数字商业模式对所有人都是透明的,许多企业正从有形的、基于产品的、面向客户交易的"物理世界"转型为无形的、基于服务的、面向客户体验的"数字世界"。数字商业模式包含内容、经验和平台三个组成部分,内容指信息(如产品信息、价格和使用细节等)及产品(如电子书、电子保存簿、电影、软件等数字产品);经验指客户经验(如面向客户的数字业务流程、社区和客户输入、知情决策的专业知识等);平台包括内部平台(如其他业务流程、客户数据、技术等)和外部平台(如专有硬件、公共网络、合作伙伴等)。

要想设计或者优化企业的数字商业模式,要在商业模式画布的基础上,考虑以下几点:①创建无法通过其他任何来源获得的独特内容;②改善和衡量客户体验,确定未能满足的客户需求;③建立数字商业模式能力,为数字商业模式选择并投资其竞争优势的关键来源:内容、经验、平台或这些模式的某种组合;④衡量内容、经验和平台的有效性。

6.2 数字经济时代的商业模式

数字经济时代,互联网、大数据、云计算等数字技术的革新不断推动中国经济高质量发展,也使企业传统的商业模式发生了颠覆性变化,各式各样的数字技术推动了商业模式的创新设计,公司需要在数字化中考虑适当的和可能的新商业模式,以便更好地应对变化的商业环境。

6.2.1 数字商业模式的概念

数字商业模式是一种新兴的商业模式,能够帮助企业利用数字技术驱动业务、产品、流程、组织结构和管理理念的战略变革,是推动企业转型升级和提升竞争力的重要战略工具。企业使用数字技术、数字化活动来创造、获取和主张更多价值,并通过数字业务化和业务数字化的基本路径,充分发挥数字化的潜能和优势,以创新和完善各环节的业务逻辑,这就是数字商业模式。

数字经济推动企业产生新的商业模式和逻辑,主要表现在:数字经济的发展迫使企业所处环境日趋复杂;数字经济时代的环境不确定性明显提高,使得商业模式创新更多样化和随机化。数字技术作为核心驱动力是数字商业模式的关键要点所在,它通过与业务结合、配套组织变革等方式可以促进数字商业模式的构建。只有认识到数字技术对传统商业模式构成要素的影响以及数字商业模式的关键要点，企业才能更好地在数字经济时代把握好数字商业模式，获取最大利润。

6.2.2 数字商业模式的新特点

数字商业模式是传统商业模式在数字经济时代数字技术融入创新创业情境下的延伸，表现出不同于以往的新特点。

1. 数字业务化和业务数字化

与传统商业模式关注企业价值创造和获取不同，数字商业模式更强调利用数字使能和数字增强两种手段最大化释放价值创造与获取潜力。同时，相比于传统商业模式，数字商业模式的实现路径也发生了根本改变，主要通过数字业务化和业务数字化两个基本路径推动发展。

2. 数字产品和服务可以几乎为零的边际成本进行复制

数据作为数字经济时代生产要素之一，具有一个很重要的特殊性——非竞争性，如 A 在抖音上看一个视频，并不增加 B 在抖音上看一个视频的成本。数据衍生而来的是数字经济产品或服务，也就是说，由于数据非竞争性的存在，数字产品仅在开发阶段产生一个开发成本，但开发完成以后，其商业模式推广、业务推广等边际成本几乎为零，商业模式的扩张会非常快。

3. 迭代性

数字商业模式的一个重要载体是数字技术，对于企业而言，数字技术的引入对价值创造、价值传递、价值获取三个环节都产生影响。另外，数字经济让信息传输更高速，使其从单一方向的流动向不定的方向流动转变，这意味着数字经济时代的商业模式是不断迭代的，企业之间不可能存在相同的商业模式。

4. 商业模式创新多样化和随机化

不确定性是数字经济时代最显著的特征，不确定性显著增大的新环境也是中国企业要面临的"新常态"。数字技术是应对不确定性的重要手段，如疫情期间通过电子商务、远程办公、在线教育、智能物流等无接触形式，能保证我们的工作和生活有条不紊等。由于不确定性的存在，企业无法准确把握未来面临的商业环境，也使得商业模式的创新更加多样和随机。

5. 跨界互联

相较于传统的工业经济，数字经济通过不同主体、不同领域的跨界协作，借助数字技术和虚拟的网络平台整合产业交易的边界，使原本的竞争关系或合作关系变成了互利共赢的竞争–合作关系。同时，企业依靠数字技术对消费者的需求进行技术扩散和新产品研发，不断与消费者进行思维碰撞，消费者也通过数字平台构建组织来交流需求，在线下实体店进行门店体验，增加了消费者的体验感知。

6.2.3 数字商业模式的分类

在数字技术的支持下，很多企业发展出不同的商业模式，如社交媒体商业模式、长尾商业模式、平台型商业模式、共享经济型商业模式，下面将对这些商业模式进行简单的介绍。

1. 社交媒体商业模式

（1）广告。依赖广告业务的网站通常利用流量来销售广告。简单来说，网站拥有的流量越高，收取的广告费就越高，另外它也与网站访问者的特征有关。代表性企业有雅虎、MySpace 和 Tweet Later。

（2）联合。在这种模式下，企业通过向其他联盟企业的网站输送或出售流量来实现变现。销售产品的企业则依赖联盟网站给它们带来的流量进行产品销售。代表性企业有 Illuminated Mind、ShoeMoney 和 DIY Themes。

（3）虚拟商品。在这种模式下，主要由用户在网站或游戏中购买虚拟商品如武器、升级、点数或礼物等来实现企业盈利。虚拟商品最大的优势在于其利润率非常高。目前最热销的虚拟商品一般可以分为三大类：功能性商品、状态性商品和装饰性商品。代表性企业有 Acclaim Games、Meez、Weeworld 和 Facebooks Gifts。

（4）订阅。采用这种模式的网站通常要求用户付费（一般按月或按年）来访问自己的产品或服务。代表性企业有 Label 2.0、Scrooge Strategy 和 Netflix。

（5）免费增值收费。使用这种模式的企业会先免费提供一个基本的服务来吸引用户，然后通过增值服务将部分免费用户转化为收费用户，进而实现网站的收入。这种模式的最大挑战在于确定提供多少免费服务才能让用户需要并愿意使用付费服务。如果多数用户通过基本的免费服务可以满足自己的需求，他们就不会有升级到增值服务的必要。代表性企业有 Uservoice、Flickr、Vimeo、LinkedIn 和 PollDaddy。

2. 长尾商业模式

长尾商业模式是指产品产量较少、品类繁多，致力于为客户提供多种类的小众产品的一种商业模式。没有核心单品支持、客户群体较为分散、客户规模和业绩不稳定是纯长尾商业模式的明显缺点，数字经济时代可以运用互联网信息，通过研究消费者的生活方式以及产品设计需求变化情况，精准把握用户需求并快速响应进行新品研发、设计。代表性企业有小熊家电。

3. 平台型商业模式

（1）交易型平台。交易型平台的本质是双边或多边市场。使用交易型平台商业模式的企业并不直接拥有产品或服务的所有权，而是通过提供工具、服务等手段来促进交易的实现。信息时代，交易型平台可以很大程度降低交易成本，提高交易的可能性。一方面，数字平台能够汇聚大量的买方与卖方，有利于减少信息不对称。另一方面，平台企业通过提供搜索工具、自动推荐系统等服务可以降低买方的搜索成本，通过提供第三方支付工具等能降低买卖双方违约的风险，通过提供物流服务能够方便交易的实施等。

（2）创新型平台。创新型平台是产品系统的一部分，基于平台所有者对标准与接口的规定，第三方企业可以专注于组件创新。平台与第三方企业具有一种互补关系，平台所有者通过为第三方企业提供技术支持，金融、营销、物流等商业支持，能够降低其创新的成本，同时第三方企业提供的创新会拓展平台的应用范围，提升平台价值。

（3）社区型平台。社区型平台不同于线下的社交网络。首先，社区型平台提高了信息的可获取性，数字技术赋能使得用户之间的连接更广泛、更深层，用户可以通过发言、评论、搜寻、关注、分享等方式进行互动，信息扩散速度大大提升。其次，社区型平台满足了用户的多种效用需求，包括身份、交谈、分享、存在、关系、声誉以及集体归属感等。最后，社区型平台用户的参与程度不同，不同参与程度的用户包括访问者、新手、常客、领袖或管理者等，他们对其他用户的影响力不同，对于企业多种战略具有重要意义，如营销、产品开发、危机攻关。

4. 共享经济型商业模式

（1）资源共享型。资源共享型包括协作平台、资源重塑、互动与共创、非协同治理、技术赋能五个维度。协作平台主要在于整合闲置资源、设计匹配规则、调动用户积极互动，并驱动价值共创；资源重塑则是通过鼓励用户主动分享闲置资源给需要的用户，并传递"使用而非占有"的共享经济理念；互动与共创体现在 P2P（个人对个人）方面，一般线下实际接触会使互动和共创价值更为明显；非协同治理主要是因为用户很难直接参与企业的管理与决策；最后，技术赋能不仅仅指大数据、云计算等，也包括精准预测和智能化能力。资源共享型商业模式是最为典型的共享经济型商业模式，代表性企业有 Uber、滴滴出行、Airbnb 等。

（2）重资产层级型。重资产层级型包括非协作平台、非闲置资源、非互动共创、非协同治理、重资产五个维度。非协作平台指借助互联网搭建与用户直接联系的"切入口"，选择大流量平台载体提供更便捷的服务；非闲置资源是由共享经济企业和制造商等相关合作方共同设计研发、生产、短时间大规模投放的产品；非互动共创和非协同治理体现了该商业模式下的用户更注重产品使用的便捷性与经济性，社交互动少，参与企业管理的积极性低；最后，重资产表明了企业需要有雄厚的资金流支撑和吸引资本投资的能力，以促进短时间大规模的产品与服务投放，有典型的 B2C 商业模式的层级特征。代表性企业有哈啰出行、小电等。

（3）轻资产共创协同型。轻资产共创协同型包括协作平台、互动与共创、非重资产、技术赋能四个维度。在此种商业模式下，协作平台更趋向社群化、领域化和模块化；用户间的互动方式也更为灵活、复杂多样，不局限于"点对点"，也会出现"1 对 N""N 对 N"，即用户在社区或社区间的互动；技术赋能体现为互联网技术在平台运营维护的基础上，利用大数据等智能技术收集归纳拥有共同意向的用户并进行地理位置匹配；同时，内容共享、知识技能共享等非重资产是该模式的另一特点。代表性企业有闲鱼、抖音、Wiki、Taskrabbit 等。

（4）实体空间低技术型。实体空间低技术型包括协作平台、非闲置资源、互动与共创、非协同治理、重资产、非技术赋能六个维度。协作平台指企业不仅搭建网络平台，而且关注服务于用户的线下实体，具备 B2B 型商业模式特点；通常情况下，该模式所依托的是空间及其附属的服务资源，具有非闲置性，同时又具备重资产性，这是因为企业会投入大量资金，线下实体也会提供更多服务；此外，线下实体的搭建使社群生态成为可能，从而为用户提供频繁互动与共创的机会，用户一般更注重进行互动，而缺少参与社群活动治理或企业内部决策管理的意向，体现了非协同治理；最后，与其他商业模式不同，该模式对互联网等信息技术的需求不高。代表性企业有 Wework、氪空间、优客工场等。

6.3 【案例分析】易站智联：数字创业与船舶工业互联网实践

"大家好，我是易小兵，很高兴能够在海博会这场智慧盛宴上为大家带来易站智联船舶工业互联网平台的介绍。易站智联一直致力于智能物联技术的开发，在安全、环保、健康、便捷的理念下不断研发新的应用硬件和软件，用智能数字化为船舶减负……" 2020 年 10 月中国海洋经济博览会上，易小兵作为深圳市物联网产业协会的会员在论坛上进行了讲话。

易小兵，易站智联科技(广州)有限公司（简称易站智联）的创始人，纵观他的创业历程，可以发现其能够创立易站智联，绝非偶然。易小兵有着丰富的求学和行业经验，正是如此，在发现数字技术带来的创业机遇之后，易小兵毅然裸辞下海创业，并在 DBA（工商管理博士）导师的鼓励下，于 2018 年成立了易站科技服务（广州）有限公司（以下简称易站科技）。刚开始，易小兵认为中国的工程机械使用量巨大，且随着《中国制造 2025》行动纲领的颁布，工程机械的更替与升级更加重要，于是，专业背景和相关设备管理与市场营销经验让易小兵决定先从维修及零配件销售业务起步，让资金链循环起来，形成了以易站服务为核心的设备服务网点，服务涉及船机、工程机械、矿山、车用、铁路、酒店、医院、工厂生产线等，为用户提供一站式维修服务、一站式零配件供应服务。

常在河边走，哪有不湿鞋，何况是海里航行的船。2021年3月24日发生的苏伊士运河搁浅事件最能够直观地反映船舶安全事件对船只所有者、运营公司、船员和社会的影响。在这一二十年的学习和工程及船舶专业服务的工作经历中，易小兵发现当前船舶设备运维管理中存在着三大痛点：数据不能及时传达、故障不能及时解决以及零配件难以寻找，同时易小兵认为如果要解决船舶运维问题，减少船舶失事，那么船舶智能化一定是不可或缺的关键。基于此，易小兵结合国内企业大多数船员并不懂得数字技术，懂得数字技术的又缺乏对船和航运的认识的现状，产生了建立一个集设备智能数字化与运维为一体的公司的想法。与此同时，一位在康明斯曾经有过生意来往的客户也找到了易小兵，迫切想了解智能船舶能不能实现，这让易小兵转向的心更坚决了，经过改名，易站智联正式落地。

智能船舶的实现基于传感器、物联网设备的安装，自动对船身状况、零配件状况、航运环境进行感知，获取数据通过通信设备进行传输，并基于计算机技术、自动控制技术、大数据处理和分析技术，将相关的数据进行汇总，然后进行综合评估与分析。其除了对传感器等设备的感知要求之外，还对数据处理中心的算法、数据处理分析能力提出了很高的要求，方能为船员、运营方提供最合适的决策。随着数据量的增加，系统功能会越来越强，能够针对不同的变化作出越来越优秀的反应，使船舶的航行和管理更加科学与安全，在油耗、排污等方面更加环保与经济，防止某些零配件的损坏导致安全事故。

目前，易站智联研发团队总人数超过50人，其中不乏毕业于北京大学、香港中文大学或具有海归经历的研发人才。在易小兵等高管锁定易站智联的航向后，研发团队整合多种数字技术进行智能船舶软硬件的开发，完成了船舶工业互联网平台的构建。船舶工业互联网平台的构建对于易站智联的传统业务具有促进作用，在创业的过程中，需要有稳定的业务模块来回笼资金。客户船只的零配件维护更替是一大刚需，且他们希望能够拥有一站式的服务，保障硬件和软件的配套。

在易站智联创建之初，硬件开发的短板导致订单流失的教训让易小兵更加注重软硬件研发力度上的平衡，在设备生产、船只智能化的服务过程当中，如果没有软硬件的平衡，就不能快速地为客户提供这种个性化的服务。因此，易站智联转型进入船舶业务之后，不断扩充和平衡研发团队中硬件开发人员与软件开发人员的比重，硬件与软件开发力量的平衡帮助易站智联在完成不同用户的个性化要求时，能够比较快地进行调整，不管用户提出什么要求，都能够帮忙实现。

船舶工业互联网平台能够为船东、运营方等客户创造价值。船舶的维护和检修在现实中存在很大的成本问题，特别是那些载重量大的货船，进行一次保养，成本轻轻松松就可以达到数十万元，而且人工检修时可能造成疏漏，导致后期船只进行一次程度更大的维修而花费更大的代价。如果船只配有易站智联的设备，收集反映整船和零配件状况的数据，就能够查阅分析这些数据，直接判断船只的日常运行状况。易站智联能够利用这一优势与检修方进行合作，一方面减少了检查者的时间成本、专家成本；另一方面减少了船东的花费，为双方和易站智联自身都创造了价值。

此外，船舶工业互联网平台还能够解决与人有关的问题，利用数字化为管理赋能。目前大部分的航行状况需要船上的人根据经验的理论进行判断，船舶工业互联网平台能够辅助船员作出更加准确的判断和决策。目前人员成本不断提高，船舶运营公司纷纷发现招工十分困难，招到的船员存在经验不足、身体状况不适应的问题。易站智联通过大数据可以缩减每艘船需要配备的船员数目，通过可穿戴的智能设备检测船员身体数据，及时向岸上反馈，避免船员疲劳操作，在恶劣的天气、事故高发的区域或其他关键时刻提醒船员谨慎操作。

除了船舶工业互联网平台，易站智联还有智"联"保险公司、智"联"政府部门、智"联"科研院校。在这些加持支撑下，易站智联谋求把数字技术更全面地利用在船舶改造中，将易站智联工业互联网平台打造成连接更多船只的平台，帮助船只更好地运营，用数字技术和商业模式为用户创造更多的价值。回首创业的历程，易小兵和团队成员们无不感慨数字技术对传统行业的推动——没有物联网、通信技术、大数据、云计算、人工智能、区块链等数字技术的发展与应用，在汪洋中航行的轮船就如一叶扁舟，船员们有时候需要在恐惧的心理状况下面对风浪、暗礁。易站智联也是创业海洋、智能船舶蓝海中的一条小船，乘着"中国制造 2025"的海风，向远处航行。眺望远方，易小兵希望未来易站智联打造协同发展生态体系，结合多方力量打造船岸协同平台，早日实现船船、船岸、港口的信息互联互通，乘风破浪万里航。

资料来源：苏晓华，戴春晓，王文杰，等. 智联万物，千帆共起：易站智联的数字创业与船舶工业互联网实践[Z]. 中国管理案例共享中心案例库，2020.

案例思考题

1. 易站智联为何要进行数字商业模式转变，对用户体验有何影响？

2. 请结合易站智联的案例，谈谈工业互联网平台如何促进传统商业模式向数字商业模式演化，以创造更大用户规模和更高的价值实现。

3. 在中国制造 2025 背景下，易站智联的实践能够为其他企业提供什么样的借鉴经验？

本章小结

商业模式一直是企业关注的焦点，随着数字技术的发展，数字商业模式更是成为企业竞争中的重要因素。传统商业模式包含九大要素、三大特点，在数字技术的推衍下，商业模式又出现了五大新特点，同时，也孕育出了社交媒体商业模式、长尾商业模式、平台型商业模式、共享经济型商业模式等数字商业模式。数字经济时代，环境不确定性增加，企业需要牢牢把握住数字技术发展大方向，紧扣"商业模式画布"对自己的数字商业模式进行设计及优化。

思考题

1. 商业模式的基本问题是什么？
2. 商业模式的关键构成要素是什么？各要素之间的关系是什么？
3. 商业模式和数字商业模式有何区别和联系？
4. 数字商业模式有哪些类型，各类型的代表企业有哪些？请具体描述。
5. 你认为企业的数字商业模式设计该如何展开？

第 7 章

数字经济时代的创业计划

Airbnb：一个最烂创业想法的逆袭之路

Airbnb 商业计划书（BP）简单明了，只有 14 页 PPT（演示文稿），但却清晰地阐明了商业模型和能够解决的问题，在尽可能短的时间把事情描述清楚。

第 1 页 PPT 简单描述 Airbnb 是干什么的。第一页的"项目简介"在商业计划书中最重要，如果不能在 15 秒内引起观众的兴趣，投资人若是觉得没意思，可能后面的内容不太想继续看下去。"项目简介"像是商业计划书的"迷你版"，完美地解释了其产品提供的服务（预订当地居民的房间）、受众（需要订酒店的顾客）和商业模式，没有花哨的修饰。

第 2 页 PPT 简要但准确地描述了当前市场和用户的痛点。

第 3 页 PPT 给出了面对当前市场和用户的痛点的解决方案，通常情况下，解决方案和存在问题是对应的，它说明的是客户购买产品的主要原因，凸显了 Airbnb 的产品优势或者解决办法，明确表述为什么 Airbnb 这样一个创新模式能够及时解决用户的问题，填补市场的空缺。

第 4 页 PPT 给出竞争对手网站数据，使用具体的数字来描述巨大的市场规模和潜在的远景，验证 Airbnb 共享模式市场的可行性。

第 5 页 PPT 中，Airbnb 引用了权威可靠的第三方数据，向投资人展示未来行业的预期大小，具有较强的说服力，不仅说明了总体市场，还展示了在线订房市场的大小。

第 6 页 PPT 简单介绍 Airbnb 已上线的产品，描写产品的核心功能，更能抓住投资人的眼球。

第 7 页 PPT，Airbnb 将商业模式放在一行，以简单的图标的形式，简洁有逻辑，同时向投资人展示了 Airbnb 现有的市场规模以及团队在 3 年内的目标。在可靠的数据支持下，200 亿美元的收入对于投资人来说是有吸引力的。

第 8 页 PPT 描述了 Airbnb 为扩大影响力和知名度已经做出的推广和宣传，目前已有不少人知晓这个项目的存在。

第 9 页 PPT 介绍 Airbnb 当前主要的竞争对手，任何公司都不可能没有竞争对手，知己知彼，才能百战不殆。

第 10 页 PPT 概括了自己的竞争优势，Airbnb 的优势在于市场上没有相似的产品，所以它是第一个吃螃蟹的，其次，产品方便易用，点击三下即可完成房间预订。

第11页PPT简要介绍了Airbnb这个项目的核心团队，强调工作经验而非学术背景，且团队成员有相关领域的创业经验，辅以数据支撑，分工明确，职能互补。

第12页PPT通过有公信力的媒体做背书，给投资人更多信心。

第13页PPT选取四个用户，分别讲了Airbnb不同方面的优势：体验很好、性价比高、便捷、与当地人互动交流。

最后一页PPT写明了Airbnb清晰的融资条件和财务目标，只有具有盈利能力的公司，才是一个真正有价值的公司。

整体来看，这份商业计划书语言简洁、逻辑清晰，文中的数据向投资人展示了潜在的市场，具有吸引力，解决方案可行，产品优势凸显。融资没有多少套路，把商业的本质用最简洁的形式呈现出来，就是投资人最想看到的。

资料来源：李海涛，孙汪洋. Airbnb：一个最烂创业想法的逆袭之路[Z]. 中国管理案例共享中心案例库，2020.

案例思考题

为何说Airbnb早期的商业计划书是教科书级别的？

创业计划书是为吸引投资者而制订的全方位的商业计划，其中包括产品及服务的介绍、市场定位、团队管理、财务预测等，不仅是投资者对企业或项目作出评判的依据，也是创业团队对先前的准备工作的整理和总结。一份优秀的创业计划书可以帮助创业项目获得投资，还可以帮助创业者厘清思路，并在后续创业过程中提供决策指导。

7.1 创业计划要素

尽管在不同的行业中，创业计划书的撰写结构和内容不完全相同，但是仍有一个大致的模板可以参考。通常来讲，创业计划书具有12个基础要素，本节将分别对各要素进行剖析，以指导相应写作。

7.1.1 执行摘要

执行摘要作为创业计划书的开篇部分，是对整个创业计划书的高度总结，能够帮助投资者对项目进行初步了解。因此撰写时要注意语言精练，要点突出，以吸引阅读兴趣，篇幅控制在1~2页即可。

执行摘要主要包括企业概况、产品与服务、市场定位与分析、营销策略等，需要重点突出项目的创新点以及能够获得成功的关键因素。

7.1.2 痛点和需求

痛点通常指困扰用户亟待改善的问题，需求指能够解决用户所遇到问题的方法，因此先有痛点再有需求。有效发掘痛点、跟进痛点、消除痛点是企业发展的关键，所以创业者在撰写计划书时需要对痛点进行详细且全面的分析。创业者在识别痛点时要注意，正确痛点需要有一定的用户基础才能向需求转化，这样的痛点才是值得被解决的。同时，痛点不是一成不变的，它会随市场环境、时间等因素改变，解决了用户的旧痛点，就会产生新痛点，因此需要用动态的视角看待痛点。正确识别痛点之后才能更精准地满足用户的需求。

7.1.3　产品与服务

产品或服务是企业最重要的营收来源，因此详细清晰地对产品或服务进行介绍能够帮助投资者了解业务内容。创业者也需要审视自己提供的产品或服务是否能够解决以及能够在多大程度上解决前文所提到的痛点，如果无法解决就需要及时改进。产品或服务介绍主要包括产品或服务的概念、功能及用途，产品或服务的研发过程，产品或服务所处的生命周期阶段，产品或服务市场的前景和竞争力状况，产品或服务技术改进和更新的计划等。创业者在介绍时要注意突出产品与服务的创新性或新颖性。

7.1.4　行业与市场分析

行业与市场分析是对创业公司生存外部环境的研究。行业分析能够帮助我们发现和掌握行业规律和发展前景，对指导企业的经营规划具有关键的作用。市场分析则是对市场供需变化的各种因素及其动态、趋势的分析，是企业生产经营决策的重要依据。行业分析包括行业环境分析（PEST 分析法）和行业竞争分析（波特五力模型、SWOT 分析法）。市场分析主要包括三个核心要素，即市场细分、目标市场选择、市场定位。

1. PEST 分析法

PEST 分析主要是对行业宏观环境的分析，从政治（political）、经济（economic）、社会（social）和技术（technological）这四个方面分析影响企业经营的外部因素。

政治环境，主要是指政府的方针、政策和法令等，这些能直接对市场起到规范作用。对行业相关政策进行梳理，能够帮助我们厘清政府对于未来行业发展的规划，为企业战略布局提供指导。在撰写计划书时可以采用表格或者时间线的方式进行展示，以帮助创业者厘清政策发展方向。

经济环境，由宏观经济环境和微观经济环境构成。宏观经济环境主要包括国民收入、国民生产总值等反映国民经济发展水平和速度的指标。微观经济环境包括企业所在地区的收入水平、消费偏好等指标。这两类指标能直接决定企业市场规模的大小，因此需要对其进行分析。另外，数字经济的发展为许多行业提供了进一步增长的机会，要注意对其进行分析讨论。

社会环境，包括一个国家或地区居民的受教育程度、风俗习惯、价值观念、人口规模、年龄结构、人口分布、收入分布等。社会环境会影响人们的审美观念和价值观念，进而影响创业项目实施的方式方法。

技术环境，包括与企业所属行业直接或间接相关的技术发展情况，包括与企业市场有关的新技术、新工艺、新材料的出现和发展趋势以及应用背景。技术的发展会改变行业格局，影响企业的发展机会，是关键的战略要素。

应用案例

零售业O2O转型的环境可行性——基于PEST分析

1. 政治环境

2015年9月29日，国务院办公厅发布《关于推进线上线下互动加快商贸流通创新发展转型升级的意见》，要求大力发展线上线下互动这一新兴经济形态在传统商贸物流业中的应用。但在零售业向O2O转型的过程中，O2O市场制度还未完善。

2. 经济环境

现阶段O2O转型企业市场需求仍在增长，实体零售业O2O模式转型成为必然趋势，同时，居民可支配收入的增长也保证了居民购买力。但企业也依然面临着经济转型潜在危机，即企业很可能会因为低价竞争的高成本增长率而转型失败。

3. 社会环境

O2O的重点在服务，消费者通过线上消费享受上门服务，对于消费过程服务的体验直接决定了消费者再次通过网络平台购物的概率。但是O2O的彻底转型会被传统消费观念所限制。

4. 技术环境

在零售业转型O2O模式中需要先进技术的支持。B2C平台的广泛应用促进了O2O发展。LBS（location based service，基于位置的服务）的应用是O2O商业打开市场吸引客户资源的重要渠道。但是O2O模式最重要的环节线上支付平台却得不到统一，网络支付安全也成为转型中的长期隐患。

经过PEST分析，可以看出O2O模式在促进我国实体零售业转型的同时也存在着风险，企业要根据自身情况制订转型方案，为O2O模式进行创新找到长期发展的策略。

资料来源：刘赟. 我国实体零售业O2O模式转型发展分析[J].商业经济研究,2017(2):17-20.

---

2. 波特五力模型

波特五力模型主要用于行业竞争环境的分析，探究本行业的企业竞争格局以及本行业与其他行业之间的关系，有利于企业挖掘自身潜力，形成在本行业中的竞争优势。五种能力如下所示。

（1）现有竞争者的竞争能力。现有企业之间的竞争常常表现在价格、广告、产品介绍、售后服务等方面，其竞争强度与行业进入障碍、市场成熟度、用户转换成本以及行业退出障碍等因素有关。当行业内竞争较为激烈时，创业者应慎重考虑是否要更换行业。

（2）潜在竞争者进入的能力。新进入者在给行业带来新生产能力、新资源的同时，也希望在市场中取得一席之地，这就有可能会与现有企业发生竞争，最终导致行业中现有企业盈利水平降低。潜在竞争者进入的能力取决于进入新领域的障碍大小与预期现有企业对于进入者的反应情况。

（3）替代品的替代能力。两个处于不同行业中的企业，可能会由于所生产的产品是互为替代品，从而在它们之间产生相互竞争行为，这种源自替代品的竞争会以各种形式影响行业中现有企业的竞争战略，主要体现在价格、质量和用户转换成本三个方面。替代品价格越低、质量越好、用户转换成本越低，其所能产生的竞争压力就强。

（4）供应商的议价能力。供应商主要通过其提高投入要素价格与降低单位价值质量的能力，来影响行业中现有企业的盈利能力与产品竞争力。供应商讨价还价能力主要与其品牌知名度、供应商集中度、转换成本等因素相关。

（5）购买者的议价能力。购买者主要通过其压价与要求提供较高的产品或服务质量的能力，来影响行业中现有企业的盈利能力。购买者的议价能力主要与购买者数量、单个购买者购买量、卖方企业规模等因素相关。

3. SWOT 分析法

SWOT 分析法是基于内外部竞争环境和竞争条件下的态势分析，是对企业竞争优势（strengths）、竞争劣势（weaknesses）、机会（opportunities）、威胁（threats）的分析。通过对上述四个因素的调查列举，将结果按照矩阵的形式排列出来，运用系统分析的思想，把各种因素相互匹配起来加以分析，从中得出一系列相应的结论。

竞争优势：①技术，包括先进的生产技术、低廉的生产成本、好的产品品质等；②资产，包括现代化的生产车间和设备、丰富的材料资源、充足的资金、好的品牌形象、良好的商业信用等；③人员，包括高素质的成员、积极向上的公司文化等；④体系，包括高品质的控制体系、完善的组织管理系统等。

竞争劣势：①缺乏先进的生产技术和创新的研究能力；②缺乏有竞争力的有形资产、无形资产、人力资源和组织架构；③缺乏健全的销售体系、完善的资讯系统和忠诚的客户群体。

外部机会：①政府管制放松、有利政策出台；②新材料出现致使生产成本降低；

③消费者收入增加、需求增大使客户群进一步扩大；④企业获得并购竞争对手的能力使市场份额进一步扩大。

外部威胁：①行业进入壁垒降低导致潜在的竞争对手增多；②竞争对手研发出新技术、新产品致使客户流失；③自然资源枯竭，生产资源紧张导致生产成本提高；④竞争企业市场份额不断扩大挤压了公司的生存空间；⑤汇率和政策的不利变动；⑥经济危机的冲击。

在对优势、劣势、机会和威胁进行分析后，将各因素两两结合规划出四种不同的策略，根据企业目前的情况选择相应的策略。

SO（优势—机会）策略：当企业具有特定的优势，而外部环境又为发挥这种优势提供了有利的机会时，可以采取该策略。

WO（劣势—机会）策略：企业利用外部机会来弥补自身弱点，使企业改劣为优的策略。

ST（优势—威胁）策略：企业利用自身的优势减轻甚至消除外部威胁对企业造成不利影响的一种策略。

WT（劣势—威胁）策略：旨在减少内部劣势，从而减轻外部威胁对企业造成的不利影响。

4. STP 分析

市场分析主要使用 STP 分析，即市场细分（market segmenting）、目标市场选择（market targeting）和市场定位（market positioning）。

市场细分是指企业通过市场调研，按照某种标准，如消费者的需要、购买行为和购买习惯等，把某一产品的市场整体划分为若干消费者群的市场分类过程。进行市场细分有助于企业进行合理的资源配置并发掘新市场和新机会。

在完成市场细分之后，创业者可以进行目标市场的选择。目标市场是企业准备以相应的产品和服务满足其需要的一个或几个子市场，选择目标市场主要有三个策略。

（1）无差别性市场策略：企业把整个市场作为自己的目标市场，只考虑市场需求的共性，而不考虑其差异，运用一种产品、一种价格、一种推销方法，吸引尽可能多的消费者。

（2）差别性市场策略：企业把整个市场细分为若干子市场，针对不同的子市场，设计不同的产品，制定不同的营销策略，满足不同的消费需求。

（3）集中性市场策略：企业在细分后的市场上，选择两个或少数几个细分市场作为目标市场，实行专业化生产和销售。在个别少数市场上发挥优势，提高市场占有率。

选择正确的目标市场能使产品或服务更加适应消费者的需求，进而有效地提高企业盈利能力。

市场定位指企业及产品确定在目标市场上所处的位置。企业通过对目标消费者心理的把握进行营销设计，创立产品、品牌或企业在目标顾客心目中的某种形象或某种个性特征，保留深刻的印象和独特的位置，从而取得在目标市场中的竞争优势。创业者在确定市场定位时可以采取避强定位、迎头定位和重新定位三种方式。

7.1.5 营销策略

营销策略是指企业根据自身内部条件和外部竞争状况所确定的关于选择和占领目标市场的策略，是制订创业计划的重要组成部分。企业制定市场营销策略，目的在于充分发挥企业优势，增强竞争能力，更好地适应营销环境变化，以较少的营销投入获取最大的经济效果。现在应用较为广泛的营销策略主要包括 4Ps、4Cs 和 4Rs。4Ps 包括产品（product）、价格（price）、促销（promotion）、渠道（place）四个基本策略的组合。4Cs 以消费者需求为导向，重新设定了市场营销组合的四个基本要素，即消费者（consumer）、成本（cost）、便利（convenience）和沟通（communication）。4Rs 以关系营销为核心，注重企业和客户关系的长期互动，包括关联（relevance）、反应（reaction）、关系（relationship）、回报（reward）。创业者可以根据项目特点选择相应的营销策略。

7.1.6 生产与运营

公司如何生产产品与提供服务是创业计划书最基本的构成部分。根据企业所提供产品及服务的类别，可以将企业分为生产型企业和创意型企业。生产型企业以制造和出售实体产品为主，创意型企业则主要提供满足人们精神需求的相关产品或服务。

生产型企业在创业计划书的生产与运营部分需要对生产运作模式进行描述。内容主要包含新产品的生产经营计划、产品制造流程、生产能力（现有生产设备）和品质控制能力、生产资金和成本等，同时也需要对供应商的相关情况、厂房土地规划安排等进行详细描述。

创意型企业由于生产的部分内容较少，因此可以着重对运营部分进行探讨，特别是通过互联网与顾客进行互动的企业。目前互联网 App 运营主要使用 AARRR 模型，该模型包含用户生命周期中的五个重要环节，即用户获取（acquisition）、用户激活（activation）、用户留存（retention）、获得收益（revenue）、推荐传播（referral）。因此，在撰写创业计划书时可以分别从这五个方面阐述产品运营过程。

1. 用户获取

在定位到目标用户之后，可以通过线上（广告、短视频等）、线下（传单、活动等）等渠道让用户了解到产品信息，最终将潜在用户转化为实际用户。

2. 用户激活

用户激活指让用户了解到产品的使用方法和价值，是实现用户留存的前提。创业者可以通过考虑改进拉新渠道、简化产品使用步骤等方式进行用户激活。

3. 用户留存

增强用户黏性、提高用户留存量是获得收益的前提。创业者可以通过考虑优化产品等方式提升留存。同时，利用大数据技术对用户画像进行分析，并进行精准营销也是方式之一。

4. 获得收益

获得收益是产品运营中最核心的部分。产品收益主要有三种来源，即付费应用、应用内付费以及广告。根据我国的市场情况，创业者应该优先考虑应用内付费和广告两种方式。在撰写计划书时，需要对获得收益的方式进行详细的介绍。

5. 推荐传播

推荐传播是获取用户的一种新途径，不仅能够节约成本，还可以获得更好的效果。因此创业者可以考虑通过自传播的方式进行产品的推广，并进行路径设计和介绍。

7.1.7 管理与团队

在数字经济时代下，人力资源是企业获得竞争优势和持续发展的重要动力，因此创业者需要对企业的管理与团队进行合适的规划。在撰写创业计划书时主要从团队成员、管理架构、人力资源管理、股权分配四个方面进行介绍。

1. 团队成员

优秀的创业团队是项目获得成功的关键，因此需要对团队内的成员进行全面而详细的介绍，如个人经历、背景等，可以突出团队成员的综合素质、职业道德等。当篇幅受限时可以将成员简历置于附录后，以供投资人参考。

2. 管理架构

创业者在进行管理架构设计时应注意架构合理且完善，团队成员均根据个人能力匹配到了相适应的部门。在创业计划中对管理架构的介绍主要包括股东情况、董事情况、管理人员职权分配、各部门的情况等，最好通过图表的方式进行清晰的展示。企业常见的管理架构包括直线型、职能型、矩阵型、事业部型等。

3. 人力资源管理

人力资源管理部分主要介绍企业的人才招聘（方式、标准、薪资等）、培训（新员工的培训、日常培训）、绩效考核机制等。同时，创业者要注意对人才激励机制的设计，以实现企业长久地发展。

4. 股权分配

创业公司如何分配股权是一个非常重要的问题。股权分配得当才能激发团队成员工作的积极性。可以通过投入资产与个人能力对股权进行分配，投入资产越多，个人能力越强，分得的股权也越多。

7.1.8　财务分析与融资

财务分析与融资影响企业的经营效益和未来发展，是内部管理中非常重要的部分。在创业计划书中对这部分进行阐述，有助于提高项目的可靠性，增强投资人对项目的信心。财务分析与融资主要包括三大财务报表（现金流量表、资产负债表、利润表）、三大基本财务指标（偿债能力分析、营运能力分析、盈利能力分析）和融资计划。

在撰写创业计划书之前需要对企业经营的数据进行预测，可以采取定性预测和定量预测两种方式。经常采用的定性预测方法有专家会议法、菲尔调查、访问、现场观察、座谈等。应用广泛的定量预测方法有时间序列预测法（算术平均法、加权平均法、移动平均法、指数平滑法和最小二乘法等）、相关因素预测法（一元线性回归法、多元线性回归法等）、概率预测法（马尔可夫预测法）等。

1. 三大财务报表

现金流量表反映流动资金的收支情况，是表明一家公司经营是否健康的证据，决定了公司短期生存能力。

资产负债表反映企业资产的构成及其状况，分析企业在某一日期所拥有的经济资源及其分布情况，有助于衡量企业的经营状况。

利润表是反映企业在一定会计期间的经营成果的财务报表。利润表可以体现企业的盈利状况，有助于创业者判断企业未来的发展趋势，作出经济决策。

2. 三大基本财务指标

偿债能力是指企业用其资产偿还长期债务与短期债务的能力，是企业能否健康生存和发展的关键，是反映企业财务状况的重要标志。偿债能力分析主要使用以下六个指标。①流动比率，计算公式：流动比率=流动资产合计÷流动负债合计；②速动比率，计算公式：速动比率=（流动资产合计－存货净额）÷流动负债合计；③现金比率，计算公式：现金比率=（货币资金+交易性金融资产）÷流动负债合计；④资本周转率，计算公式：资本周转率=（货币资金+短期投资+应收票据）÷长期负债合计；⑤清算价值比率，计算公式：清算价值比率=（资产总计－无形及递延资产合计）÷负债合计；⑥利息支付倍数，计算公式：利息支付倍数=（利润总额+财务费用）÷财务费用。

营运能力指企业的经营运行能力，反映了企业资金运营周转的情况，体现了企业对经济资源管理和使用的效率。营运能力分析主要使用以下六个指标。①存货周转率，计算公式：存货周转率＝销售成本÷平均存货；②应收账款周转率，计算公式：应收账款周转率＝赊销收入净额÷平均应收账款余额；③流动资产周转率，计算公式：流动资产周转率＝销售收入÷平均流动资产余额；④固定资产周转率，计算公式：固定资产周转率＝销售收入÷平均固定资产净额；⑤总资产周转率，计算公式：总资产周转率＝销售收入÷平均资产总额；⑥流动资产周转天数，计算公式：流动资产周转天数＝计算期天数÷流动资产周转次数。

盈利能力是指企业获取利润的能力，是企业最重要的衡量标准，也是发现问题、解决问题、引导企业突破发展的重要指标。盈利能力分析主要使用以下八个指标。①主营业务净利润率，计算公式：主营业务净利润率＝净利润÷主营业务收入净额；②资产净利润率，又叫资产报酬率、投资报酬率或资产收益率，计算公式：资产报酬率＝净利润÷资产平均总额；③资本收益率，又称资本利润率，计算公式：资本收益率＝净利润÷实收资本（或股本）；④净资产收益率，计算公式：净资产收益率＝净利润÷[（期初所有者权益合计+期末所有者权益合计）÷2]；⑤资本保值增值率，计算公式：资本保值增值率＝（年末所有者权益÷年初所有者权益）；⑥销售净利率，计算公式：销售净利率＝（净利÷销售收入）；⑦销售毛利率，计算公式：销售毛利率＝（销售收入－销售成本）÷销售收入；⑧净资产收益率，计算公式：净资产收益率＝净利润÷所有者权益平均余额。

3. 融资计划

资金是影响初创企业运营和发展的重要因素，因此企业需要通过相关途径获得融资以满足资金需求。在撰写创业计划书时，创业者可以从以下五种融资方式中进行选择。

（1）自筹资金。创业团队自筹资金作为项目的启动资金，这也是创业企业最常见的资金来源。

（2）创业资助。部分学生创业项目可以通过参加创新创业大赛、大学生创新创业训练等获得资金支持。

（3）天使投资。天使投资指具有一定净财富的人士，对具有巨大发展潜力的高风险的初创企业进行早期的直接投资的一种融资方式。创业团队可以通过寻找天使投资人、天使投资团队、天使投资基金等方式获取资金。近年来还诞生了孵化器形式的天使投资，创业孵化器多设立在各地的科技园区，为初创的科技企业提供最基本的启动资金、便利的配套措施、廉价的办公场地、人力资源服务等，同时在企业经营层面给予被投资的公司各种帮助。因此，孵化器也可以纳入创业者的考量范围。

（4）风险投资。风险投资指向初创企业提供资金支持并取得该公司股份的一种融资方式。风险投资所投资的初创企业通常拥有创新技术或商业模式，一般来自高科技行业。因此，创业者可以根据自身情况考虑风险投资的引入。

（5）留存收益筹资。留存收益筹资指企业将留存收益转化为投资的过程，将企业生产经营所实现的净收益留在企业，而不作为股利分配给股东，其实质为原股东对企业追加投资。这种方式不需要现金的支出，更为便利，也可以保证企业的控制权不受影响。

应用案例

天使投资和风险投资的区别

（1）风险投资是介于间接融资与直接融资之间的一种融资方式，天使投资是直接融资。

（2）在职能和收益方式上有显著区别。风险投资家是管理和投资其他人的钱，而天使投资家是管理和投资自己的钱。

（3）在投资规模、投资偏好、投资风格和投资成本上均有不同程度的区别。由于风险投资的资金大都来源于机构投资者，因此其管理的资金数额较大。与天使投资相比，其每笔的投资额度也相对较高。相对天使投资来讲，风险投资的规模较大，其投资也自然偏向于一些成熟的企业。

7.1.9 公司战略

确定公司战略能够帮助创业者明确发展方向，加强对内外部资源的控制。公司战略主要包含企业的愿景、使命、目标以及总体战略。企业愿景体现了企业家的立场和信仰，是最高管理者对企业未来的设想。企业使命是指企业由社会责任、义务所承担或由自身发展所规定的任务。总的来说，愿景聚焦于企业层面，具有阶段性，而使命则扩大到对社会的贡献。愿景和使命能够体现企业的社会责任，还可以加强员工的企业认同感，因此创业者在撰写计划书时需要仔细考量。

企业目标是企业各项活动所要达到的总体效果。相比于愿景和使命，目标更加具体，明确一个企业在未来一段时间内所要达到的预期状态，它由一系列的定性或定量指标来描述。例如，华为在2021年提出未来5年目标是通过为客户及伙伴创造价值活下来，有质量地活下来。中兴也在2021年提出两年迈入世界500强，国内终端年增长200%的目标。确定企业目标能帮助创业者明确企业发展方向，提供前进动力，增强投资人对项目的信心，同时可以使创业者根据目标选择相应的公司战略。

企业战略是对各种战略的统称，是对企业整体性和基本性问题的规划，主要包括发展型战略、稳定型战略、收缩型战略等。创业者可以根据企业内外情况基于企业目标制定相关战略。

7.1.10 风险及其防范

由于创业环境的不确定性，创业机会与新创企业的复杂性以及创业团队的能力有限性，创业过程中存在许多风险。创业者需要对可能面临的风险进行总结，并提出防范措施以减小风险对企业的负面影响。新创企业可能面临的主要风险有技术风险、市场风险、竞争风险、财务风险、政策风险等。创业者需要在计划书中对这些风险产生的后果进行描述，并表明为规避、减少或对抗风险而采取的措施。

7.1.11 风险资本撤出机制

投资者除了关注自身所能获得的回报，还关注自身投资如何撤出。风险资本撤出的主要方式可分为以下四种。

（1）公开上市（IPO），这是风险投资撤出的最佳渠道，也是风险投资最常见的撤出方式之一。上市后，投资者可以将所持有的部分股份或全部股份卖出以部分或完全退出所投资的企业，并实现资金回收和收益。

（2）兼并收购，由另一家企业兼并收购本企业。

（3）偿付协议，投资者要求本企业根据预先商定好的条件回购其手中的权益。

（4）清算退出，针对投资失败项目的一种退出方式。

创业者需要在计划书中对这四种撤出方式分别进行描述，让投资者清楚每一种撤出方式的投资回报率是多少，并指出投资最有可能的撤出方式。

7.1.12 附录

附录是对创业计划书主体部分的补充。由于正文篇幅限制，可以将不便在正文中阐述的内容放在附录里，比如一些图表、数据、团队个人简历等，为正文做补充，向投资者进一步展示项目的可靠性。

7.2 数字经济时代的创业计划书撰写与展示

7.2.1 撰写特色

在撰写数字经济时代的创业计划书时需要着重体现时代特色，将创业计划书要素与其融合，紧跟时代潮流和发展趋势，主要体现在以下三个方面。

1. 基于大数据的行业与市场分析

大数据具有五个特点，简称5V，分别是数据量大（volume）、速度快（velocity）、类型多（variety）、有价值（value）、真实性高（veracity）。目前使用较为频繁的大数据分析方法有可视化分析、数据挖掘算法、预测性分析、语义引擎等。使用大数据分析技术对行业与市场进行分析，可以协助创业者更高效、更准确地识别和把握商业机遇，结论的可信度更高，对投资方来说也更具说服力。

2. 数字营销策略

数字营销指使用信息技术替代传统方式进行销售宣传活动。目前的数字营销策略主要分为两步，第一步是构建全方位立体化的消费者画像。随着数字经济的发展，消费者市场趋于多样化，因此创业者应该对消费者进行更具针对性的细分，更加深入地剖析不同消费者的消费习惯。第二步则是根据消费者画像精准投放广告，并根据消费者对信息的接受度适当调整。通过使用数字营销策略，可以有效降低宣传成本，提高触达效率，实现对营销活动的科学管控。

3. 智能制造与服务

智能制造与服务是具有信息自感知、自决策、自执行等功能的先进制造过程、系统与模式的总称，具体指制造过程的各环节与新一代信息技术相融合。通过物联网、人工智能、云计算等技术，将生产线、员工、设备、供应商和客户紧密地连接，实现互联互通，打造协同制造体系，有助于企业提高生产运营效率。

7.2.2 撰写步骤

创业计划书的撰写主要包括以下五个步骤。

1. 探索有价值的商业机会

创业的第一步就是发现有价值的商业机会，找到痛点和需求。可以通过对市场趋势、新技术应用、产业结构、宏观环境等进行分析，从中发现商业机会。也可以结合创业者个人的兴趣爱好，探索是否有可能将其转化为商业机会。

2. 组建团队

根据创新想法的特点组建相应的创业团队。创业团队中最好包含不同背景、不同经历的人才，这样更有助于碰撞出不同的思维火花。同时，团队成员也应拥有共同的价值观和统一的目标，彼此信任，相互鼓励，才能实现更高效的配合。

3. 构思商业模式

不同的企业有不同的商业模式，创业团队可以根据项目特点使用现有的商业模式，比如连锁商业模式、直销商业模式、互联网商业模式等，也可以提出适合自身发展的创新性的模式，可以通过第 6 章了解相关内容。

4. 进行初步调研

确定创业想法后，团队分工搜集相关资料进行初步调研。整理出调研结果后，团队再次讨论项目实施的可行性，如果可行则进入计划书的写作环节，如存在问题，则及时进行调整和修改。

5. 撰写创业计划书

在创业计划书撰写过程中需定时讨论撰写成果，各成员遇到问题要及时沟通。完成撰写后团队可以一起进行讨论，提出需要完善和补充的内容。随后再次进行修改，不断反复完善，最终形成一份优秀的创业计划书。

7.2.3 展示方式

创业计划书主要有以下四种展示方式。

1. Word

这是创业计划书最基础和最主要的展示形式，在撰写时要注意页面整洁美观，排版整齐有序。

2. PPT

创业者经常需要通过 PPT 的方式向投资人介绍创业项目。在制作 PPT 时可以借助相关的模板，尽量减少文字内容，提取重点进行展示。做到每行不超过 6 个词语，每页不超过 6 行。同时减少转场特效，将核心放在内容展示上。PPT 讲解者也要熟悉 PPT 内容，讲解时需大方得体，仪态端正，吐字清晰。

3. 视频

创业者可以考虑以视频的形式辅助进行创业项目的展示。创业团队可以对现有创业成果或产品制作流程进行拍摄，将创业内容更加直观地呈现给投资人。在制作视频时要注意所表达的内容能够被拍摄画面所承载，同时保持较高的清晰度，为投资人提供良好观感。

4. H5 页面

H5 页面可以通过音乐、图片、视频及滑动屏幕同时调用用户的视觉、触觉、听觉，给用户带来良好的浏览体验，从而提高推广效果及传播效率。创业者可以在 Word 版、PPT 版创业计划书中内附二维码，投资者可以通过扫码进入 H5 页面，进而了解更详细的创业方案。

7.3 【案例分析】GoPrint——多功能智能打印机先行者

1. 项目概述

GoPrint 是一款继移动笔记本电脑、移动智能手机之后的又一项革命性的发明——移动智能打印机。作为办公和学习的必备工具，在这个时代，打印机却始终没能移动化。经过团队的不断努力，项目将打印机缩小到了钱包的大小，并且可以打印 A4 甚至更大的幅面。

2. 市场背景

移动办公的人越来越多，纸质材料却难以被取代，如何在外出时获得打印材料成了很多人的痛点。市场调研显示，人们对便携式打印机的需求正在持续增长。相关市场正处于发展阶段，创业机会增多。而现阶段市面上的便携式打印机难以实现传统打印机的功能。团队希望能用革新的产品 GoPrint，实现传统打印机的功能并提供更多可能，触及普通打印机不易触及的时空，掀起一场打印机的革命。

3. 技术优势

产品具有独创技术。GoPrint 的打印喷头摆脱了框架导轨的束缚在平面上自行走，而减小了体积。团队工程师应用了现今先进的微电子学工业成果和计算机图形学应用设计了一套特别的定位方式，在打印机体积缩小成钱包大小时仍有较高的打印质量。同时提供多套方案面向不同市场，相关技术申请了中国发明专利。

4. 市场优势

GoPrint 解决了相关人群的痛点。不管是学生党需要随时打印错题、复习材料或论文，还是商务人士在外办公打印文件合同，甚至是普通消费者日常使用，GoPrint 都将成为他们生活中的好伙伴。GoPrint 的核心技术还可用于超大幅面印刷，现行业内相关设备动辄数十万元，GoPrint 降低了行业门槛。

GoPrint 还具有很强的可扩展性：搭载在 GoPrint 上的打印喷头可快速拆卸，换成 CCD（电荷耦合器件）传感器变身扫描仪，扫描仪和打印机组合变身复印机。还可基于 GoPrint 打印用的 App 建立一整套生态，用独占内容和社群建设提高用户黏性、助力产品营销。

5. 营销策略

营销策略将结合 6P 和 6C 营销理论。产品面向国际市场，充分利用互联网优势，可先采用众筹方式获得生产资金和第一批用户，接着线上线下铺货，除传统营销方式外，还可采用相关产品，如纸张组合搭售的方法。通过合适的营销策略、周全考虑的定价策略和审慎的财务分析，项目有很强的盈利能力，市场前景良好。

资料来源：第七届中国国际"互联网+"大学生创新创业大赛全国总决赛季军项目。

案例思考题

1. GoPrint 多功能智能打印机解决了哪些市场痛点？是如何解决的？
2. 创业计划中的哪些要素体现了数字经济时代的特色？
3. 该创业计划还有哪些方面需要进行完善？

本章小结

创业计划书主要包括执行摘要、痛点和需求、产品与服务、行业与市场分析、营销策略、生产与运营、管理与团队、财务分析与融资、公司战略、风险及其防范、风险资本撤出机制、附录 12 个要素。

创业计划书在撰写时需要紧密结合数字经济时代特色，按照探索有价值的商业机会、组建团队、构思商业模式、进行初步调研、撰写创业计划书五个步骤进行写作，可以通过 Word、PPT、视频和 H5 页面对创业计划进行展示。

思考题

1. 谈一谈你生活中发现的痛点和需求。
2. 举例说明如何运用 PEST 分析法、波特五力模型、SWOT 分析法以及市场分析。
3. 你了解的公司组织架构有哪些？请分别指出其优缺点。
4. 三大基本财务指标分别代表公司的哪些财务状况？
5. 组建团队完成一份创业计划书，要求包含创业计划书的 12 个要素，尽可能使用多样化的展示方式。

第 8 章

数字经济时代的新企业创建与成长

初生牛犊不怕虎——大学生团队的线上课程创业之路

荔枝微课斩获"互联网+"的金奖后,不仅获得了资本的青睐,更是在成立第一年就登上胡润百富"2017 中国最具投资价值的新星企业 50 强"。2018 年,创始人黄冠入选《福布斯》发布的 30×30 创业精英榜。这些殊荣足以证明这支创业团队的发展潜力。为什么这些"初生牛犊"能在众人虎视眈眈的教育行业闯出一片新天地?故事还得从他们的大学生活讲起。

华南理工大学可以说是荔枝微课的智力宝库。黄冠自幼开始学习编程,凭借扎实的计算机能力和创新意识,从大三起就创立了多家互联网公司。另一位创始人陈劢的"创龄"更大。大一的她在淘宝刚兴起之时就开了线上店铺。随着生意越做越大,她更是把大学城第一个快递点引入华南理工大学。而第三位创始人雷浪声则较为低调,一直埋头创新互联网软件研发及运营的手段。计算机技术过硬的黄冠、营销老手陈劢以及锐意创新的雷浪声……连续创业的"老司机"碰撞在一起,赋予了荔枝微课强大的生命力。

与大多数企业不同,荔枝微课的诞生更像是机缘巧合。2016 年初,陈劢在关闭淘宝店之后开始转战互联网领域。她发现很多企业会在微信群上做课程培训,但这种授课方式显然存在很多弊端,如消息难以保存、参与人数有上限等。与此同时,黄冠也在项目运营中接收到了"用户"对开发工具的诉求。这两位大学生毅然决定成立荔枝微课。荔枝微课以生活实用类为核心内容,将自身定位为一款免费、开放性的"微信开课平台",并以微信公众号为主要入口,突出产品的工具属性,实现"随时随地听课,随时随地授课"的便捷化知识传播。

起初囿于资金和人脉,荔枝微课只能将自己定位为讲师与用户之间的桥梁。讲师原有的用户群及其永久免费的属性还是为平台引入了不少流量。初期,平台用户大多来自非一线城市,近七成为女性。他们的需求淹没在新中产的知识焦虑中,一直"没有被看见"。因此荔枝微课的出现于他们而言更像是雪中送炭。

荔枝微课上线于 2016 年 6 月,不到 3 个月的时间就已破百万用户,1 年就获得近亿元融资,且吸引了各路民间英雄开课,"知识界的淘宝"初见端倪。截至 2017 年底,平台开设的课程类型包括职场、情感和教育等，累计开课场次90万，授权听课人次超过1亿。但是，危机与挑战接踵而来。同类型的平台越来越多、产品同质化严重、来自同行的恶意竞争……但面对恶意，黄冠认为，"所有的困难都将使团队变得更强大"。

荔枝微课让众多"民间高手"成为讲师，也让各种"实用专长"的价值为人们所看见。然而，团队发现稍有名气的讲师都会在多个平台开课。若平台只能隔着第三方讲师和用户交流，难免有隔靴搔痒的感觉。此时，黄冠等人陷入了内忧外患的迷茫。

在对用户进行分析之后，团队发现一个有趣的现象——有很多女性会选择听书课。进一步分析，这部分人有明显的"标签"——宝妈、育儿焦虑、渴望成长和经济独立等。平台有位叫应童的二胎妈妈，她总会这样介绍自己——"我是一名全职妈妈，也是一名育儿课程的线上讲师"。她认为"授课既能传播知识又能有助于养育孩子"。只有女人更懂女人，当讲师也有相似经历时，女性之间便会产生情感上的共鸣。

创业者的直觉让他们意识到这也许是一个突破口。于是，荔枝微课也开始尝试开发自己的"内容"，首创了女性180天听书计划，创立了"兰心书院"。仅上线62天，就已有26万人一起坚持每天打卡听书。近一年的时间，兰心书院的流水已近1亿元，成为荔枝微课从工具型平台向内容型平台转型的第一个"爆品"。

2019年，是荔枝微课创立的第三个年头。知识付费市场的红利正在衰退，团队决定从单一的知识付费赛道，走向更广阔的在线教育市场。经过大半年的探索，荔枝微课团队决定在2019年底深耕成人教育领域，建立新品牌——"十方教育"。荔枝微课则专注平台化和成人素质教育，成为十方教育旗下的子品牌。

快速变化的市场意味着所有人都得跟上脚步学习，也意味着在线教育赛道的职业培训、个人发展提升将是未来的一大刚需。

陈劢回忆起一个学员的反馈："他起初是在平台学习基本的PS（用计算机修改）软件，回老家开了一个小型工作室。他发现客户的要求越来越高，但他啥都不会，于是多次问我们是否有视频剪辑的课程。"通过后台的数据分析，陈劢发现不管是员工还是企业都有视频制作的强烈需求。于是，他们重燃创业激情，迅速开发整套课程。课程一推出，那位"小镇个体户"也马上购买了整套课程，"边学边卖"。整个县城里只有他能接这样的单子，客户自然源源不断。

由此，自主精心打造的影视后期制作成为平台内容中职业技能课程的又一个"爆品"，也让团队坚定了成人新职业在线教育的战略创业方向。

黄冠始终坚信数据、技术与工具的力量，聘请了专攻大数据研究方向的专家，对平台数据进行整合，并通过海量用户行为数据刻画用户画像，赋能讲师。同时，他们也从大数据当中读到了数据分析对年轻人、讲师的重要性，于是迅速打磨出另一门职业技能课程——数据分析。

擅长与用户共情的陈劢认为"虽然求职者可能懂工具，但入职之后还是要重新培训。不仅如此，即使应聘者宣称有数据分析的能力，对能力的强弱又该如何界定呢？"于是，团队迅速携手深圳大学、深圳职业技术大学等高校来开发一套能被国家认可的职业技能等级标准。

互联网的普及正悄然改变着人们的阅读习惯,有声阅读也越发受到人们的青睐。"主播"俨然成为一种新职业。察觉到用户需求之后,黄冠团队并没有自己单干,而是招贤纳士。在各大平台搜索之后,团队锁定了在抖音上有百万粉丝且曾经是地方电视台主播的张弛。黄冠团队与张弛一拍即合,共同创立了"梨花声音大学"。张弛作为合伙人加入,为荔枝微课带来了其原有的巨大用户流量。截至2021年5月,"梨花声音大学"已开设了近100个班次,教授的学员超过80万人。

荔枝微课通过对用户需求的深度挖掘,推出一个又一个优质课程,这也得到了用户的认可。学员的真挚点评,成为团队前进路上的强大推动力。

资料来源:潘燕萍,邱天财,刘晓斯,等. 初生牛犊不怕虎——大学生团队从"知识界的淘宝"到"线上社会大学"的创业之路[Z]. 中国管理案例共享中心案例库,2022.

案例思考题

1. 当下,大学生呈现出旺盛的企业家精神,但又被认为存在失败率高、纸上谈兵、止步于商业计划书等诸多问题。请回顾通篇案例,总结一下荔枝微课的大学生创业者有什么特点。

2. 疫情让知识付费行业竞争越来越激烈,也拓宽了这个行业的机会窗口。你认为荔枝微课平台转型的战略决策是否是正确的?你认为荔枝微课该如何应对平台转型带来的挑战?

8.1 数字经济时代的新企业创办

8.1.1 数字经济时代新企业创办的特点

1. 创业资源获取门槛降低

数字技术能够把市场信号更快、更匹配地传递给创业者,并加快创业者和需求方之间的信息交换,通过线上的方式实现供需精准匹配。在技术知识资源的获取方面,创业主体之间的联系得到大范围扩展,快速和低成本地获取技术知识,极大地便利了新创企业的技术知识获取。同时基于网络电子商务平台获取众多小批量生产制造商提供的硬件产品,有效降低软件和硬件知识、产品与服务的获取成本。

2. 产品扩散成本低

与传统创业产品的分销过程相比,数字创业产品能够在网络和数字化环境中快速和低成本地传播。

3. 人员时空约束小

数字创业团队可以由来自全球的个体、机构和组织构成,因此对于虚拟团队等新型创业团体来说，文化差异性和地理空间限制等因素不再是创业的最大障碍。

4. 创新迭代速度快

在产品和服务的改进与再创新方面，数字创业产品和服务可以根据用户反馈与创业者的不断改进，实现快速和低成本的再创新。

5. 市场、用户导向凸显

在海量数据分析的基础上，数字创业产品和服务的定位更加精准。在挖掘潜在或者长尾市场时，用户、投资者和个体创新者的参与将会挖掘出新的创业机会。依托数字化技术所建立的渠道以及用户共同参与的开放式创新模式，数字创业过程提升了创新效率。

8.1.2 数字经济时代新企业组织形式选择

1. 法律组织形式

（1）个人独资企业。个人独资企业是指由个人出资经营、归个人所有和控制、由个人承担经营风险和享有全部经营收益的企业。设立个人独资企业应具备下列条件：投资人为一个自然人；有合法的企业名称；有投资人申报的出资，国家对其注册资金实行申报制，没有最低限额；有固定的生产经营场所和必要的生产经营条件；有必要的从业人员。

（2）合伙企业。合伙企业是指由各合伙人订立合伙协议，共同出资，共同经营，共享收益，共担风险，并对企业债务承担无限连带责任的营利性组织。设立合伙企业除企业名称、经营场所和从事合伙经营的必要条件之外，还应具备下列条件：合伙企业必须有两个以上合伙人，合伙人应当具备完全民事行为能力，且能够依法承担无限责任；合伙人应当遵循自愿、平等、公平、诚实信用原则订立合伙协议，合伙协议应载明合伙企业的名称、地点、经营范围、合伙人出资额和权责情况等基本事项；合伙人应当按照合伙协议约定的出资方式、数额和缴付出资的期限，履行出资义务。

（3）公司制企业。有限责任公司是指每个股东以其所认缴的出资额为限对公司承担有限责任，公司以其全部资产对公司债务承担全部责任的经济组织。设立有限责任公司除固定的生产经营场所和必要的生产经营条件之外，还应具备下列条件：由50个以下股东出资设立；有符合公司章程规定的全体股东认缴的出资额；股东共同制定公司章程，法律对有限责任公司章程有明确的要求，要求应当载明的事项包括：公司名称和住所、公司经营范围、公司注册资本、股东的姓名或者名称、股东的出资方式、出资额和出资时间、公司的机构及其产生办法、职权、议事规则、公司的法定代表人及股东认为需要规定的其他事项；有公司名称，建立符合有限责任公司要求的组织机构；有办公场所。

股份有限公司是指公司资本为股份所组成的公司,股东以其认购的股份为限对公司承担责任的企业法人。设立股份有限公司除固定的生产经营场所和必要的生产经营条件之外,还应具备下列条件:有两人以上200人以下为发起人,其中须有半数以上发起人在中国境内有住所;有符合公司章程规定的全体发起人认购的股本总额或者募集的实收股本总额;股份发行、筹办事项符合法律规定;发起人制定公司章程,采用募集方式设立的经创立大会通过;有公司名称,建立符合股份有限公司要求的组织机构;有公司住所。

2. 数字经济时代组织形态

数字经济时代,瞬息万变的外部环境重构了企业组织的定义,带来了多品种、小批量、个性化、多样化的市场需求,组织效率更加强调内部协同,组织边界越发模糊,并走向跨界融合和开放式发展。组织机制从过去的集权管控走向授权赋能,从过去的单决策中心走向多元化决策中心,由管理层的经验决策走向基于大数据的决策。组织与员工的关系更加强调分工协助,尤其是数字技术的爆发式发展,驱动企业改变金字塔式科层制组织结构,选择扁平化、网络化、数字化平台型组织。

扁平化:扁平化是现代企业组织结构形式之一,这种组织结构形式改变了原来层级组织结构中的企业上下级组织和领导者之间的纵向联系方式、平级各单位之间的横向联系方式以及组织体与外部各方面的联系方式等。

网络化:广义的组织网络化指一些独立的相关企业通过长期契约和股权的形式,为达到共享技术、分摊费用以及满足市场需求等目标,发挥各自专长,基于现代信息技术而联结起来形成的一种合作型企业组织群体。狭义的组织结构网络化是指企业中的多个部门组合成相互合作的网络,各网络结点通过密集的多边联系、互利和交互式的合作来完成共同追求的目标。

数字化:数字化是指为数字化团队提供可用的资源,同时在技术、系统、业务等多个领域创立连接端口,以此来塑造整体的数字化组织的一种结构形式。当前,数字中台是数字化组织结构实施方式的典型代表,数字中台是企业根据其特有的业务模式和数字化的组织结构,以有形的产品和数字化转型方法论为支撑,构建的一套持续不断把数据变成资产并服务于业务的机制。

应用案例

致远互联为鱼跃医疗打造的新型组织结构

致远互联利用其协同运营平台(COP)为鱼跃医疗打造了协同在线、业务在线和生态在线的新型组织结构,在大健康产业环境下创生超越传统集团化组织形态的更高级形态,促使企业端整个交付体系与用户的需求场景实现更高密度的耦合,从

> 而营造出更强更持续的竞争力。
> 　　总体应用架构：致远互联协同运营平台从基础的文化建设、流程审批到定制的费控管理系统，最终与 SAP（思爱普）深入融合，支撑鱼跃前中台的信息化架构，助力鱼跃创新发展与战略达成，为集团整体战略及数字化转型提供信息支撑，为企业各体系持续赋能。费控管理应用：以额度池为主体，建立成本中心、费用类型三者关系，搭建个性化的费用预算管理体系。从招待费、市场活动费、大客户费用、差旅费、日常费用各方面严格控制费用支出，实现企业统一费控管理，节省集团运营成本。移动办公平台：通过销售外勤管理系统，在移动端完成协同办公、手机巡店、客户拜访、售后工单、报销费用等日常工作。
> 　　资料来源：致远互联官网。

8.1.3　数字经济时代成立新企业的法律法规

　　大数据的普及与使用，让人们在享受大数据突出优势的同时，也意识到了其潜在的风险。其中，较为受关注的问题便是知识产权保护和数据平台消费者隐私泄露。

　　知识产权主要类型：商标权，是商标主管机关依法授予商标所有人对其注册商标受国家法律保护的专有权。商标是用以区别商品和服务不同来源的商业性标志，由文字、图形、字母、数字、三维标志、颜色组合或者上述要素的组合构成。**专利权与专利保护**，是一项发明创造向国家知识产权局提出专利申请，经依法审查合格后，向专利申请人授予的在规定时间内对该项发明创造享有的专有权。在我国，发明创造有三种类型，发明、实用新型和外观设计。**商号权，即厂商名称权**，是对自己已登记的商号（厂商名称、企业名称）不受他人妨害的一种使用权。企业的商标权不能等同于个人的姓名权（人格权的一种）。此外，如原产地名称、专有技术、反不正当竞争等也规定在《巴黎公约》中，但原产地名称不是智力成果，专有技术和不正当竞争只能由反不当竞争法保护，一般不列入知识产权的范围。

　　在数字经济治理体系建构中，法律制度，尤其是知识产权制度是最重要方面之一。知识产权制度是保障企业创新投资，保护企业创新成果利用、转化、流转的根本性制度。具体而言，数字经济往往具有规模经济、范围经济的特点，往往企业需要付出较高的沉没成本才能在市场竞争中占据一席之地，但其创新成果一般都是无形财产，竞争者对其创新成果窃取、模仿、复制的成本很低，投资者很难回收成本和取得收益。如果缺乏产权保护，企业将会失去创新投资积极性，致使市场失灵。因此，发展数字经济必须不断加强和完善知识产权保护。

　　在数字市场治理中，知识产权制度发挥着基础性作用。例如，人工智能技术需要通过专利、商业秘密技术加以保护，数字平台内容可以通过《中华人民共和国著作权法》受到保护，一系列数字企业平台品牌构建也需要《中华人民共和国商标法》《中华人民共和国反不正当竞争法》的保护。党的十八大以来，党和国家高度重视重点领域、新兴领域立法，不断完善数字经济中的一系列保障机制，如《中华人民共和国民法典》《中华人民共和国个人信息保护法》的颁布，宣告了我国已经建成了完备的个人信息保护制度；《中华人民共和国网络安全法》《中华人民共和国数据安全法》的制定，确保了我国数字经济发展的基础设施安全得到充分保障。除此之外，我国还在加紧修订《中华人民共和国反垄断法》，强化对于数字平台的反垄断监管，促进数据要素流动共享，防止资本无序扩张。

目前，知识产权制度还存在着不足和短板，如针对新出现的大数据集合，既有的知识产权立法，如《中华人民共和国著作权法》《中华人民共和国专利法》都难以为其恰当定位和提供保护，未来将进一步加强数据知识产权保护的专门立法。2021年，中共中央、国务院印发的《知识产权强国建设纲要（2021—2035年）》专门提出，"加快大数据、人工智能、基因技术等新领域新业态知识产权立法"。国务院印发的《"十四五"国家知识产权保护和运用规划》明确提出，"构建数据知识产权保护工程"，"探索开展数据知识产权保护相关立法研究，推动完善涉及数据知识产权保护的法律法规"。

8.1.4 数字经济时代新企业运营设计

1. 数字经济时代的创业生态系统

创业生态系统是指一个能够支持和促进创业主体获取创业资源，提供完善的创业配套的硬件设施（办公环境、物流运输等）和软件服务（政策资源、环境文化等）的群落。如今，数字经济时代已经到来，网络信息技术日新月异，以互联网、人工智能、大数据、云计算等新技术为代表的数字经济正逐渐渗透于人们的日常生活中。数字化技术的应用正在影响并逐步主导社会、经济和生活的各个领域。数字技术的不断更迭，促使创业发展进入新时代，市场中也涌现出诸多数字创新带来的创业机会。数字创业不仅表现在创业机会的增加，还表现在数字创业主体具有多元化、多层次性；创业组织之间能通过网络平台进行数字信息优势整合，降低创业资源的匹配成本。在创业过程中使用成本较为低廉的信息资源作为新的创业要素，在减少沟通成本的同时突破了传统实体创业模式。数字技术能把市场信号更好、更准确、更匹配地传递给创业者，加快了创业者和需求方之间的信息交换，使得创业产出效率提升。

2. 数字经济时代如何给企业取名

企业只能使用一个名称，在登记主管机关辖区内不得与已登记注册的同行业企业名称相同或者近似。根据国家有关法律、法规的规定，企业名称一般由四部分组成：行政区划＋字号＋行业（经营特点）＋组织形式。例如：北京顶牛科技发展有限责任公司。

（1）行政区划。名称的行政区划一般表述为"北京"或"北京市"，"北京"也可以在名称中间使用，但应加上括号，例如：蓝天（北京）科技有限公司、蓝天科技（北京）有限公司。企业名称也可以不使用行政区划。申请设立登记时，如名称不使用行政区划，则需要到国家市场监督管理总局申请办理。

（2）字号。字号是区别于拟从事的主要业务相同的其他企业的标志，也就是商号。字号应由两个以上符合国家规范的汉字组成。字号是公司名称中最重要、最核心的元素，就像给孩子起名字一样，一个朗朗上口、传播力强、寓意深远的字号是公司成功的第一步。

（3）行业（经营特点）。名称中的行业（经营特点）指拟所要从事的主要经营项目。例如：以经营服装为主的，行业可表述为"商业""服装""贸易"等。以技术开发为主的，行业可表述为"科技""技术""科技开发"等。以经营餐饮为主的，可以表述为"餐饮""酒楼""饭馆"等。在选择拟从事的行业时，应参照国家统计局印发的《国民经济行业分类》确定。

（4）组织形式。组织形式是企业组织结构或者责任形式的体现。公司制企业一般应表述为"有限公司""有限责任公司""股份公司"或"股份有限公司"。

在数字时代，管理者发现比起前互联网时代，为公司选择合适的名字更为重要。移动设备的微型屏幕使名字选择变得更加有挑战性，企业更希望顾客能在这些微型屏幕上方便快速地读取它们的名字。企业或者产品的名字从它拼写的方式，到字体的使用，都应该能够让人们轻松读取，一个精简的名字在智能手机屏幕上读起来也会更容易。

3. 数字经济时代企业选址

企业选址对公司的发展而言，是一项重要性决策。随着数字经济时代的到来，企业工厂的选址需求正在发生变化，越来越倾向于选择产业环境及配套设施完善，且能够为企业提供人才、资金、科技、优惠政策等服务的成熟产业园区。选址时应当遵循费用最小化、聚集人才、接近用户和长远发展四大原则，并且要有便捷的交通、成熟的配套设施和浓厚的商业氛围。部分地区企业可以通过在线选址平台查询意向园区，大大节省前期选址考察费用。

应用案例

一键找园

浙江省政府推出了"一键找园"在线选址平台，收录各类园区近600家。一键找园可以为企业用户提供园区实景VR（虚拟现实）视图、园区热线电话、园区简介、产业集群介绍、地理位置、出租空间、园区产业资源、园区对比等多项信息。与在线选址相比，传统选址过程中，园区与企业之间的信息不对称，导致园区招商人员每天面对大量冗杂信息，很难找到优质线索，企业选址负责人每天耗费时间、精力却无法找到意向园区。而一键找园平台设立了园区一键入驻平台，园区上传资料通过审核后，将在平台展示园区详细信息（包括出租空间、价格、产业资源、融资平台、优惠政策等），企业可根据多项字段筛选符合企业需求的园区，并将多个园区加以对比，挑选最符合需求的园区，并直接与园区负责人联系。

资料来源：浙江省人民政府官网，2021。

4. 数字经济时代企业的营销管理

在数字经济时代，品牌创建方式发生了很大的变化。传统方式是企业主导品牌创建过程，企业创造了品牌价值。而数字经济时代下，更多是用户主导、企业与顾客共创品牌价值。在数字化世界里，用户的个人能力、融入与体验决定了品牌的建立。数字化技术平台提供了品牌与用户建立直接联系的渠道，品牌与用户开始建立起去中介化的关系，甚至产生了直接面向消费者的品牌。

5. 数字经济时代企业的产品管理

数字经济时代，用户需求越来越个性化，对定制化产品需求较高，且需求变化越来越快，更重视消费体验和产品服务。消费端的变化倒逼生产端发生变革。同时，数字技术和生产端不断融合，也带来了生产运营范式的变革。基于互联网、大数据、人工智能的C2M新型生产模式对传统生产模式造成了巨大的冲击和挑战。用户绕过中间渠道，向制造商提出自己对产品的个性化需求，厂家根据需求制订具体的生产计划，进行反向生产制造。这一变革打破了传统的"生产—库存—销售"模式，转向以销定产。消费者还能直接参与产品的设计、生产、服务等各个环节，甚至可以通过终端实时监控产品生产情况。

6. 数字经济时代企业的供应链管理

新兴数字技术（如物联网、大数据、人工智能等）与数字经济的发展，为供应链转型提供土壤与养分，带来了数字化供应链新形态。数字化供应链是以客户为中心的平台模型，通过多渠道实时获取信息，实现需求刺激、匹配、感知与管理，以提升企业业绩，并最大限度地降低风险。

8.1.5 数字经济时代新企业创办流程

网上注册公司流程如下。

1. 注册网上系统用户

申请人登录网上注册系统，凭真实资料在网上注册系统中注册用户信息，注册的用户的相应信息与后面到现场提交材料和领取材料的人必须一致。

2. 登录系统

通过国家市场监督管理总局（https://www.samr.gov.cn）"服务导航栏"的"网上登记"，选择"普通登录"方式登录系统。

3. 选择类型

根据所办业务，选择"企业设立申请"业务类型。

4. 填写信息

根据提示，填写申请相关信息，首先选择企业大类，填写企业名称预先核准通知书文号或者已核准企业名称查询已有名称预先核准登记的信息，然后补充完整页面上企业登记要求填写的其他信息。

5. 上传文件（PDF）

选择所需提交的文件目录，根据目录显示对应上传已经签字（盖章）材料的PDF（可移植文档格式）扫描件。注意的是，目录中如果缺少需提交文件名称，可通过"添加材料"按钮，自行录入材料名录，增加材料目录信息。

6. 查看反馈

登录企业登记系统，单击"我的业务申请"，查看申请业务审查过程反馈信息。审查意见为"驳回"的，业务信息可查看、不可修改。审查意见为"退回修改"的，业务信息可查看、修改或者将申请的业务直接"删除"。审查意见为"拟同意"的，表示业务处于审核中且没有办结，业务信息可查看、不可修改。

7. 现场交件

现场收到"预约材料提交时间"手机信息或查看系统业务办理状态为"已办理成功"后，打印系统生成的文书及并其他材料到现场提交规定的纸质材料。

注意：需根据要求对打印出的纸质材料进行签字盖章。

8. 领取执照

纸质材料被审查同意后，领取核准通知书、纸质营业执照、电子营业执照。

应用案例

重庆市全面推广开办企业"一网通"平台

（1）推行所有开办事项"一网通办"。将企业设立登记、刻制印章、申领发票和就业社保登记等开办事项全部集中到重庆市开办企业"一网通"平台（以下简称"一网通"平台），申请人只需登录一个网站，进行一次填报，单击一次提交，即可完成开办企业申请，各相关部门后台办理，办理结果实时反馈。

（2）全面推行企业设立登记电子化、无纸化和智能化。一是推行电子化，完善企业名称自主申报和经营范围规范化点选，推动数据标准化建设，所有申请信息全部通过格式化数据字段形式填报，实现设立登记全流程电子化；二是推行无纸化，依托电子签名，无须提交纸质材料，拓展电子营业执照应用场景，完善电子档案管理，实现企业设立登记全流程"零见面"；三是推行智能化，依托人脸识别提供远程身份认证服务，申请人一次认证，认证结果各部门认可，增加系统界面友好度，完善填报自动填充和智能引导，提升申请人填报效率。

（3）提供其他便利化服务。"一网通"平台在开办企业事项之外，额外提供银行开户预约服务。申请人有开户需求的，可通过该平台选择商业银行网点进行预约，与开办申请信息一并提交。

资料来源：重庆市市场监督管理局. 重庆市开办企业"一网、一窗、一次、一日"全流程办结工作方案[Z]. 2020.

8.2 数字创业的增长模式

新创企业若想找到新的收入来源，可以通过新旧产品与新旧市场的组合，找到新的机遇。根据传统的安索夫矩阵，可以划分出四种增长战略：市场渗透、产品开发、市场开发和多元化。数字经济下，数字平台企业的出现与崛起，进一步拓宽了安索夫矩阵。平台企业具有高度可拓展性和显著的网络效应，即企业可基于自身的生态体系，处理越来越多的用户，包括顾客、供应商、制造商等，降低了创业者的门槛，让初创企业拥有快速入场的机会；另外，平台型企业借助网络效应，实现了需求端的规模化，有效加强了平台的效用，创造了良性循环的过程，也能给用户创造更大的价值。

为了更好地理解企业如何利用平台商业模式实现增长，我们将安索夫的增长战略与数字平台企业联系起来，在此基础上划分为六种增长战略，如图8-1所示。

横向来看，通过跨市场或行业增长，确定了以下战略。

1. 市场渗透

市场渗透战略首先考虑在现有市场上，现有产品能否获得更多消费者的青睐，满足更多消费者需求，从而扩大市场份额。采取市场渗透战略，可以通过促销或是提升服务品质、拓宽销售渠道等方式来说服消费者改用不同品牌的产品，或是说服消费者改变使用习惯，以增加购买量。

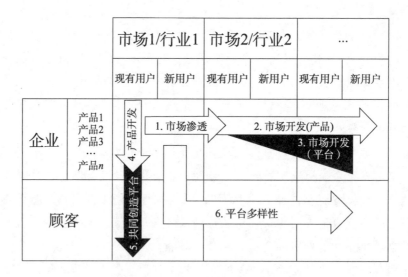

图 8-1 平台企业的数字增长战略

初创企业可以利用数字平台的数字化和颠覆性技术,通过多种渠道,吸引从未使用过该产品或者传统替代品的人群,从而实现显著增长,增加其市场份额。例如,王小卤作为卤制品品牌,通过聚焦在虎皮凤爪上单一品类的策略,加强其品牌构造,突出趣味性和文化性的国潮形象,并有效利用了抖音、小红书、微博等平台进行流量投放,成功抓住了线上渠道的机遇。截至 2021 年,该企业仅凭虎皮凤爪一款产品就实现了年销售额超过 7 亿元的佳绩。

2. 基于产品的市场开发

基于产品的市场开发是指企业用现有的产品去满足新市场的消费需求,要求企业的市场开拓能力较强,且产品能满足新市场需求。若要以现有产品开拓新市场,企业必须在不同的市场上找到具有相同产品需求的使用者顾客,其中往往产品定位和销售方法会有所调整,但产品本身的核心技术则不必改变。初创企业可以瞄准并服务于新的商业市场,带来新的增长机会。

例如,约 30%的 Netflix 用户不使用电视,而是使用平板电脑、笔记本电脑或手机观看流媒体内容。在某些情况下,这可能会导致全新市场的创建。Apple Watch 的推出开启了智能手表市场的增长,而谷歌和亚马逊在推出语音控制产品时为智能扬声器创造了市场。长期做 TO B 生意的思博空间(superspace),从 2022 年 3 月开始,逐渐进入小红书、抖音等平台,开拓 TO C 市场,通过短短几个月的时间,在抖音平台上销售的办公椅月销量有几十把。

3. 基于平台的市场开发

数字公司还可以将由各种现有产品组成的平台,嵌入由外部各相关利益者组成的新市场，即通过创建数字平台，开发更广阔的市场。挪威电信公司 Telenor 开发了一个由移动与固定线路机器对机器技术组成的平台，服务于欧洲更广泛的市场。同样，苹果也为其手机、平板电脑、可穿戴设备和电视开发了一个全球生态系统。各行各业上下游的企业都能够以数字化手段进行连接，通过平台的赋能，更好地吸引跨行业、跨市场的企业融入商业生态圈中。如美团平台以"进入一切可以形成交易的业务"的发展逻辑，通过优先高频业务、高频带动中频、最后再聚低频的模式，形成网络效应，进一步扩大了平台服务的深度和广度，通过与各行各业的参与者进行合作，不断扩大企业的边界，开拓新的市场。

纵向来看，有两种截然不同的策略，分别是产品开发和共同创造平台。

（1）产品开发。数字公司通常可以在平台环境中更有效地开发和推出新产品，因为平台使产品之间具有更强的协同效应。例如腾讯游戏，是全球领先的游戏开发和运营机构，也是国内最大的网络游戏社区，代表作品有《王者荣耀》《和平精英》等。其利用游戏平台，以相对有限的开发和推广成本，源源不断地向市场推出手机游戏。在 2021 腾讯游戏年度发布会上，60 余款游戏产品与内容集中发布。目前，腾讯游戏旗下拥有超过 140 款自研和代理游戏，为全球 200 多个国家和地区数以亿计的用户提供跨终端的互动娱乐体验。

（2）共同创造平台。共同创造平台允许外部用户通过授权自己在平台上执行某些活动，来积极共同创造价值。数字平台允许客户进行口碑或产品评论的撰写，或在众包平台上分享创新想法。与此同时，平台还允许客户通过转换角色进行更多实质性的活动，比如使客户成为供应商，或者在设计、修改、组装产品时成为联合生产者。消费者角色向生产者或供应商的转变是企业数字化转型的结果。

Airbnb（爱彼迎）是一个连接旅游人士和家有空房出租的房主的服务型网站，用户可通过网络或手机应用程序发布、搜索度假房屋租赁信息，并完成在线预订程序。客户通过该网站预订并入住其提供的房源后，可以对自己的居住体验、房屋的具体情况、房东的服务态度进行评价并在网站上发布，后续使用者可以在查看房屋信息时看到相关评价。除了在该平台上租房子，如果用户有需要出租的房子，也可以在该平台上发布租赁信息，从顾客变为房东。

4. 平台多样化

平台多样化是指将所有的方法结合在一个单一的战略中，这种增长策略通常被成功的大型平台采用，目的是用新产品在未开发的市场创造额外的增长。这种方法包括扩大平台以服务新市场、更新产品和服务组合、开放公司与赞助商合作，或与其他互操作平台、供应商、消费者和互补服务提供商共同创造价值。

8.3 数字经济时代的新企业生存管理

8.3.1 数字经济时代新企业生存的缺陷与优势

1. 新企业进入的缺陷

国际著名创业管理学者斯科特·谢恩对美国的创业实践进行了大样本纵向跟踪考察，在其出版的《创业的幻象》一书中，提到新企业创建5年后失败的比率高达55%，而更是有40%的新企业存活期还不到一年。创业着实不易，尽管有一些初创公司，如Uber和Airbnb那样的"独角兽"，在初创期都经历了爆发式的增长，让我们着迷。但在现实中，绝大多数的初创企业都陷入了半路夭折的境地。创业之路处处充满艰险，无论是产品、客户、商业模式、还是融资渠道，每一处都是考验，创业者的心态能力以及配套的环境都是挑战。因此一家企业能成功地通过"从0到1"的困境，渡过资源缺乏的难关，就有可能迎来大有可为的春天。

彼得·德鲁克曾说过，"动荡时代最大的危险不是动荡本身，而是仍用过去的逻辑做事"，在"百年未有之大变局"的数字时代下，人工智能、5G、云计算、物联网的快速发展与推进，使创业者面临的外部环境发生了巨变，进入了"VUCA"时代。其中V代表volatility，即动荡性；U代表uncertainty，即不确定性；C代表complexity，即复杂性；A代表ambiguity，即模糊性。在"VUCA"背景下，新企业将面临以下困境。

（1）盲目追求数字化。经营环境的复杂性及未知性，使初创企业难以在瞬息万变的环境下站稳脚跟，作出精准的决策。而数字化带来的价值重构和逻辑变迁要求创业者必须掌握最先进的思维方式去应对科技革命所带来的挑战。但我国许多中小企业的数字化发展还处于探索阶段，对数字化改造的需求模糊，未来愿景也不明朗，没有清晰的发展和战略规划，往往是孤岛式的盲目部署数字化，"为了科技而科技"使一些企业在生存初期就面临严重的危机。"盲目、盲从、盲干"使新企业在没有技术支持基础的情况下，跟风进入数字化浪潮，最终却没有给企业本身带来效益。

（2）难以获得可持续竞争优势。"VUCA"时代使企业难以获得长期且可持续的增长，"危机四伏"的情境让新企业时刻面临来自四面八方的噪声。信息的互联互通使得企业在成立初期就面临着被模仿的可能，如曾经火爆一时的印象笔记在进入市场后，微软OneNote、苹果Notes、谷歌Keep、Simplenote也都争相开发，提供类似功能；再如Dropbox这家开创性的用户友好型云存储公司，其基本功能很快就面临来自微软、苹果、亚马逊和谷歌的模仿。任何一个好的创意都可能被模仿，而大型企业的模仿行为会对新企业产生致命的威胁，因此新创企业的竞争优势很多时候只是"昙花一现"，且"VUCA"时代下的"蓝海"向"红海"转变的速度更快,因此"蓝海"难以给企业提供持续的竞争优势。

应用案例

初创企业被模仿的"致命威胁"

科技巨头有时只是简单地复制创新功能,比如,当 Snapchat 的"阅后即焚"功能受到追捧时,Facebook 就坐不住了:它立马将类似的功能引入自己的产品,包括 Instagram 和 WhatsApp 等。这导致 Snapchat 的用户量增速大降,并且最终元气大伤,股价也大幅下跌。

Allbirds 曾因开发了一种生态环保的羊毛鞋而备受公众的推崇。对此,亚马逊几乎是一点点地复制了这些最畅销的产品,并以便宜近一半的价格在网上销售。

资料来源:特谢拉. 初创企业生存指南:让巨头无法抄袭,办法只有一个[Z]. 哈佛商业评论, 2020.

对于企业内部而言,是否能够推出创新产品、设计全新的商业模式、挖掘新的客户群则成为初创企业能否生存的一道门槛。即使能够把握上述要素,较高的学习与交易成本以及较弱的社会联系也会使新企业难以与成熟企业相抗衡。此外,企业创始人是否拥有十足的创新精神,能够承诺坚定、决策科学、行动迅速地专注于自身事业,也是影响企业生存的重要问题。

总而言之,企业所面临的外部环境和内部环境将共同作用于企业自身,导致企业在初创期难以获得竞争优势,降低了企业生存的寿命,使企业无法顺利渡过"青春期"。因此新企业不仅要建立自身的核心能力,更要具有面对变幻莫测市场的变革速度,才能"化危为机",在残酷的市场竞争中"活下去"。

2. 新企业进入的优势

然而,数字经济犹如一把双刃剑,在给初创企业带来风险的同时,也带来了许多机遇,"危中有机"的市场环境也催生了大量新型的商业模式。具体而言,初创企业具有以下优势。

(1)信息渠道的融通。在数字经济时代,信息的互通互联使得企业在创立初期可以掌握更多的讯息,包括能够快速察觉竞争对手的决策,以便更好地预测与应对竞争对手未来的战略走向和竞争行为,做到"知己知彼,百战不殆"。此外,企业也可以通过大数据更加精确地了解到消费者的需求进行产品设计,拓展更多的应用场景,实现与顾客的价值共创。

(2)组织变化更加灵活。相比于成熟企业,新企业更能灵活地应对市场的变化,及时调整组织的战略方向,且新企业能够深入洞察已有产品或营销的缺陷,推出性能、质量更完善的产品。因此,相较于成熟期的企业,初创企业拥有更加灵活、反应更加灵敏、"船小好掉头"的优势。而大企业可能因为组织惯性、政治因素等,在变革路上会遭遇重重阻碍。

管理大师加里·哈默提道:"初创企业的沟通方式是面对面的沟通,它们没有什么害怕的事情,勇气十足,愿意接受非常的挑战。它们非常有雄心,也非常开放,愿意接受并且利用外部的资源——因为它们必须去利用外部资源,才可以让公司运营下去。"因此相较于成熟企业而言,初创企业更加开放,尤其是在数字经济时代下,企业间的跨界融合催生了更多的市场机会,而新企业决策效率更高,往往能更加快速地抓住这些机遇,进行变革与创新。

(3)拥有"数字化思维大脑"。数字经济的发展打破了传统的行业格局,开启了智能商业新生态。一些新生的初创企业由于生于数字化时代,因而更具数字化优势和基因,带来了"弯道超车"的良机,如喜茶、奈雪的茶、完美日记等企业,它们的团队创始与组建是以数字化思维推行的,因此在早期阶段发展得非常迅速。而传统或成熟的企业在数字化转型过程中,组织架构以及业务的调整是一个循序渐进的过程,并且许多企业的高层拘泥于传统的思维,不敢冒险进行改变。而初创企业从零开始,决策相比传统企业更为简单,并且具有较高的 IT 和互联网素质,可以更激进、更积极地运用数字化大脑颠覆原有模式,进行商业模式的创新。

应用案例

小鹏汽车的诞生

小鹏汽车成立于 2015 年,致力于通过技术及数据驱动智能电动汽车的变革,设计、开发、制造和销售,并自主开发全栈自动驾驶软件系统,已成为中国领先的智能电动汽车公司之一。

公司创始人及高级管理团队在科技和汽车行业均拥有深厚的专业知识,"科技+汽车专业知识"结合使得研发团队具备创新的思维方式。小鹏以何小鹏统领、吴新宙带队突破高级别自动驾驶领域,对产品和科技采用非传统的方法,为客户带来差异化体验。

"技术出身+互联网背景"决定了公司高研发高投入的"ALL IN"和务实聚焦的技术风格。公司的产品遵循了"重研发、高投入、少单品"的理念,铸造了小鹏汽车独特的 DNA——关注客户差异化体验,重视研发及尖端科技。

资料来源:曾朵红,黄细里,阮巧燕. 小鹏汽车专题研究报告:自主品牌智能化的先行者[R]. 东吴证券,2021.

8.3.2 数字经济时代新企业的经营管理

1. 数字经济时代新企业的营销管理

4P 理论是营销学最经典、最基本的理论，它最早将复杂的市场营销活动进行简单化、抽象化和体系化的总结和提炼，构建了营销学基本的理论框架，奠定了市场营销理论的基础。4P 分别指产品、价格、促销和渠道。然而，数字经济时代，当数据成为关键生产要素时，传统的 4P 营销理论受到了较大的冲击和影响。

（1）产品策略。数字经济时代下，产品策略已由企业主导转向了顾客主导。随着大数据挖掘技术的深入应用，产品开发的起点不再是企业，而是用户本身，即产品的设计开发不能再完全从企业的角度出发，而必须深刻依赖于消费者的需求和理解，去进行相应的设计。通过消费者数据的采集和分析，刻画出精准的用户群体画像，再运用精准营销的手段和方式，确保品牌文化输出，最大匹配用户需求，是企业运营好产品、形成差异化竞争优势的重要手段。一家真正具有营销思维的企业会引导并创造出消费者的需求痛点，将产品不断进行更新、迭代，从而成功占据消费者的心智。

如今的消费群体已发生了转变，"Z 世代"[①]的消费能力逐渐凸显，新环境、新格局带来了新的商业机遇。对于新企业而言，捕捉"Z 世代"群体的消费偏好与消费习惯，建立更多开创性的玩法、差异化的定位和优质的创意内容，并有效树立品牌心智，是数字经济时代下企业生存与成长的商业逻辑。

应用案例

案例 1：

某一款网易严选猫粮，在推出市场之前，根据用户的试用报告、反馈评价，以及售后客服、专业测评机构、达人合作等各种渠道反馈，不断去贴近消费者需求，经历了 20 多次的反复打磨，最终打磨出一个受消费者欢迎的商品。推向市场后，该产品屡次在"双 11"和"618"创下国产猫粮销量第一的业绩（天猫京东数据）。

案例 2：

小米的 MIUI 系统由于贴近用户需求，解决了传统安卓系统的许多痛点，受到粉丝的热烈追捧。最开始做 MIUI 系统时，小米收集了网上所有对主流手机和安卓

[①] "Z 世代"是指 1995—2009 年间出生的一代人，他们一出生就与网络信息时代无缝对接，受数字信息技术、即时通信设备、智能手机产品等影响比较大，所以又被称为"网生代""互联网世代""二次元世代""数媒土著"等。

系统的使用反馈，进行数据分析，找出共同的痛点，进行产品的研发，并召集粉丝在论坛里交流互动、讨论产品、提供建议，跟用户沟通，听取用户需求，进而不断改进产品，成为一款听取客户意见的系统。

资料来源：朱冬. U1S1，这届新消费品牌猜对了年轻人的心[Z]. 哈佛商业评论，2021.

（2）价格策略。对于新企业而言，创业团队可能缺乏相应的市场经验，且不能有效评估消费者对于新产品的理解，因此产品的定价往往出于自身经验，要么定价过高，使消费者难以接受；要么定价过低，影响了企业的盈利水平。

数字经济时代下，产品从无差别的单一定价转变为个性化、动态化、差异化的灵活定价。新技术的运用改变了企业的成本结构，给初创企业更多全新的定价机遇。企业可以让产品更具有个性化，从而针对不同顾客提供不同体验，具备了以数据驱动决策的能力，使定价获得了更多的弹性空间。互联网使顾客浏览商品的频次、交易记录、评价反馈等数据变为双向信息流，企业可以利用cookies获得更多的数据信息，从而在不同市场情况、不同场景、不同时间点下更加灵活、快速地调整价格，将差别定价做到极致。

在面对相同的产品时，消费者会产生不同的消费意愿和消费行为。因此，将产品进行差异化定价，分为多种档次，能够有效确保具有不同消费行为和价格敏感度的顾客选取到合适的产品。新企业必须密切关注目标客户群的购买行为，作出有效的定价机制，提高分配效率的同时，获取更高的利润。

应用案例

Uber 的动态定价

2012年初，Uber位于波士顿的研究组发现，每到周五和周六凌晨1点左右，会出现大量的"未满足需求"。于是其有个方案，在高峰期（午夜到凌晨3点）适当提高每次乘坐的单价，看是否有司机响应。仅仅两周后，其就得到了非常好的反馈，该时段的提价，使出租车的供应量增加了70%~80%，几乎满足了2/3的"未满足需求"。这个调查成功地开启了Uber动态定价的先河，随后便正式应用在任何高峰时段。Uber定价与传统定价最大的不同在于，它可以兼顾由于时间、空间、天气、路况等多重因素的变化带来的市场供需变化，通过大量的数据提取、加工、建立模型，制定更加灵活、动态、合理的价格。

资料来源：从内部视角剖析Uber动态定价[EB/OL]. (2014-03-16). https://www.36kr.com/p/1641847422977.

（3）渠道策略。"现代营销学之父"菲利普·科特勒指出，营销渠道是促使产品或服务顺利地被使用或消费的一整套相互依存的组织。在数字经济时代下，传统的线下渠道已发生变更，多渠道与跨渠道的整合成为常态。传统的营销渠道更依托于线下完成整个销售，而数字经济的浪潮推动了数字传播渠道的发展，除了网站、App 之外，近年兴起的短视频、直播等都使营销渠道不断地拓宽。"全渠道时代"让消费者的购物方式不断向线上迁移，"触点即渠道"的营销模式让企业拥有更多的机会。

特别是在疫情的冲击之下，传统线下渠道遭到重创，许多品牌的线下销售几乎处于停滞状态，这也倒逼企业必须进行数字化转型。因此初创企业应提前拓展线上的业务，加强线上渠道的品牌宣传，以帮助企业面对外部环境的不确定性，并且有更多的机会根据精准的数据体系，得出顾客精准的需求。在传统的线下渠道更多是"人找货"的模式，而数字经济平台给企业带来了"货找人"的机遇。如何针对目标人群提升营销转化率，是初创企业强化渠道竞争力的重要目标。

应用案例

良品铺子的渠道整合

良品铺子经历了三个阶段的发展，打通了线上线下渠道，实现全渠道整合。发展的初始阶段，良品铺子采用直营模式扩充线下门店网络。在数字经济的浪潮下，良品铺子开始建立线上渠道，开展电商业务，在京东、天猫等电商平台成立购物商城。这一阶段，虽然线上线下同时销售，但彼此仍然独立。随着线上渠道的不断扩张，良品铺子开始寻求线上线下的融合。在线上，基于在多个平台的用户，打造基于"平台电商+社交电商+自营 App"三位一体的全方位运营网络。同时，对线下门店进行升级改造，致力于打造具有沉浸式消费体验的智慧门店，将自营 App、微信小程序及外卖纳入门店管理，打通线上平台和线下门店订单和配送，真正实现了线上线下渠道的融合发展。

资料来源：胡左浩，孙倩敏. 良品铺子：数字化助力渠道变革[J]. 清华管理评论，2020(9)：18-25.

（4）促销策略。数字经济时代要求企业从粗放式营销转向精准营销。传统的促销策略对大范围的消费者进行大面积广告投放，具有一定的盲目性，时间长且成本高，营销推广效果甚微。数字技术的发展带来数据的爆发式增长，告别了广撒网式的粗放式营销，实现广告的精准投放。

借助数字化技术，企业能够精准刻画用户画像，包括人口属性、消费场景、设备数据、动态位置、消费习惯等维度，然后通过技术平台和营销平台的高效协同，将匹配顾客需求的产品信息在合适的场景、渠道向其投放定制广告。通过精准定位消费者，企业可以实现广告信息的定向投放,避免资源浪费,促使投放效果最大化。此外,利用数据挖掘技术可以预测、推算出消费者更深层次的潜在需求,加大推荐力度,将消费者的潜在需求转化为真实需求。

2. 数字经济时代新企业的人力资源管理

对于一家新成立的公司而言,如何做好人力资源管理,提高员工素质,是决定企业长期盈利能力的重要因素,如果能够留住优秀的员工,将提高企业的生产力及竞争地位。如何选择、利用技术简化人力资源实践的同时创新人力资源实践,并最大程度上使得员工彼此共享信息、高度互联,是数字经济时代下企业核心竞争优势的来源。

人力资源管理是指根据企业发展战略的要求,有计划地对人力资源进行合理配置的过程。人力资源管理通常包括六大板块:人力资源规划;招聘与配置;培训与开发;绩效管理;薪酬福利管理;劳动关系管理。具体而言,新企业若想提高人力资源管理的效率,必须做好以下三点。

(1)运用数字手段,精准定位人才。对于初创企业而言,如何"从0到1"打好人才地基,是企业面临的一个重大难题。企业如果能在起步阶段就得到充沛的人才供给,将会为后续的发展提供重要的保障。在团队的建设阶段,企业通常需要的人才是具有"延伸度"的优秀人才,即可以在公司内扮演多种角色,拥有非常强的学习能力,能够满足企业发展扩张的需求。这类人才首先可以从身边挖掘,如昔日的合作伙伴、大学期间认识的优秀的朋友;其次可以去寻找拥有在大型企业工作经历、愿意探索和冒险的灵活型人才。搭建良好的人才梯队可以使企业发展更加平稳有序。

初创企业在招聘与吸引人才的过程中,可以运用智能化的场景以提升招聘的效率和质量,使企业人力资源踏上快车道,如HR可以通过线上面试活动,与求职者进行互动与交流。通过数字平台的运用,企业的招聘渠道进一步拓宽。目前有许多信息服务平台通过数字化手段,有效实现了供需两侧的对接,为企业提供了职位提供、面试跟踪等一系列的人事招聘流程,用户也能够在平台上实现岗位智能解析、AI自动匹配岗位信息、快速应聘等需求,打通了企业与人才双向选择的通道。初创企业能够更好地运用数字平台实现人才的搜寻与甄选,为企业人才库注入血液。

应用案例

AI助力人岗匹配

AI深度学习功能可以帮助招聘网站补全人才标签,构建人才画像。例如,探也智能利用其建立的行业、公司、职位、项目、技能等知识图谱,采用NLP(自然语言处理)技术解构职位和简历,进行极速人岗匹配;还能通过对事实逻辑的分析和与海量真实简历写法的比对，提示风险点、注水和虚假鉴伪。

此外，AI 以及人的行为特性的测定分析技术，可以极大地解决程式化测评中的印象管理和突击学习带来的面试偏差。例如 Pymetrics 让求职者在几分钟内完成点击气球、金钱模拟等 20 个小游戏，从脑科学角度测评其认知能力和性格特质，据此推荐匹配岗位和企业。

资料来源：贾迎亚，于晓宇. 简历筛选精准度达 95%! AI 时代，企业 HR 如何拥抱人工智能？[Z]. 中欧商业评论，2021.

（2）运用数字技术，赋能人才培育。对于初创企业而言，由于企业的资金有限，无法维持高素质人才的高薪要求或不断补充企业人员进行外部招聘的成本，因此企业的内部人才培养在初创企业中就扮演起相当重要的角色。而大多数初创企业的管理者只意识到了使用人才的重要性，却忽视了如何培育人才，从而限制了人才发挥更大的作用。

数字经济时代下，企业的创始团队首先应该加强自身的培训，通过数字化培训，升级自身的思维，从而能够更好地了解市场走向，了解企业内部人才的需求；并且只有企业的管理者经过系统的培训之后，才能够更好地培育下属。企业在培训员工的同时，除了采用传统线下培训，也应引入线上培训的方式，通过搭建学习平台，使企业能够更好地了解和跟踪员工的学习情况，准确挖掘出数据背后的价值和意义，从而形成良性反馈的闭环，有效构建内部学习发展的生态。

《中国企业数字化转型研究报告（2020）》显示，企业对数字化人才的需求将呈现爆发式增长。这意味着人才需求结构也发生了显著的变化，数字化技术相关背景的复合型人才也在成为企业的中坚力量。因此从员工角度出发，企业首先需要根据具体目标和需要数字化赋能的业务场景，对员工实施个性化、局部化的技能提升，扩展员工的能力范围；其次，企业要着眼于赋能人才的长期成长，建立动态、快速、可量化的效果反馈检测机制；最后，将局部化的技能提升与系统化的制度改革、文化建设进行充分整合，构建数字化组织，由此对人力资源实现最大程度的开发和使用，以更好地改善员工绩效，实现组织绩效的提高。

（3）通过数字平台，提升员工福利。初创企业若想留住优秀员工，就必须创造拴心留人的环境，提高其满意度。企业除了要制定人性化的灵活薪酬制度，还需要对员工委以重任，适度授权，鼓励他们发展，帮助他们施展抱负。很多时候员工的需求不再仅限于薪资层面，提供开创事业新局面的良好环境，建立员工的归属感，也是留住员工的重要因素。

在数字经济时代下，员工与移动互联网的连接更为紧密，这决定了企业可以通过他们最熟悉的方式与之产生连接与互动。比如从员工关怀的角度切入，可以运用数字技术手段为员工提供物质条件及人文关怀,从而有效地帮助企业吸引和保留人才。

应用案例

最福利数字平台

最福利致力于数字科技与员工关怀的有机结合,为企业构建员工专属福利,通过数字化积分体系,深挖员工福利等多种应用场景,助力企业优化成本,同时满足员工个性化福利需求,提供员工福利整体解决方案。

最福利不仅聚集了衣食住行等各个领域的优质资源,为企业输出包括弹性福利、年节福利、体检保险、员工餐饮等服务模块,同时基于企业管理的需求,集成了智慧办公、差旅管理、数字化集采等企业应用工具。

最福利以弹性福利为突破口,将互联网思维与数据处理能力深度整合,为企业提供数字化弹性福利解决方案;同时模块化配置满足企业个性化需求,助力企业高效发展,激发活力。

资料来源:最福利官网。

---

3. 数字经济时代新企业的财务管理

企业在成长初期,往往因为缺乏规范管理,容易出现资金混乱、账目不清的现象,有一些创业企业未设置相应的财务管理制度,致使财务人员在进行财务管理工作时无章可循,财务管理出现很多漏洞,不利于企业长远发展。因此,财务管理是新企业生存与经营的命脉,重视财务管理工作,建立系统完善的财务制度,能降低企业的资金压力,提升企业经营效率。

随着大数据、人工智能等新型技术的发展,企业的财务管理已经从传统事后的核算、记账、算账、报账延伸到了企业价值创造的智能领域中,财务的单一职能已经无法满足快速发展的企业对财务管理提出的新要求。在基础的财务工作中,财务人员面临大量的费用报销审核、付款、记账工作。这种工作重复性高,消耗了大量工作时间,并且人工处理数据差错率较高,合规及审计效率较低导致企业不能完全杜绝风险。

AI赋能的财务管理,成功释放了业务精力。运用新技术,企业能够实现财务核算自动化、参与方式的智能化。现在越来越多的交易可以进行自动化处理,并自动完成交易报告。大数据使财务管理能够聚焦于更高价值的财务活动,创造更大的企业价值。初创企业在制定财务决策时,必须关注以下方面。

(1)合理安排投资规划。初创企业要合理安排资本结构,适度举债,以满足企业投资的需要。因此企业应该理性投资,科学合理地运用大数据分析平台,做好财务战略决策。在做投资决策时应慎重,不能随意和盲目,资金必须有效使用在商业模式的核心点，尽量把投资风险降至最低。同时，对项目投资的程序要规范化、科学化，计算资金时间价值并对投资盈亏进行科学合理的预测。

（2）加强财务监督管理。在信息化时代，财务监督是财务管理的一项重要职能。利用人工智能，企业财务管理人员可以轻松编制各种预算，控制实际支出；监督费用报销流程，提高透明度，控制不必要的支出；运用人工智能分析财务数据，监管企业资金的流动趋势，及时控制风险。因此，企业应充分利用人工智能工具，加强财务管理监督，增加企业的营收来源，减少企业的支出，规范企业的财务活动，从而提高企业财务风险管理能力。

（3）提升税务运营效率。在纳税方面，云计算、大数据技术可以有效帮助初创企业实现政策的及时获取和智能化的纳税筹划。初创企业要利用好国家出台的优惠政策，通过云平台，借助信息技术的辅助与决策支撑，方便快捷地获取、分析和利用有关的税收优惠政策与征管程序。企业的税务管理人员在充分了解相应的法律法规之后可以发挥自身的纳税筹划主观能动性，借助信息系统的支撑，熟练掌握企业纳税的具体步骤、方式、顺序、时限等，将税收实体法的内容具体化为可操作的程序。通过提前制订最佳纳税计划的方式，做好合理避税以及税前的预测工作，最大限度地提升企业的税务管理水平，从而真正为企业的税务管理工作提供可靠的保障。

4. 数字经济时代新企业的战略管理

战略管理是企业经营管理的核心任务，它是对企业未来全局的筹划与指导。数字化时代下，企业的战略管理面临更加艰巨的挑战。数字化使得行业竞争的本质要素以及企业的增长逻辑都发生了改变。很多行业的边界都被调整，顾客价值创新的来源也完全不同，企业从线性增长转变到量级增长，这些变化都需要用新的战略框架或者要素组合去寻找答案。

（1）变更企业组织架构。组织架构通过影响组织中的信息流动和决策倾向，从而影响企业的战略制定及未来绩效。企业往往按照其所处发展阶段、战略定位、外部环境、行业特点等采取最为合适的组织架构。对于新企业而言，因为对新技术、产品及市场反应没有十足的把握，而面临较高水平的不确定性和模糊性，因此选择何种组织架构是企业面临的关键问题。在以往的组织架构设计中，常常是依赖产品线进行设计，但数字化新技术的发展改变了企业内外产品组合的方式，同时也打破传统产品线之间的界限，以往毫无关系的产品可能会被重新组合，因而数字化时代的组织架构设计逻辑和机制也发生了变化。

（2）改变竞争逻辑。数字化时代拓展了产业边界的同时，也改变了商业竞争的底层逻辑。在协同共生的逻辑下，不同行业、不同领域中的企业通过相互协作共创，共享资源和能力，可以获得比作为一个单独运作的企业更大的成长空间，创造出原行业或原领域从未有过的新价值。因此，不同企业间的资源依赖使企业合作成为必然。例如,对于新型平台企业而言,率先与大型平台、更多其他平台或企业展开联合的企业平台,会在更广泛的领域内获得强链接能力和协同优势。

(3)明确数字化愿景。企业数字化进程的推演,必须从确定数字化的目标和愿景开始。这一愿景明确了组织如何运用数字化技术改善顾客关系,进而提高顾客满意度,以及如何增强业务实践达到卓越并实施创新的商业模式。在很大程度上,这指引了数字化推进的方向。实施数字化的初创企业必须明确愿景和长期目标,并重新思考自己在数字化时代的形象和运作方式。明确组织在数字化时代的业务运作模式对愿景的实现至关重要。作为宝贵的沟通工具,愿景能将组织的意图简洁、精练地传递给所有的管理层和员工。

8.4 【案例分析】从"黑马"走向"绝境":快陪练倒闭退场

快陪练实体公司隶属于北京未来橙网络科技有限公司,是一个专业在线音乐教育平台,为4~16岁琴童提供一对一真人在线乐器陪练及智能乐器陪练服务,开设全品类乐器线上陪练课程。

公司创始人兼CEO陆文勇曾是e袋洗创始人,并在百度LBS(基于位置的服务)事业部、百度联盟等公司任职过。陆文勇曾公开表示,钢琴陪练是素质教育行业最大的一个痛点,传统钢琴存在着成本高、效率低、难闭环的弊端,在线钢琴陪练就可以很好地解决这个问题。2019年,快陪练的注册用户已突破20万,付费用户突破1万人,月收入突破1500万元,并以每月20%~30%的速度持续增长。2020年3月,陆文勇曾表示,快陪练已于2月份实现了持续盈利,且现金流为正。快陪练所属公司未来橙教育集团旗下还有云笛课堂、音乐课堂、钢琴考级指南、胖小鹿智能陪练等产品,其全球用户高达150万,覆盖50多个国家和地区。

然而,在2021年9月15日,快陪练发布公告信息表示:由于行业动荡,公司正在经历巨大的经营挑战和压力,原计划于近期完成的新一轮融资也因多种行业因素突然被告知取消,因而面临前所未有的生存考验。"真人陪练业务"停止发展,但将保留人工智能陪练课程继续为用户提供服务。但由于AI课程的互动性不足,不少用户仍在社交平台上表示,更想上真人陪练课。客户需求得不到满足的情况下,发生大量退费挤兑。9月23日,快陪练再度发布公告称:事态发展完全超出了公司的承受能力,目前提交的退费申请已经对机构形成了挤兑,短期内难以退费。转型失败后,快陪练11月6日发布通知表示:"公司仍无法摆脱目前的经营困境,现将申请破产清算。"挤兑潮成了压死快陪练的最后一根稻草。

在商业模式上,在线陪练平台上的老师是线下主课老师和孩子之间的桥梁,主要扮演辅助性角色,在课后帮助孩子及时消化主课钢琴教师授课的知识,并进行系统性梳理。尽管存在刚性需求，但在实际运营上，还存在优质师资的匮乏以及技术方面的痛点。VIP（高级会员）陪练负责人在接受《新京报》采访时称，音乐陪练最大的门槛始终在于师资，教师是整个音乐教育的供给端，决定了整个教育活动的质量与成效，主要表现为音乐教师数量难以匹配上庞大的音乐学员群体，还表现为大师级教师的稀缺，这两大问题鉴于教育的慢周期性，在未来很长一段时间都存在供需矛盾。

在技术层面，相较在线 K12 教育，在线素质教育对实时互动能力的要求更高。"学科教育更多的是传授知识点、培养逻辑推理能力，并通过刷题加强知识点的掌控。而素质教育尤其是像艺术类教育天生需要互动，比如舞蹈、美术等。"实时互动云服务商声网副总裁何挺在此前采访中提到，尤其是钢琴、绘画、编程等偏实操的素质类课程，很难完全实现线上化或及时有效的互动。陆文勇也曾坦言："在线陪练的门槛其实很高，看似是简单的线上直播，让老师陪孩子练琴。但在我看来，（公司）起步没有上亿资金，可能无法去做。因为在线陪练需要大量的技术开发和人力布置，这部分可能每年就会消耗几千万。此外，能够容纳数量众多的老师和学生，机构也需要强大的运营体系和系统。"

资料来源：在线音乐教育品牌快陪练申请破产，曾三年累计融资超 2.2 亿元[EB/OL]. (2021-11-08). https://www.tmtpost.com/5847881.html.

案例思考题

1. 结合本章所学知识并查阅相关资料，分析快陪练具备哪些优势资源，同时在运营过程中面临哪些问题，有人将教育行业环境的变化归结为快陪练破产的直接原因，你对此有什么看法？

2. 请你结合本章所学知识及其案例，谈谈在数字经济时代下，创业者在创办企业的过程中需要注意哪些问题，应如何在创业维艰的市场环境中生存下来。

本章小结

数字经济时代下，新企业创办具有获取资源门槛更低、人员时空约束小、创新迭代速度快等特点。创业者在创业过程中，必须选择适当的组织形式、遵守相关的法律法规、做好运营规划设计、进行相应的流程注册。

数字平台企业的崛起，改变了传统的安索夫增长模式，使初创企业能够更好地利用平台商业模式实现增长。此外，数字经济时代的营销管理、人力资源管理、财务管理及战略管理均发生了变化，新企业应改变传统的逻辑，灵活地应用数字技术运营企业，才能更好地在残酷的市场中生存下去。

思考题

1. 提到新企业你最先想到的是哪家企业？你对其经营管理方式有哪些了解？
2. 新企业在市场中存在哪些优势和劣势？结合实际案例谈谈你的看法。
3. 选择一个数字经济时代新企业经营管理的案例进行分析，形成文字报告。
4. 以小组为单位，调研当地新企业注册成立的具体流程，形成一份新企业登记注册指南。

第 9 章

数字经济时代的创业伦理

自动驾驶汽车中的新"电车难题"

"自动驾驶汽车"（autonomous or self-driven car）又称"无人驾驶汽车"（driverless or pilotless car），由于它具有传统汽车无法比拟的诸多优点，目前受到了人们极大的关注。例如，自动驾驶汽车能够更高效地利用交通系统从而减缓城市交通拥堵，还能显著减少温室气体排放从而有利于环境保护，更有利于老年人和残疾人的出行，更为重要的是，它比传统汽车更安全。相关数据表明，自动驾驶汽车能够减少目前交通事故量的 90%。

人类一直在尝试自动驾驶技术的研发和实验工作，这是由于自动驾驶汽车带来的种种优点。举例来说，英国在 20 世纪 60 年代就曾试验过自动驾驶技术，应用在火车驾驶上。虽然工程师声称自动驾驶系统比人类驾驶更安全，但在当时还是遇到了各种阻力。人们认为在特殊情况下人类更具有灵活性，更能够恰当地应对突发状况。因此，当时人们更愿意乘坐由人工驾驶的交通工具，而不太愿意接受完全由自动驾驶系统驾驶的交通工具。为了解决这个问题，英国的火车运营公司不得不在自动驾驶系统之外另外安排一位驾驶员，以监控火车的运行。

随着人工智能技术的不断发展，越来越多的人开始接受自动驾驶交通工具。目前，自动驾驶汽车已成为人工智能领域重点发展的方向之一，很多高科技公司和汽车公司都不惜重金进行相关技术的研发，以期占领这一前景广阔的未来市场。

然而，在自动驾驶汽车的推广和应用中，存在一个伦理难题：在无法避免伤害情况下，自动驾驶程序应该优先考虑是保护车内乘客还是保护车外路人。这个问题被称为新"电车难题"（the trolley problem），与传统的"电车难题"存在相似之处。

与传统"电车难题"相比，自动驾驶情境中的道德难题有以下两个不同之处。

第一，在传统的"电车难题"中，人类是决策者，而在自动驾驶的情况下，决策者是被安装在汽车中的人工智能系统。因为人类决策者可能会在不同情况下作出不同的选择，如根据功利主义原则选择保护多数人，或者根据义务论原则选择保护少数人。然而，一旦自动驾驶程序被设定，伦理原则就会被固定下来。在现实中，无论遇到什么情况，程序都会按照既定的伦理原则进行判断和决策。这意味着伦理责任已经从汽车使用者转移到了程序设计者身上。因此，自动驾驶程序的设计者不仅是技术专家，还需要精通伦理学知识。只有嵌入恰当的伦理原则，自动驾驶程序才能被视为一个完整的作品。因此，在自动驾驶程序的算法中应该按照何种伦理原则进行设计是当前自动驾驶程序技术发展中非常重要的问题，它能否妥善解决直接影响着自动驾驶汽车的可接受度。然而，这个问题非常复杂，已经成为目前"道德算法"中的两难问题。

第二，传统的"电车难题"中，决策者并不是决策结果的直接受益者或受害者，而是多数人和少数人的利益相关者。无论决策者作出何种选择，其自身利益都不受影响。但是在自动驾驶汽车的情境中，购买和使用自动驾驶汽车的车主不仅是决策者，也是直接利益相关者。

这意味着，车主在购买自动驾驶汽车时，实际上是在选择其嵌入的道德原则。因此，他们是道德决策的裁判员。此外，车主也是道德决策的运动员，因为他们有可能成为决策的受益者或受害者。由于人们天生渴望自我保护，车主希望自动驾驶系统能够选择最有利于保护自己的方案。

因此，在面临不可避免的伤害时，自动驾驶程序必须作出一个两难的抉择：是以尽量减少伤亡为原则，还是不论以何种代价都要保护车内乘客？这个道德决策问题被称为新的"电车难题"。虽然它与传统的"电车难题"有一定的相似之处，但也存在差异。

资料来源：李伦. 人工智能与大数据伦理[M]. 北京：科学出版社，2018：155-157.

案例思考题

1. 你认为自动驾驶应该是技术先行还是规则先行？为什么？
2. 如何解决新"电车难题"的伦理问题？

9.1 商业伦理与创业伦理

为应对资源短缺、环境污染、就业率下降等日益严重的环境与社会问题，国际上将三重底线（triple bottom line），即经济、环境和社会底线，作为企业必须恪守的社会责任底线。人工智能、大数据、物联网、云计算等数字技术的广泛应用，虽然给企业带来了许多机遇，但也带来了很多社会问题，如大数据杀熟、Facebook 信息泄露、基于算法决策的信息不对称、人工智能替代劳动力等。这些行为唤起了社会对企业伦理的关注。企业在追求经济利益过程中，因道德缺失等问题带来的严重社会后果，直接推动了企业伦理的产生和发展。

近年来，企业之间的竞争已经从商业的维度延伸到社会的维度。由于数字经济时代信息的快速流通，企业的行为更加透明化。客户和市场对于企业伦理和社会责任的敏感度显著提高，企业伦理也因此变成可持续竞争力的核心要素之一，是企业长期生存和发展的必要条件。

商业涉及许多经济关系，涉及许多不同的人群，这些人群被称为"利益相关者"，包括顾客、员工、股东、供应商、竞争对手、政府和其他团体。管理者必须考虑所有利益相关者,而不只是股东。由于利益相关者之间的要求可能会发生冲突,这增加了这些关系的复杂性,这种情况屡见不鲜。因此,企业商业伦理必须将利益相关者纳入考量范围。

应用案例

ChatGPT 的爆火

ChatGPT 是 OpenAI 在 2022 年 11 月底发布的一个 AI 对话模型。用户可以注册并向其提出一系列问题,该模型的吸引力在于它能够回答开放性问题并以对话的形式与用户交互。用户可以探讨人生哲学、生命的意义以及寻求追求真爱的建议等话题。该模型还能够生成流畅的内容,如创作不同风格的诗歌、小说和电视剧脚本,回答琐事问题,编写和调试代码行。然而,虽然该模型表面上能够进行流畅的交谈,但其对人类知识的掌握仍不可靠。随着测试的增加,越来越多的人感叹它"常常一本正经地胡说八道",而对错误信息却表达得非常纯熟和隐蔽。

ChatGPT 的普及引发了抄袭、版权等问题。最近,美国在线课程网站 Study.com 对 1 万名 18 岁以上的学生进行了调查,结果显示 89%的学生使用 ChatGPT 完成了作业,48%的学生使用它完成测验,53%的学生使用它写论文,22%的学生使用它生成论文大纲。这导致法国巴黎政治学院等一些学校禁止使用 ChatGPT,主要是担心其对学生学习造成负面影响,以及内容的安全性和准确性低。无论是老师还是学生,都不能通过公立学校的网络和设备使用 ChatGPT。

最新数据显示,欧美高校中学生自主性论文的创作已经被 ChatGPT 全面攻破,尤其是在文科类项目中。许多案例表明,ChatGPT 能够按照学生的要求撰写出简洁、逻辑分明、例证丰富且结构严谨的论文,最重要的是这些论文能够突破传统的学术查重系统。这导致欧美一些知名学校要么宣布使用 ChatGPT 为作弊违规,要么取消传统的小论文评测指标。这类事件在全球范围内不断发酵,引起了欧美教育界和技术伦理界的关注。

ChatGPT 大规模商业化存在多种风险,如数据泄露、隐私侵犯和知识产权保护等方面。因此需要建立相应的规章制度和法律法规,确保用户数据和隐私的安全,同时加强知识产权的保护。尽管 ChatGPT 在商业化方面仍面临法律、伦理和技术方面的挑战,但它代表了强大的人工智能技术,开启了新的时代。

资料来源:秦枭. ChatGPT 爆火 中资厂商下注跟进[N]. 中国经营报,2023-02-04.

9.1.1 商业伦理

1. 商业伦理的定义

创业伦理和商业伦理有着紧密的联系,商业伦理可以被视为企业在运营过程中应遵循的道德规范和行为准则。在国外，对商业伦理的研究起步较早，在 20 世纪八九十年代达到高峰，并在 21 世纪初诞生了许多重要的研究成果。在西方经济界，形成了许多引人注目的商业伦理理论模型。从利益相关者的角度出发，爱普斯坦认为商业伦理是企业管理者的商业行为对员工及利益相关者所产生的系统性价值反应。[①]总的来说，商业伦理是各种商业交易活动中，行为主体应遵循的道德准则和行为规范。

2. 伦理问题的分类

（1）利益冲突。利益冲突是指在个人、组织或其他团体的利益之间作出选择时所产生的冲突。为了避免利益冲突，员工需要将个人利益与组织利益分开，同时组织也需要避免在提供物质和服务时产生潜在的利益冲突。

（2）诚实与公平。诚实是指真诚、正直和值得信赖；公平是公正、平等和不偏不倚的品质。诚实和公平是商业伦理的重要特征。商业人士应该遵守所有生效的法律和规则，同时不应该通过欺骗、误传或强迫手段来损害消费者、客户和员工的利益。

（3）宣传。宣传是指信息的传播和共享，虚假的或误导性宣传可以破坏消费者对组织的信任，而说谎是宣传中一个主要的伦理问题。它破坏了信任的基础，在内部和外部的宣传中都导致了伦理困境。

（4）技术。技术、互联网和其他电子宣传形式的飞速发展带来了一系列新的伦理问题，如监视雇员对可得技术的使用、消费者隐私，通过 AI 技术合成造假视频，网站开发和网上营销，以及知识产权的法律保护等。因此，技术创新应该服务社会发展并创造社会价值，而不能应用于对社会产生危害的活动。

3. 商业伦理的作用

商业伦理对企业社会绩效产出有很大的影响。卓越的商业伦理可以帮助企业在构建社会声誉方面获得优势，并提高利益相关者满意度等社会关系导向型绩效。在当前的危机和变革管理背景下，这些变量已经成为组织效能评价模型的重要组成部分，与传统的财务结果一起构成了更加完整和互补的绩效指标体系。这个指标体系能够综合反映组织的伦理效能。

商业伦理和其他内部效率指标（如员工满意度和组织承诺）之间存在密切关系。商业伦理不仅是组织内部的道德标准，还包括组织应遵守的规则以及建立伦理型组织等方面的基本观点和行为准则。商业伦理也与利益相关者（包括社区组织、政府部门、竞争对手和国际社会）的期望密切相关，可以对组织行为起到积极引导作用。商业伦理在组织管理中具有重要价值，可以作为完整的互补绩效指标体系的一部分，综合反

---

① EPSTEIN E M. Business ethics, corporate good citizenship and the corporate social policy process: a view from the United States[J]. Journal of business ethics, 1989, 8: 583-595.

映组织的道德效能。

商业伦理与简单的组织道德原则不同，它不是直接的、具体的个体行为规范，而更多地体现为组织应该遵守的规范以及组织看待构建伦理型组织等问题的基本观点与行为准则。

9.1.2 创业伦理

随着国家"大众创业、万众创新"战略的推进，我国的创新创业热潮日益高涨。创业者的创业伦理水平对其个人及创业组织的健康成长有着直接的影响，同时也关系到经济社会的稳定发展和创新型国家的战略转型。然而，随之而来的创业伦理问题也日益凸显。创业者的创业伦理问题频繁出现，创业企业的道德丑闻不断被曝光，人们将这种不顾道德原则、只为获得利益的现象称为"创业原罪"。为推广品牌、谋求生存和获得融资等目的，许多创业公司不惜采用商业炒作、业绩造假和数据注水等手段。这些现象已经成为行业内部的潜规则，创业道德风险也日益显著。

在数字经济时代，大数据、人工智能等技术创新给科学技术发展带来了突破性的变革。然而，这些技术也给人们的生活和伦理认知带来了前所未有的挑战。随着企业进入科技未知领域，数字技术的变革导致经济、社会、商业环境发生变化，并引发企业经营管理模式发生演变，道德伦理标准也变得模糊不清，技术引发的伦理规范和法律规范的确定和修订变得更加紧迫。

创业伦理对于创业者和创业组织的道德发展水平有着重要的影响，进而影响创业决策的制定，最终可能会影响企业的创业成功。建立和培养创业伦理有助于提高企业的创业能力，帮助创业者克服伦理难题，并加强创业企业的道德建设。

1. 创业伦理的内涵

创业伦理，或称"创业道德"，英文一般译成"entrepreneurial ethics"。创业伦理由哈佛大学教授大卫·C. 麦克勒兰德提出，它指的是在激烈的商业竞争环境中，创业者和其组织可能面临的伦理问题，这些问题可能会严重削弱公司未来的生存能力。[①]

2. 创业伦理的困境

考虑道德因素的决策可能会面临伦理问题，而创业和新创企业面对瞬息万变的商业市场环境，更容易产生独特的伦理问题，进而导致伦理选择的困境。数字经济时代的不确定性和高度竞争的环境对许多企业造成了巨大的生存压力，导致企业伦理议题和责任形式发生变化，责任能力受到削弱，考虑利益相关者权益的伦理决策

---

① MCCLELLAND D C. Testing for competence rather than for "intelligence"[J]. The American psychologist, 1973, 28(1): 1-14.

变得更加困难。

迪斯认为创业伦理困境指的是创业者面临的创业相关的伦理挑战，这些挑战是由很多原因引起的，并且无法避免。[①]从创业伦理困境的表现类型上看，其大致可分为下述三类。

（1）关系困境。在新创企业的创业过程中，创业者需要与各种利益相关者建立网络化的关系体系。这个错综复杂的关系网络可以促进新创企业对资源和机会的利用，同时也会伴随着冲突和问题。在处理与投资者、员工、顾客和供应商等直接利益相关者的商业关系时，新创企业可能面临很多两难的处境。随着新创企业的发展，创业者需要在企业利益、股东利益、员工利益和顾客利益之间进行权衡取舍。这些不同利益相关者的利益诉求既相互依存又充满矛盾，而在缺乏经验和指导的情况下，创业者容易陷入伦理困境。

（2）资源困境。资源困境和关系困境之间存在内在联系，二者并不是相互独立的。在创业过程中，资源的稀缺性和获取难度给创业者带来了压力，同时在整合和利用资源时也可能涉及伦理冲突。如企业通过与客户接触以提供产品或服务，从而可以获得客户人口统计、习惯、兴趣、财务和健康状况等方面的信息。如果企业选择将客户个人信息与第三方共享或将其出售给第三方，那么很容易将这些数据转化为利润。但是这样的行为侵犯了客户的隐私权。此外，在企业经营中，追求短期的利益最大化会导致"搭便车"行为的发生，为此企业可能采取违背伦理道德甚至违法的手段去获取资源。

（3）法律困境。法律法规的设定，为数字经济时代企业履行社会责任提供明确的指导方针。然而，在创业过程中，政策限制和缺乏灵活性可能使创业者反对政府的市场政策，不满政府过度干预和控制市场活动，从而推动法律法规的改革，以促进新创企业的发展。因此，创业者在遵守法律政策和打破既定规则之间容易遇到伦理困境。

9.2 数字经济时代的创业技术/算法伦理

9.2.1 科技创新伦理

科技革命时代，科技创新在促进生产力发展，造福人类中发挥了无法估量的作用，人工智能、大数据、物联网、云计算等技术创新给科学技术发展带来了革命性的突破，但同时也引发了社会治理模式、重大社会问题解决方式以及企业社会责任时间范式的变革，对人们的生活以及伦理认知造成了前所未有的冲击。新创企业通常产生于变革

---

① DEES J G, STARR J A. Entrepreneurship through an ethical lens: dilemmas and issues for research and practice[M]//SEXTON D L, KASARDA J D. The state of the are of enerepreneurship. Boston: PWS-Kent, 1992: 89-116.

性技术创新之后,其创新活动往往走在科技发展的前沿①,然而,新创企业的这一特点,在给人类带来福祉的同时,其也有可能陷入特殊的道德困境。

技术不仅仅具有"价值导向"作用,还给原道德标准带来了颠覆性的外生性冲击,这种冲击可能会改变创业者或创业组织的伦理判断。技术的进步使企业提前进入科技未知领域,造成了道德伦理标准模糊化。在这种情况下,企业在创业活动中可能会无意识地触及甚至越过伦理道德的底线,造成创业伦理道德的失范。有的新创企业只顾眼前利益,刻意忽视和淡化科技带来的风险性和危险性。科技革命时代,技术创新与伦理道德间的矛盾和冲突是必然的,如果不能有效地处理和化解二者之间的矛盾和冲突,科技革命就会陷入伦理困境,发展进程受阻或被延迟。

科技创新导致的伦理困境如下。

1. 无人驾驶领域的"电车难题"

无人驾驶汽车是当下的一个热门研究领域,有越来越多的企业参与其中,如 Minieye、Waymo、英倍汽车智能、景驰科技等,无人驾驶汽车在带给驾驶人自由与便利、方便老弱病残的出行、建立车联网系统等方面都有着巨大的优势,但 2018 年 3 月 18 日发生在美国的一起 Uber 无人驾驶汽车致人死亡的车祸事件,让人们不得不思考更多技术引发的弊端。

提供算法服务的人工智能企业无法规避这其中的企业社会责任问题。新兴技术的不确定性导致无人驾驶汽车的安全性无法得到充分保证,目前无人车技术只停留在辅助驾驶阶段,还无法达到人类的驾驶水平,因此,无人车研发创业公司有义务告知消费者无人驾驶存在的风险。另外,在极端的伦理情境下,假如事故无法避免,为了保证驾驶员的性命,是不是就只能撞向路人?该如何作出合适的伦理判断?相比技术的完善,技术不确定性下的伦理规范和法律规范的界定与重修更需要关注。

2. 人脸识别滥用引争议

人工智能技术飞速发展之下,生物识别信息技术开始为人所熟知。生物识别信息是指自然人可识别的生物特征,包括个人基因、指纹、声纹、掌纹、耳郭、虹膜、人脸识别特征等,能够直接反映自然人独一无二与不可替代的身体、生理特征或行为特征,具有强烈的人身属性。其中,作为自然人最直接和便捷的生物标识,人脸识别技术(FRT)被广泛用于身份识别、认证和安全管理等诸多行政、商业和私人领域。人脸识别具有无须接触性、主体唯一性和不易复制性等特征,同时也具有无须携带、易采集、低成本等特点。

人脸识别确实可以给社会的运行与管理带来很大的便利,特别是在执法工作中,这一技术被广泛应用。但是,人脸识别也经常发生错误,譬如,识别人种的准确率会

---

① HARRIS J D, SAPIENZA H J, BOWIE N E. Ethics and entrepreneurship[J]. Journal of business venturing, 2009, 24(5): 407-418.

大打折扣，或者在进行匹配和对比时发生错误。导致人脸识别错误的原因有：其一，由于开发商经济实力、从事领域的不同，人脸识别算法的质量可能存在很大差异；其二，所拍摄照片的质量也对匹配的精度有着显著的影响；其三，即使所拍摄的照片质量足够高，系统本身的一些设置也可能导致识别错误发生。除了较高的出错率之外，人脸识别技术的应用也有可能威胁个人隐私和人身自由。

应用案例

人脸识别技术的安全争议

近年来，金融支付已成为人脸识别技术的"主战场"。同时，人脸识别技术已应用于安检安防、政务服务、教育医疗等多个场景。高铁告别纸质车票后，刷脸进站大大提升了效率；明星演唱会上，人脸识别协助抓获逃犯，成绩斐然；一号难求的大医院，人脸识别将号贩子拒之门外。作为一种新兴的身份认证手段，高效的人脸识别技术得到了越来越广泛的应用。

随着人脸识别与日常生活的联系日益紧密，对于该技术的滥用与安全问题，近来频频引发争议和讨论。在"人脸识别第一案"中，原告郭某对动物园"刷脸准入"的要求提出质疑，并以违反服务合同为由，将某野生动物世界告上法庭。用户和消费者的担忧并非杞人忧天。近日，一些地方的售楼处安装了人脸识别系统，以识别客户类型，有的购房者不得不"戴头盔看房"，以防被开发商"割韭菜"。此前在部分城市，人脸识别系统还曾应用于分类投放的垃圾桶上，甚至被用于在课堂上监控学生行为，类似行为均引发了相当大的争议。

资料来源：伏仪. 人脸识别 有温度更要守法度[N]. 人民日报海外版，2020-12-03.

9.2.2　大数据伦理

大数据技术发展，使获取、存储、挖掘和处理数据变得更加容易。在智能信息时代，人们的生活正在成为"一切皆被记录"的生活。各种数据采集设施和专家系统能够轻松地获取有关个人的各种信息，其详细程度令人惊叹。此外，云计算已成为人工智能应用的主要架构，许多政府组织、企业、个人等将数据存储在云端，这使它们非常容易遭受攻击。

更为值得注意的是，通过云计算，人工智能系统可以对海量数据进行深度分析，将大量杂乱无章、看似无关的数据整合起来，"计算"出一个人的性格特征、行为习惯、生活轨迹、消费心理、兴趣爱好，甚至是一些令人难以启齿的"秘密"，如不为人知的身体缺陷、过往病史、犯罪前科等。如果智能系统所掌握的隐私信息泄露出去，被居心不良的人"分享",或者出于商业目的而非法使用,那么后果不堪设想。

因此,隐私保护和数据安全是大数据应用最令人瞩目的伦理问题。大数据时代的到来意味着数据成为一种重要的生产要素,决策者对个人数据挖掘的精确程度直接影响决策的有效性。然而,对个人信息和数据的过度挖掘可能侵犯个人的隐私权,对数据挖掘的广度和深度的肆意追求可能危及信息安全。从这种意义上来说,数字经济背景下,企业的关键长期资产不仅仅是数据,还应该包括数据的合理使用方式。

1. 隐私保护

信息价值的挖掘依赖于原始数据的大规模收集。互联网、移动通信、电子商务、社交平台和政府部门等都在收集海量的数据。通常认为,个人数据信息的收集和存储应当尊重个人隐私。隐私指私人生活安宁不受他人非法干扰,私人信息秘密不受他人非法收集、刺探和泄露等。

然而,在大数据时代,隐私问题却是一个亟待关注的伦理问题。随着互联网和大数据技术的日益强大,在利益驱使下,个人隐私权更容易受到侵犯。与大数据时代之前相比,现在大量个人隐私信息的收集,更能挖掘出其潜在价值,但也更难控制与问责。公民活动留下的原本杂乱无章、缺少关联、隐含用户隐私的碎片化数据,在大数据使用者的频繁挖掘之下,重新排列组合,进而被采集、存储与利用。小到日常消费,大到健康、教育、投资等重大决策,这些隐含了个人隐私信息的"数据足迹"无处不在。如果它们被保存在不同系统中,可能尚不能构成伤害,但一旦建立起数据库,经过数据整合和信息加总,再通过数据之间的印证和交叉解释,几乎可以再现一个人全部的生活轨迹,个人隐私无处遁形。总而言之,大量数据的收集是信息价值开发的首要前提,现代互联网具有开放性、共享性和全球性等特征,人们容易通过强大的大数据技术获取大量的原始数据,但也更容易将原本属于个人隐私领域的信息视为公共信息,从而导致对隐私权的侵犯。

应用案例

支付宝账单事件:如何保护消费者信息与隐私

2018年1月3日,支付宝个人年度账单正式发布。在年度账单公布后,朋友圈顿时掀起了"晒单"狂潮,网友纷纷热议自己和围观别人的"财务画像"。然而,有人指出,支付宝年度账单使相当多的用户在不知情的情况下"被同意"签署了《芝麻服务协议》,这意味着芝麻信用可以将用户的个人信息提供给第三方,甚至将用户的全部信息进行分析并将分析结果推送给合作机构。这无疑是侵犯了用户的知情权和选择权,对用户的信息和隐私造成威胁。

资料来源:何鼎鼎. 支付宝认错说明了什么[N]. 人民日报, 2018-01-05.

2. 数据安全

在大数据时代，网络数据信息的收集、存储和传播过程也将面临信息安全问题。在信息网络空间中，以匿名制、虚拟身份和多重角色为掩护的病毒和"木马"横行，对网络进行恶意攻击；"黑客"无孔不入；"江洋大盗"防不胜防；邪教组织通过网络传播"教义"；国际恐怖组织利用虚拟空间发表激进言论，发动恐怖袭击；国际间谍利用互联网盗窃国家机密；网络战和信息战威胁着国家安全和世界和平。

互联网技术和大数据技术的"联姻"，编织了一张强大的网络，网住了我们的生产领域，也网住了我们的生活和通信领域，并悄无声息地影响着我们的生产、生活方式和观念。无论是学术界还是产业界都试图通过分析和处理大数据来挖掘其潜在价值，大数据已成为当前关注和研究的热点。

大数据信息价值的开发很大程度上依赖于网络信息、数据的开放性和共享性。然而，正是这些特征给网络社会带来了诸多信息安全隐患。尽管数据的所有权为企业与消费者共同所有，但现实情况往往是企业独自占有数据的所有权和使用权，非但不需要向消费者支付使用报酬，甚至还出现了数据垄断等现象。用户的诸多相关权利，如对主动产生的数据和被动留下的数据的删除权、储存权、使用权和知情权往往无法得到保护。当数据信息成为重要的战略资源时，其利益更大，侵害信息安全的可能性也就更大，侵害信息安全的方式也更加隐蔽和多样化，保护信息安全的难度也随之变大。

9.2.3 人工智能伦理

近年来，人工智能在社会各领域迅速发展，给人们生产、生活带来了极大的便利。然而，人工智能的研发和应用引发了一系列技术上和伦理上的价值困境。罗萨琳德·皮卡德[①]曾指出"机器的自由化程度越高，对道德标准的需求就越大"。因此，对人工智能进行伦理审思就显得尤为必要，这也是应对人工智能引发的伦理问题的前提。

人工智能导致的伦理困境如下。

1. 算法歧视：大数据杀熟

智能算法，是存在于人工智能机器中的，能解决问题的一系列方法、策略和模式。算法是人工智能中的智能的技术源泉，因为它强大的算法模型能够最大限度地发挥其能力，以至于人类无法与之匹敌，所以能够在社会上得到广泛的认可和应用。正是如此，人工智能算法模型会被应用到各种场景中，越来越多的企业基于算法技术来进行数字企业建设、数字化转型等活动。但是人们并不能完全保证算法的"纯洁性"与"合法性"。它的歧视与偏见，是一种非常复杂的存在。究其根本，则是人类固有的文化偏见、歧视意识、社会范畴化倾向在算法程序设计中的延伸。

---

① PICARD R W. Affective computing[M]. Cambridge, MA: MIT Press, 1997.

智能时代的算法歧视,其实应该从"杀熟"说起。"杀熟"起源于大数据,延伸至人工智能领域,并演化为算法歧视的问题。关于"杀熟"的消息,最早可以追溯到亚马逊的价格实验。当时,亚马逊为吸引新客户,采取了对新老顾客实行价格差异策略。但这种对相同商品实行不同收费标准的行为很快就被消费者发现,并对其提出质疑,亚马逊便改变了这种"价格实验"的销售策略。这便是最早的技术"杀熟"新闻。

"杀熟"本质上就是通过算法筛选,区分出新老客户的信息后提供服务,是一个典型的端口两套服务模式。这种简单的套路虽然可以从外围吸引新客户,但是也容易导致老顾客的流失,所以亚马逊最终不得不改变这一点。但事实上,关于消费"杀熟",商业界并没有忘记其"优越性",因为在数字经济背景下,企业可以利用算法无形之中获取社会个体的个人信息,并利用海量的个人信息进行商业活动。利用大数据"杀熟"也随着人工智能的深入应用逐渐被世人所知。

应用案例

外卖平台的大数据"杀熟"

近年来,大数据"杀熟"问题引发热议,在电商行业快速发展的时代,大数据"杀熟"似乎已经成为必然结果。配送时间、地点、订单和外卖平台相同,但会员支付的费用比非会员高;同时同地打同类型车到同一目的地,有用户发现某打车平台上熟客反而收费更高。

美团外卖作为外卖行业的佼佼者,同样也存在着"杀熟"的问题。美团外卖商家动态调整价格的能力很强,为了利益绞尽脑汁。美团外卖商家根据价格敏感度对消费者进行分类,价格敏感度高的设置较低价格,敏感度较低的设置高价格,从消费者剩余角度获取更高利润。此外,美团外卖平台还会根据消费者使用设备进行定价,通过消费者所使用设备的价格,推断消费者对产品价格的接受程度,从而实现价格差异化。例如,购买同一家店的同一商品,苹果手机显示的价格会高于安卓手机。

资料来源:孟刚,裴莹. 大数据"杀熟"再上热搜,消费者该怎么办[N]. 中国消费者报,2020-10-26.

---

2. VR 技术与新伦理问题

人工智能可以广泛应用于虚拟现实。VR 技术是一种集计算机仿真、多媒体技术、传感器技术、交互技术等技术于一体的新型人机交互技术,通过计算机模拟三维动态的虚拟环境,利用 VR 眼镜、VR 头盔、数据手套和数据服等可穿戴设备模拟出逼真的视觉、听觉和触觉等感官体验,使用户完全沉浸到计算机的模拟环境中,生成超越现实的"真实"体验。

与传统的人机交互技术相比,虚拟现实技术可以给用户带来逼近真实的沉浸式体验,使用户在虚拟世界中"身临其境",难辨真假,因此在医疗、娱乐、房地产、游戏、教育、零售、工程和军事等诸多领域都有着广阔的应用前景。近年来,包括高通、谷歌、索尼、Facebook、三星、苹果等在内的各大公司都开始进军虚拟现实技术领域,努力抢占 VR 市场。

目前,虚拟现实技术已经成为各大科技公司和媒体争相追捧的热门话题,然而,虚拟现实技术中存在的法律问题和伦理风险也不容忽视。

应用案例

VR 技术与新伦理

人工智能医生通过远程医疗方式进行诊断,为患者进行专家手术;然而,传统医患之间的特殊感情往往荡然无存,医患之间可能存在心理隔阂。人工智能教师、保姆等也是如此。特别是青少年,终日与各种智能终端打交道,认为虚拟世界才是真实的、亲密的,对虚拟对象产生了过度的眷恋和依赖,而感觉与身边的人交往"太累""太无聊",从而变得孤僻、冷漠和厌世。

一些电子游戏中充斥着色情、暴力和其他反道德、反社会的内容。例如,在一些暴力游戏中,玩家为了"生存",必须想方设法获取"致命武器",肆无忌惮地"杀人",但由于没有面对面的对抗,没有物理意义上的身体接触,看不见"被杀者"的痛苦表情,因而其全然不觉得"杀人"是血腥和残忍的事情,丝毫没有罪恶感和愧疚感。沉溺其中,难免助长人的"精神麻木症",泯灭人的道德感,影响个体人格的健康发展。

资料来源:陈韵如. VR 虚拟现实技术存在的法律和伦理问题[J]. 艺术科技, 2016, 29(11): 96.

3. 智能机器人引发的伦理问题

智能机器人的初始目的是代替人类完成人类无法完成的工作。然而,智能机器人的发展不断冲击着"人"的概念。随着技术的成熟,智能机器人与人之间的外在相似性越来越高,甚至高度仿真的人形机器人使人陷入"恐怖谷"理论,人的自然外表特征不再是人类独有的。

随着智能科技的发展,人造义肢、人工内脏在临床医学中的应用越来越广泛,移植了人工器官的人不再是传统生物学意义上纯粹的"自然人",而是人与智能技术物相结合的"半机械人"。如果技术先进到所有的人体器官都可以替换,那么,人和智能机器人之间区分的界限在哪里?此外,在社会实践中,人类与智能机器人之间形成了伴侣、宠物等各种关系。机器人智能性的提升不断挑战人类的尊严,使人类更加深刻地反思自己的主体地位,思考人的本质。

智能机器人取代社会角色已经引起了伦理争论。智能机器人在实践中的应用既有积极的影响，也有消极的影响。智能机器人将人们从烦琐的工作中解放出来，剩余劳动时间增多，从而寻求人的自由、全面发展。

然而，智能机器人取代部分劳动力引发了失业恐慌，尤其低端体力劳动的从业者，这部分人往往跟不上智能技术的步伐，被排斥在科技大潮之外，增加社会负担。一方面，智能机器人给人类公平就业与社会再培训的权利带来较大挑战，由智能机器人带来的就业两极分化必然加剧社会收入分配的不公，进一步放大了失业问题带来的社会矛盾。另一方面，智能机器人依靠内外部传感器检测自身状态，感知外部世界，通过感知和思维来规划和确定任务。计算编程的内部偏差以及外部环境的多样性和复杂性，会导致智能机器人在替代人进行活动过程中因判断错误而产生不良后果。而后果的责任划分难以厘清。智能机器人补位社会角色也会淡化人们的责任感。如护理机器人进入家庭，成为家庭一员，代替或帮助子女赡养父母，解决了未来社会养老的问题。然而，护理机器人补位子女养老会导致亲情疏远、孝道降级等伦理风险。

应用案例

智能机器人抗疫的伦理挑战：机器人代人

"机器人代人要位"指的是人们担忧机器或机器人取代人在意的重要岗位，从而剥夺人们的劳动机会或让人的技能无用化。审视"机器人代人要位"时应考虑特定岗位或技能是否是值得人珍视的创造性工作。

在近忧层面，同养老机器人一样，抗疫机器人能减轻医护人员的负担、解决相关领域的燃眉之急，而不是简单地取代人，因为无论是养老护工还是疫情初期的医护人员都常有短缺之虞，乃至成燃眉之急。在养老和抗疫领域，单一地认为机器人会让医护人员失业的"近忧"与现实脱节。

在远虑层面，机器人在抗疫中的实用性是否会加速机器人在其他领域的代人趋势也值得注意。在本次疫情中，国外媒体纷纷谈论"新冠是否会加速机器人取代人类"的问题。人们不需要过度担忧疫情中本就棘手的任务被机器人接过，但当机器人在特定场景中的实用性凸显出来时，的确会成为机器人应用的名片，存在加速机器人替代人类其他领域工作的潜在趋势。

资料来源：程林．"智能苦力"：抗疫机器人伦理思考[J]．四川师范大学学报（社会科学版），2020, 47(5): 20-26.

9.2.4 基于责任式创新的新兴技术治理

纳米技术、基因工程、人工智能等有争议的新兴技术的涌现，引发了研究与实践中对新兴技术治理的讨论。责任式创新作为科技创新的新视角，为新兴技术负外部性与风险性所带来的治理挑战提供了理论范式基础。①

新兴技术被视为经济与社会发展的驱动力。以人工智能为例：据 *Nature Communications* 杂志 2020 年报道，人工智能已为全球 17 个可持续发展目标（如无贫困、零饥饿、良好健康与福祉等）169 个子目标中的 134 个实现赋能。

然而，新兴技术发展的不确定性引发了人们对其在环境、经济、伦理、社会等方面可能造成负面影响的担忧。如电子传输和控制设备废弃物造成的环境污染、机器人普及下的劳动力替代与失业危机、基因编译婴儿的伦理争议、区块链应用的隐私风险、大数据平台的信息垄断与系统风险、不可控的自动化武器等。

由此，新兴技术"二重性"引发人们对科技创新社会责任的关注，引发了关于新兴技术治理的广泛讨论。新兴技术治理研究尝试应对技术演进的不确定性，管控其在技术、经济、环境、伦理、社会等方面的潜在风险和负外部性，以实现新兴技术对发展的积极驱动。基于此，欧盟委员会提出"责任式创新"，主张新兴技术等创新在面向未来发展的集体管理下，反映社会需求、应对重大挑战，使创新在符合技术可行性、先进性、经济效益的基础上，进一步实现道德伦理可接受、社会期望、安全、可持续发展等目标。

基于联合国人权宣言，研究和实践呼吁人类责任与机器人责任伦理的标准对等，包括正义与团结、相互尊重与合作、信任与宽容、基本人性准则、公平的国际秩序、公共事务的有意义参与、言论和表达自由、身心健全、孩童与老年人的权利、教育、艺术、文化、反暴力与尊重生命等。学界将人工智能与机器人的广泛应用描述为人类文明史一次重要的社会伦理实验，强调人工智能的道德代码与伦理嵌入的重要性。人工智能技术创新治理的伦理问题通过预测式治理、科学家之外的公众参与治理、响应式治理、高层内省、科学与社会整合框架嵌入责任式创新范畴内。

在实践领域，世界各国通过制定和颁布人工智能政策法规、人工智能创新发展准则条例等方法，构建相关制度机制，实现人工智能伦理端的责任嵌入。典型的例子有联合国发布的《关于机器人伦理的研究报告》，国际标准制定组织 IEEE 发布的《合伦理设计：通过人工智能和自主系统实现人类福祉最大化的愿景》，美国政府在"国家人工智能研究与发展战略计划"中提出的公平性、透明性和追责性标准，以及 Hawking、ElonMusk 等带头推动全球近 1 000 名研究员签署并发布的"人工智能 23 条准则"（或称阿西洛玛人工智能原则）等。

责任式创新概念源自欧盟发布的"地平线 2020"计划，该计划旨在通过对现有科学与创新进行集体管理以探索未来。②萨克利夫从政策层面对责任式创新进行了系统

---

① 梅亮，陈劲. 责任式创新：源起、归因解析与理论框架[J]. 管理世界，2015(8)：39-57.
② OWEN R, BAXTER D, MAYNARD T, et al. Beyond regulation: risk pricing and responsible innovation[J]. Environmental science & technology, 2009, 43(18): 6902-6906.

总结，认为其核心目的是实现创新的社会价值，强调在研究和创新的全部过程中整合社会因素、包容异质成员。通过开放研究与创新过程，对具体创新活动在短期和长期内的技术、经济、伦理和社会等方面进行系统评估。作为创新政策导向的顶层设计战略，责任式创新范式下新兴技术创新治理的根本在于实现创新的社会满意。[①]

在大力推进数字技术的过程中，我们既要充分利用数字技术挖掘信息的价值，促进经济社会的快速发展和社会的信息化发展，也要关注和解决信息价值开发过程中可能出现的隐私权、数字安全等方面的问题。信息价值开发带来的创新和效益、隐私权和数字安全等都是人类极为珍视的价值与利益，只有正确处理好创新、效益、价值和风险的关系，才能促进经济社会的健康发展，保障人的各项权利。

9.3 数字经济下创业伦理的构建

汉纳非提出"伦理与创业"的研究内容，包括以下三个方面：个体创业者、创业组织和创业环境。[②]当创业者在面临伦理困境时，他们的立场会受到内部员工、投资者、商业合作伙伴和其他利益相关者的影响。此外，创业伦理的形成和发展也受到创业环境的影响。根据行为主体的层次差异，创业与伦理的融合表现为两种类型：一种是基于个体层面的创业者伦理，另一种是基于组织层面的创业组织伦理，并且通过研究发现，创业型组织通常具有更高的伦理合规意识和伦理水平。基于以上理论分析，创业伦理的研究主要包括四个方面：创业者伦理、企业伦理、利益相关者伦理和政府治理。

9.3.1 数字经济下创业者伦理构建

数字经济的快速发展为创业者们带来了更多的创业机会，为创业者的创业活动提供了技术支持，但同时也衍生了不容轻视的创业伦理风险。如泄露个人或组织信息、利用信息技术欺诈、滥用算法误导用户等。

创业者是创业团队和企业的核心，企业的伦理规范来自创业者的价值观和伦理态度，当创业者的伦理决策标准与企业利益发生冲突时，需要创业者不断追问自己：未来想要达到什么目标，是否选择了正确的路径来实现这一目标。此时，个体价值观和道德意识是创业者进行道德决策时的重要因素。所以，对创业者的底线要求是符合法律法规要求，不违背社会道德底线，并对创业者提出具备诚信正直、人文关怀、公平公正、社会责任等道德准则，不断检讨与反思自己的行为的合理期望，坚决反对和禁止以公益之名谋个人之私的伪社会责任行为。

[①] STILGOE J, OWEN R, MACNAGHTEN P. Developing a framework for responsible innovation[J]. Research policy, 2013, 42(9): 1568-1580.

[②] HANNAFEY F T. Entrepreneurship and ethics: a literature review[J]. Journal of business ethics, 2003, 46: 99-110.

创业者需要继承中国传统文化中优秀的创业伦理精神，厘清数字经济下创业过程中的义利之辩与诚信之问，让传统的义利观、诚信观在新时代焕发出蓬勃生机；创业者还要坚持守正创新：守正才能不迷失方向、不犯颠覆性错误。在守正的基础上，抓住数字经济发展机遇，积极创新。同时，创业者应该接受伦理道德教育和培训，通过培养正确的价值观和科学发展观，提高自身的责任感和自觉性。

此外，良好的资源基础是履行企业家道德责任的前提，因此，创业者应提升创业能力，保持企业绩效的良好增长，自觉践行商业伦理共识，增强社会责任意识，落实伦理道德规范。当面对伦理困境时，良好的绩效可以缓和创业企业承担伦理责任而带来的风险。

最后，在数据隐私保护方面，创业者还应该充分尊重用户、客户的个人数据隐私，保护其个人信息不被滥用和泄露，遵守相关的数据保护法律法规，建立和完善数据安全管理制度。

9.3.2 数字经济下企业伦理构建

企业社会责任的概念，最早是由谢尔顿在1924年出版的著作《管理的哲学》中提出的，他认为，企业应该对与之相关的其他社会主体和社会环境负责，企业应该对满足企业的各种内外部需求负责；企业社会责任不应仅仅追求经济利益，还应充分考虑道德因素，看重企业利益甚于社会利益。[1]此外，在数字经济背景下，企业的社会责任不仅要保证企业行为对社会负责，还要确保整个数字商业生态圈的运行符合社会责任要求，而这一要求的达成离不开数字商业生态圈里面的成员。从过程视角来看，企业社会责任包括企业对社会环境问题识别、社会责任战略决策与议题选择等多个环节。

具体来说，从企业识别社会环境问题角度看，企业数字化可以通过数字化智能技术快速捕获社会痛点与公共环境问题，比如利用智能算法、大数据等技术手段，建立社会问题识别数据分析库，提供"社会痛点捕捉与聚合—企业资源基础与能力优势—社会问题选择与解决方案范围匹配"的相应数字化服务，重构企业与社会的纽带关系，帮助企业战略决策者更加清晰地理解、识别、构建与选择相应的社会责任问题。[2]

从企业社会责任战略决策来看，企业数字化本质上包含着企业开放、共创与共享的数字化思维，已有研究表明，企业数字化能够强化企业的集体主义倾向，进而促进企业社会责任战略决策的意图。主要原因是：在数字化深度介入组织管理与利益相关方管理的动态环境中，数字技术的"可及性""开放性"和"包容性"的普惠特征可以使企业的利益相关者参与到企业的战略决策过程中。[3]这将鼓励企业采用基于

---

[1] SHELDON O. The philosophy of management[M]. London: Isaac Pitman Sons, 1924.
[2] 肖红军. 平台化履责：企业社会责任实践新范式[J]. 经济管理, 2017, 39(3): 193-208.
[3] ADAMS C A, FROST G R. Accessibility and functionality of the corporate web site: implications for sustainability reporting[J]. Business strategy and the environment, 2006, 15(4): 275-287.

与利益相关方积极对话的数字参与机制，积极联系和构建集体主义数字社区或数字微社会，强调以社区为基础的社会秩序、群体福祉和他人福利[①]，加强企业的社会责任战略导向。

此外，企业在运营管理过程中还面对多元利益相关体的价值约束与社会期望的引导。因此，数字经济背景下，出现的各种企业社会责任问题需要考虑融合多个利益相关方的协同共治来解决。企业可以利用数字技术，同利益相关者进行更为紧密的互动和沟通。通过开展社会责任项目，如保护消费者隐私、关注环境和社区问题，企业可以更好地理解和满足利益相关者的需求，构建起更加密切的关系，这有助于企业在竞争激烈的市场中保持稳健的发展态势。

因此，在数字经济时代，积极承担社会责任成为企业构建伦理形象的关键一环。

9.3.3 数字经济下利益相关者伦理构建

根据利益相关者理论，为了保证组织的生存和发展，企业管理者需要平衡股东、员工、客户和社区的利益。在满足股东利益的同时兼顾其他利益相关者利益，有助于企业实现可持续发展。企业积极承担社会责任，树立负责任的企业形象，有助于企业建立紧密的利益相关者关系，进而获得智力资本、组织技能、声誉等无形资产。[②]

从利益相关方参与价值共创的角度来看，企业社会责任本质上是通过企业内外部的经济社会资源，增进企业所关联的多个利益相关者参与解决公共社会问题的意愿，捕捉、分析、识别与满足多个利益相关者的价值需求，为利益相关方创造涵盖经济、社会与环境的综合价值。这意味着，企业数字化可以基于数字技术快速捕捉与分析各类利益相关方的价值需求，为企业提供基础的数字化平台或数字化载体支持，使利益相关者能够进行价值创造。[③]例如，企业可以利用社交媒体、在线调查等数字化工具来收集和分析消费者与其他利益相关方的反馈和需求，从而更好地理解他们的诉求和期望，并采取相应的行动来满足这些需求。这样，企业不仅可以快速响应外部利益相关者的多重价值主张，还可以将传统商业模式所排斥的社会利益相关者纳入价值共创过程，实现企业与多个利益相关者的多重价值共创。

此外，数字技术可以帮助企业更好地识别和分析利益相关者的需求，为他们提供更好的服务，并加强与他们的互动和沟通。数字技术也可以帮助企业更好地撬动内外部经济和社会资源，为利益相关方创造综合价值。例如，企业可以利用区块链技术实现供应链透明化，从而提高社会和环境责任的可见性和可追溯性。另外，企业还可以

[①] HÖRISCH J, FREEMAN R E, SCHALTEGGER S. Applying stakeholder theory in sustainability management: links, similarities, dissimilarities, and a conceptual framework[J]. Organization & environment, 2014, 27(4): 328-346.

[②] BRANCO M C, RODRIGUES L L. Corporate social responsibility and resource-based perspectives[J]. Journal of business Ethics, 2006, 69(2): 111-132.

[③] 肖红军，阳镇. 平台企业社会责任：逻辑起点与实践范式[J]. 经济管理，2020, 42(4): 37-53.

通过数字化营销和社交媒体来提高品牌声誉和认知度,从而增强与消费者、投资者和其他利益相关方的联系。

总之,在数字经济时代,企业承担社会责任可以更好地实现利益相关方参与价值共创的目标,进而创造更大的价值和影响。不过,相比于传统竞争环境,在数字经济背景下,企业所面临的利益相关者生态会更加复杂,利益相关者治理的不确定性大大增强,有可能产生利益相关者生态管理不力而导致的社会责任风险。因此,在与利益相关方实现价值共创的同时,企业也要注重利益相关者治理,通过构建基于利益相关者的企业社会责任治理体系,防范相关社会责任风险。

9.3.4 数字经济下创业伦理的政府治理

随着数字经济不断发展,新时代创业伦理的政府治理却相对缺失,由此引发数据信息泄露、平台企业垄断、金融平台风险频发等一系列新问题,给传统的政府治理理念、治理体系和治理制度保障带来严峻挑战。对此,政府需要实现治理理念、治理方法、治理体系等方面的革新,以适应新时代对政府治理能力的要求,推进数字经济下的创业伦理建设。[1]

在治理理念方面,政府需要转变治理思维,从管理思维转向服务思维,从边界思维转向跨界思维,从保密式垄断思维转向开放合作思维。政府要利用信息通信技术,实现各级协同管理,促使创业主体及时、充分了解社会发展的动态和趋势,推动政府职能从"资源导向"向"公平竞争"转变,实现政府、企业、个人的互惠共赢。

在治理体系方面,政府需要完善企业社会责任治理的制度供给,完善数字治理法律法规,积极融入全球数字治理体系,加快构建涉及数字技术的企业社会责任治理体系,特别是加快构建前瞻性的数字化企业社会责任治理体系,进一步推进标准化企业数字治理体系建设,基于责任导向、价值导向、意义导向,构建面向数字技术涉入的企业社会责任治理体系,更好地推动企业以数字参与为社会可持续发展赋能。

在治理制度保障方面,政府需要制定健全的创业伦理规范和标准,建立创业伦理审查和监督体系,提高创业伦理治理法治化水平,加强创业伦理理论研究,提供科技伦理治理制度保障。

9.4 【案例分析】FTX 破产风波

全球第二大的加密货币交易平台 FTX 创始人、前 CEO 萨姆·班克曼-弗里德(Sam Bankman-Fried,SBF)在 2022 年 12 月 12 日傍晚被巴哈马政府逮捕。这是美国监管机构首次采取具体行动,要求实体对 FTX 破产事件负责。外媒援引一位知情人士的消息,

---

[1] 魏成龙,郭诚诚. 赋能与重塑:数字经济时代的政府治理变革[J]. 理论学刊,2021(5): 51-58.

称对班克曼-弗里德的指控包括线上欺诈、线上欺诈阴谋、证券欺诈、证券欺诈阴谋和洗钱。

2022年11月，FTX因CoinDesk撰文称FTX将客户资金用于支持旗下对冲基金Alameda Research而出现挤兑，随后由于FTX无法兑现客户资金赎回要求，在其竞争对手币安（Biance）拒绝收购后不得不宣布启动破产程序。这是美国金融史上最大的"诈骗案"之一，其中涉及众多投资者、散户等多方高达80亿美元的巨额亏损。此前据媒体报道，FTX至今仍有10亿至20亿美元的客户资金不知所踪。

在启动破产程序后，班克曼-弗里德被约翰·雷三世（John J. Ray Ⅲ）取代，后者曾监督安然公司的破产。约翰·雷三世还计划在美国国会做证，他表示，从2021年底到2022年，FTX进行了一场"支出狂欢"，当时大约"花费了50亿美元购买了大量企业和投资，其中当前很多价值可能已缩水至当时购买金额的一小部分"，FTX还通过"贷款给内部人士和以其他形式给内部人士付款"赚了超过10亿美元。约翰·雷三世还证实了对于FTX客户资金与Alameda Research的资产混合在一起的指控。约翰·雷三世表示，Alameda确实将客户资金用于保证金交易，并因此面临巨大损失。有法律专家称，如果美国联邦政府以线上或银行欺诈为名起诉班克曼-弗里德，他可能面临终身监禁。如此严厉的惩罚是不寻常的，但也并非没有先例。此前，庞氏骗局主谋伯尼·麦道夫就曾因其大规模骗局被判处150年监禁，相当于终身监禁。FTX的崩溃已经引发了加密货币借贷商BlockFi破产，并使整个加密资产行业陷入混乱。

在持续发酵快一个月后，FTX破产闹剧可能将迎来最终的结局，但凸显出的强监管需求和困境远未结束。有官员呼吁政府加强对加密货币的监管，称最近FTX破产是一个客观教训，表明该行业需要加强监管。美国证券交易委员会（SEC）面临的要求其加强对加密行业关键枢纽执法的压力越来越大。尽管SEC正加强对加密货币行业监管，但由于该行业的特殊性，如何有效落实这些监管似乎困难重重。

资料来源：后歆桐. 创始人被捕，FTX崩盘风波剧终？SEC监管山雨欲来[N]. 第一财经日报，2022-12-14.

案例思考题

1. 结合本章所学知识并查阅相关资料，分析FTX存在哪些违背商业伦理的行为，这些行为会造成怎样的危害。

2. FTX破产事件给人们敲响了警钟。分别从企业创始人、企业自身、企业利益相关者和政府的角度，谈一谈FTX破产事件带来的启示。

本章小结

创业伦理源于商业伦理，是创业者和创业组织在复杂多变的商业环境之中所要面对的独特伦理问题。创业伦理影响创业者及创业组织的道德发展水平，进而影响创业决策制定，最终影响企业创业能否取得成功。

创业伦理困境指创业者面临的创业相关的伦理挑战，从表现类型上可分为关系困境、资源困境和法律困境。

数字经济时代，人工智能、大数据、物联网、云计算等技术给科技发展带来了革命性突破，但同时也引发了科技创新伦理、大数据伦理、人工智能伦理等特殊的道德困境。

责任式创新是针对新兴技术治理提出的新视角，主张新兴技术在面向未来发展的集体管理下，反映社会需求，应对重大挑战，使创新在符合技术可行与先进、经济效益基础上，进一步实现道德伦理可接受、社会期望、安全可持续发展等目标。

数字经济下的创业伦理构建并非某一个体的责任，而是需要创业者、企业、企业利益相关者、政府等多方共同努力。

思考题

1. 什么是利益相关者？
2. 什么是商业伦理？什么是创业伦理？请简要叙述并说明二者的关系。
3. 结合你所学的知识，简要分析哪些因素造成了创业伦理困境。
4. 科技创新给初创企业带来了哪些伦理挑战？请简要说明。
5. 我们该如何应对数字经济时代的创业伦理问题？请分别从创业者、企业、企业利益相关者和政府的角度进行论述。
6. 本章的案例导读阐述了新时代"电车难题"——人工智能系统错误带来的人身伤害，造成了道德两难的境地。因此，面对自动驾驶技术的推广与应用，有人表现出极大的担忧，但也有人持乐观态度。你是如何看待新时代电车难题的？请结合本章内容，谈一谈你的看法。

参 考 文 献

[1] ADAMS C A, FROST G R. Accessibility and functionality of the corporate web site: implications for sustainability reporting[J]. Business strategy and the environment, 2006, 15(4): 275-287.

[2] AMIT R, ZOTT C. Value creation in e-business[J]. Strategic management journal, 2001, 22(6-7): 493-520.

[3] AMIT R, ZOTT C. Creating value through business model innovation[J]. MIT sloan management review, 2012, 53(3): 41-49.

[4] AMIT R, ZOTT C. Crafting business architecture: the antecedents of business model design[J]. Strategic entrepreneurship journal, 2015,9(4): 331-350.

[5] ARDICHVILI A, CARDOZO R, RAY S. A theory of entrepreneurial opportunity identification and development[J]. Journal of business venturing, 2003,18(1): 105-123.

[6] ECKHARDT J T, SHANE S A. Opportunities and entrepreneurship[J]. Journal of management, 2003, 29(3): 333-349.

[7] BARNEY J. Firm resources and sustained competitive advantage[J]. Journal of management, 1991, 17(1): 99-120.

[8] BHARADWAJ A, EL SAWY O A, PAVLOU P A, et al. Digital business strategy: toward a next generation of insights[J]. MIS quarterly, 2013, 37(2): 471-482.

[9] BOUNCKEN R B, KRAUS S, ROIG-TIERNO N. Knowledge— and innovation-based business models for future growth: digitalized business models and portfolio considerations[J]. Review of managerial science, 2021,15(1): 1-14.

[10] BRANCO M C, RODRIGUES L L. Corporate social responsibility and resource-based perspectives[J]. Journal of business ethics, 2006, 69(2): 111-132.

[11] CAVES R E. Industrial organization, corporate strategy and structure[M]//EMMANUEL C, OTLEY D, MERCHANT K. Readings in accounting for management control. New York, NY: Springer, 1992: 335-370.

[12] CIRIELLO R F, RICHTER A, SCHWABE G. Digital innovation[J]. Business & information systems engineering, 2018, 60(6): 563-569.

[13] DEES J G, STARR J A. Entrepreneurship through an ethical lens: dilemmas and issues for research and practice[M]//SEXTON D L, KASARDA J D. The state of the art of entrepreneurship.Boston: PWS-Kent, 1992: 89-116.

[14] EPSTEIN E M. Business ethics, corporate good citizenship and the corporate social policy process: a view from the United States[J]. Journal of business ethics, 1989, 8: 583-595.

[15] HANNAFEY F T. Entrepreneurship and ethics: a literature review[J]. Journal of business ethics, 2003, 46: 99-110.

[16] HARRIS J D, SAPIENZA H J, BOWIE N E. Ethics and entrepreneurship[J]. Journal of business venturing, 2009, 24(5): 407-418.

[17] HÖRISCH J, FREEMAN R E, SCHALTEGGER S. Applying stakeholder theory in sustainability management: links, similarities, dissimilarities, and a conceptual framework[J]. Organization & environment, 2014, 27(4): 328-346.

[18] MCCLELLAND D C. Testing for competence rather than for "intelligence"[J]. The American

psychologist, 1973, 28(1): 1-14.

[19] MORRIS M, LEWIS P, SEXTON D. Reconceptualizing entrepreneurship: an input-output perspective[J]. SAM advanced management journal, 1994 (1): 21-31.

[20] NAMBISAN S, LYYTINEN K, MAJCHRZAK A, et al. Digital innovation management: reinventing innovation management research in a digital world[J]. MIS quarterly, 2017, 41(1): 223-238.

[21] OWEN R, BAXTER D, MAYNARD T, et al. Beyond regulation: risk pricing and responsible innovation[J]. Environmental science & technology, 2009, 43(18): 6902-6906.

[22] PICARD R W. Affective computing[M]. Cambridge, MA: MIT Press, 1997.

[23] REMANE G, HANELT A, NICKERSON R C, et al. Discovering digital business models in traditional industries[J]. Journal of business strategy, 2017, 38(2): 41-51.

[24] SARASVATHY S D. Causation and effectuation: towards a theoretical shift from economic inevitability to entrepreneurial contingency[J]. Academy of management review, 2001, 26(2): 243-288.

[25] SARASVATHY S D. Effectuation: elements of entrepreneurial expertise[M]. Cheltenham: Edward Elgar Publishing, 2008.

[26] SARASVATHY S D, DEW N. New market creation as transformation[J]. Journal of evolutionary economics, 2005, 15(5): 533-565.

[27] SHAH S K, TRIPSAS M. The accidental entrepreneur: the emergent and collective process of user entrepreneurship[J]. Strategic entrepreneurship journal, 2007,1(1-2): 123-140.

[28] SHANE S, VENKATARAMAN S. The promise of entrepreneurship as a field of research[J]. Academy of management review, 2000, 25(1): 217-226.

[29] SHELDON O. The philosophy of management[M]. London: Isaac Pitman Sons, 1924.

[30] SINGH R P. A comment on developing the field of entrepreneurship through the study of opportunity recognition and exploitation[J]. Academy of management review, 2001, 26(1): 10-12.

[31] STEVENSON H, GUMPERT D E. The heart of entrepreneurship[J]. Harvard business review, 1985, 63(2): 85-94.

[32] STILGOE J, OWEN R, MACNAGHTEN P. Developing a framework for responsible innovation[J]. Research policy, 2013, 42(9): 1568-1580.

[33] WEILL P, WOERNER S L. Optimizing your digital business model[J]. MIT sloan management review, 2013, 54(3):71.

[34] ZOTT C, AMIT R. Business model design and the performance of entrepreneurial firms[J]. Organization science, 2007, 18(2): 181-199.

[35] AMIT R, ZOTT C, 乔晗,等. 商业模式创新战略[J]. 管理学季刊, 2022(2):1-17，185.

[36] 蔡莉, 张玉利, 蔡义茹, 等. 创新驱动创业:新时期创新创业研究的核心学术构念[J]. 南开管理评论, 2021, 24(4): 217-226.

[37] 陈晓红, 蔡莉, 王重鸣, 等. 创新驱动的重大创业理论与关键科学问题[J]. 中国科学基金, 2020, 34(2): 228-236.

[38] 陈晓红, 李杨扬, 宋丽洁, 等. 数字经济理论体系与研究展望[J]. 管理世界, 2022, 38(2): 208-224.

[39] 德鲁克. 创新与企业家精神[M]. 北京: 机械工业出版社, 2009.

[40] 郭海, 杨主恩. 从数字技术到数字创业: 内涵、特征与内在联系[J]. 外国经济与管理, 2021, 43(9): 3-23.

[41] 巴尼, 克拉克. 资源基础理论[M]. 张书军, 苏晓华, 译. 上海: 格致出版社, 2011.

[42] 李伟, 王雪, 范思振, 等. 创新创业教程[M]. 北京: 清华大学出版社, 2019.

[43] 李伟, 张世辉. 创新创业教程[M]. 北京: 清华大学出版社, 2015.

[44] 刘满凤, 杨杰, 陈梁. 数据要素市场建设与城市数字经济发展[J]. 当代财经, 2022(1): 102-112.

[45] 刘洋, 董久钰, 魏江. 数字创新管理: 理论框架与未来研究[J]. 管理世界, 2020, 36(7): 198-217, 219.

[46] 刘赟. 我国实体零售业O2O模式转型发展分析[J]. 商业经济研究, 2017(2): 17-20.

[47] 娄春伟, 白超. 创新创业基础——"互联网+"创业[M]. 成都: 电子科技大学出版社, 2016.

[48] 马蓝, 王士勇, 张剑勇. 数字经济驱动企业商业模式创新的路径研究[J]. 技术经济与管理研究, 2021(10): 37-42.

[49] 梅亮, 陈劲. 责任式创新: 源起、归因解析与理论框架[J]. 管理世界, 2015(8): 39-57.

[50] 孟韬, 关钰桥, 董政. 共享经济商业模式分类及其发展路径研究[J]. 财经问题研究, 2020(12): 40-49.

[51] 彭四平, 伍嘉华, 马世登, 等. 创新创业基础[M]. 北京: 人民邮电出版社, 2018.

[52] 彭文生. 未来经济新的发展模式更多体现在服务业[EB/OL]. (2021-01-13). https://finance.sina.com.cn/zl/china/2021-01-13/zl-ikftpnnx6696879.shtml.

[53] 钱雨, 孙新波, 苏钟海, 等. 传统企业动态能力与数字平台商业模式创新机制的案例研究[J]. 研究与发展管理, 2021(1): 175-188.

[54] 任泽平, 白学松, 刘煜鑫, 等. 中国青年创业发展报告（2021）[J]. 中国青年研究, 2022(2): 85-100.

[55] 斯晓夫, 刘志阳, 林嵩, 等. 社会创业理论与实践[M]. 北京: 机械工业出版社, 2019.

[56] 万兴. 社区型、创新型、交易型三类数字平台的升级模式研究[J]. 现代经济探讨, 2017(5): 61-66.

[57] 万兴, 邵菲菲. 数字平台生态系统的价值共创研究进展[J]. 首都经济贸易大学学报, 2017(5): 89-97.

[58] 王迎军, 韩炜. 新创企业成长过程中商业模式的构建研究[J]. 科学学与科学技术管理, 2011(9): 51-58.

[59] 魏成龙, 郭诚诚. 赋能与重塑: 数字经济时代的政府治理变革[J]. 理论学刊, 2021(5): 51-58.

[60] 肖红军. 平台化履责: 企业社会责任实践新范式[J]. 经济管理, 2017, 39(3): 193-208.

[61] 肖红军, 阳镇. 平台企业社会责任: 逻辑起点与实践范式[J]. 经济管理, 2020, 42(4): 37-53.

[62] 熊彼特. 经济分析史: 第3卷[M]. 北京: 商务印书馆, 1994.

[63] 奥斯特瓦德, 皮尼厄. 商业模式新生代[M]. 王帅, 毛新宇, 严威, 译. 北京: 机械工业出版社, 2011.

[64] 闫俊周, 朱露欣, 单浩远. 数字商业模式: 理论框架与未来研究[J]. 创新科技, 2022(9): 11-24.

[65] 杨俊, 金敖. 商业模式创新的情境效应及其对中国情境研究的启示[J]. 管理学季刊, 2022 (2): 67-79, 190.

[66] 杨俊, 张玉利, 韩炜, 等. 高管团队能通过商业模式创新塑造新企业竞争优势吗?——基于CPSED Ⅱ数据库的实证研究[J]. 管理世界, 2020(7): 55-77, 88.

[67] 熊彼特. 经济发展理论[M]. 贾拥民, 译. 北京: 中国人民大学出版社, 2019.

[68] 张敬伟, 涂玉琦, 靳秀娟. 数字化商业模式研究回顾与展望[J]. 科技进步与对策, 2022(13): 151-160.

[69] 张玉利, 薛红志, 陈寒松, 等. 创业管理[M]. 5版. 北京: 机械工业出版社, 2020.

[70] 朱秀梅, 刘月, 陈海涛. 数字创业: 要素及内核生成机制研究[J]. 外国经济与管理, 2020, 42(4): 19-35.

教师服务

感谢您选用清华大学出版社的教材！为了更好地服务教学，我们为授课教师提供本书的教学辅助资源，以及本学科重点教材信息。请您扫码获取。

▶ 教辅获取

本书教辅资源，授课教师扫码获取

▶ 样书赠送

创业与创新类重点教材，教师扫码获取样书

 清华大学出版社

E-mail: tupfuwu@163.com
电话: 010-83470332 / 83470142
地址: 北京市海淀区双清路学研大厦 B 座 509

网址: https://www.tup.com.cn/
传真: 8610-83470107
邮编: 100084